Cambios

Cambios
La cultura hispánica

John Wilhite and Edward Coughlin
University of Cincinnati

Heinle & Heinle Publishers, Inc.
Boston, Massachusetts 02210 U.S.A.

To Gloria, Valerie, David, Christina, and Edward.

CONTENIDO

PRIMERA PARTE: *Perspectivas del mundo hispánico*

SEGUNDA PARTE: La vida hispánica

TERCERA PARTE: *Valores y actitudes de los hispanos*

VOCABULARIO   245

PREFACE

To the Teacher

Cambios: la cultura hispánica is a cultural/conversational/literary Spanish reader for intermediate-level college or third-year high school courses. It is appropriate for courses that emphasize culture, conversation, or reading and for those that introduce the student to Hispanic literature. *Cambios* provides effective preparation for upper-level courses such as composition and conversation or a survey of literature. Each reading and exercise has been thoroughly tested by instructors in several second and third-year college classes.

Cultural Approach and Other Features

We have included numerous features that stimulate and maintain student interest and involvement and therefore make *Cambios* an effective teaching and learning tool. One such feature is the *cultural approach* of the text. This approach emphasizes *Hispanic* rather than universal culture, using cross-cultural comparison and contrast as the basic forcus of readings, comprehension exercises, and conversation questions. The dynamics, constants, and variables of Hispanic culture are emphasized in order to avoid the use of generalizations and stereotypes. Another advantage of the cultural approach is that the topics presented do not describe customs that vary from region to region or country to country. Instead, they examine overall ways of being and thinking, attitudes, and values of Hispanics. Not only do they present *what* major aspects of Hispanic culture are like—they also explore *why* they are such.

Another feature of *Cambios* is *variety*. Reading selections include a wide variety of styles and tones, and a balance is maintained between literary and journalistic readings. Representing both Spain and the Americas, the types of readings offered include introductory essays on Hispanic culture (carefully controlled to build student comprehension and confidence); selections from novels, short stories, essays, and other pieces of nonfiction; journalistic selections; poems. Contemporary literature as well as classics are represented in the literary selections. While still maintaining the theme of the chapters in which they occur, some readings were chosen primarily for the vocabulary they contain and for the particular reading skills they teach. For example, an article on Mérida, Mexico serves to illustrate how students should approach statistical and factual reading in

Spanish. Never compromised for the sake of variety, vocabulary control is based on words common to several elementary college texts and frequency lists. Glossing is limited to low-frequency words.

Exercises and activities are numerous and varied as well. They focus on all language skills, including reading speed and comprehension, vocabulary building, conversation, composition, grammar, and literary analysis.

Organization of the Text

Cambios is divided into three parts, with a total of eight chapters. Part I contains two chapters that present contrasting viewpoints of the Hispanic world—the outsider's point of view and Hispanics' attitudes toward themselves. Part II consists of three chapters dealing with the Hispanic lifestyle in both rural and urban settings and within the context of the family. Part III includes three chapters that discuss Hispanic values, beliefs, and attitudes toward such cultural themes as time, work, and religion.

Organization of the Chapter

Pasos Each chapter consists of two to five *Pasos* and one section entitled *Actividades*. The first *Paso* is a cultural reading that focuses on the theme of the chapter. The other *Pasos* present literary or journalistic readings that further develop the chapter's theme from other viewpoints and styles.

Actividades The *Actividades* section contains exercises and activities devoted to systematically building reading, writing, and speaking skills. Rather than merely providing the student with practice exercises, this section is skill-development oriented.

Structure of the Paso Section

Pre-Reading Components The pre-reading components included in the *Paso* section are *Para preparar la lectura*, *Vocabulario temático*, *Estudio de palabras*, *Palabras y práctica*, *Vista preliminar*, *Claves de comprensión*, and *Pasos de lectura*.

Para preparar la lectura is a checklist of pre-reading activities that serves the student as a guide for preparation for class. It is followed by the *Vocabulario temático* section, a list that not only includes words used in the upcoming introductory essay, but other related vocabulary as well. Thus, it serves as a handy reference for class discussions and compositions. *Estudio de palabras* gives students practice and review of vocabulary-building structures such as prefixes, suffixes, and cognates. (See the second part of the preface, *To the Student*, for a preview practice list of the *Estudio de palabras* topics included throughout the text.)

Palabras y práctica and *Estructuras y práctica* are, respectively, exercises and explanations that emphasize important vocabulary and grammar points prior to the reading assignment. Since previewing is an integral part of reading comprehension building, we have designed *Vista preliminar*. The *Vista preliminar* sections preceding the introductory essays progress logically from offering reading content summaries to helping the student learn to preview readings independently of textbook aids. In contrast, the previews to the literary and journalistic readings provide comments that clarify concepts, tone, and style. Both types of previews help the student approach a reading prepared and able to comprehend and summarize its contents. Following this section, *Claves de comprensión* contains a list of key questions that the student should be familiar with while reading. Finally, *Pasos de lectura* is a second checklist that gives students specifically-designed steps for an efficient approach to the upcoming reading.

Post-Reading Components The post-reading components included in the *Paso* section are *Para comprender*, *Para analizar*, and *Para conversar*.

Para comprender, which immediately follows each reading, is designed to verify real, concept-level comprehension. It simultaneously builds vocabulary by using techniques that make guessing or cueing on words nearly impossible. Inference, groupings of semantic clusters, and recombined narratives are used to teach students to read in thought groups, build vocabulary while relying on a dictionary less, and understand messages rather than decode symbols. *Para analizar*, following some of the literary selections, introduces the student to important terms used to discuss literature. It also serves to develop reading and conversational skills. Items presented in this section include inferences, fact, fiction, or opinion questions, and the following concepts: setting, point of view, characterization, personification, tone, elements of plot, theme, purpose, figurative language, and the concrete versus the abstract. Similarly, *Para conversar* stimulates class discussion with questions about reading content, students' personal experiences, and cross-cultural comparison and contrast.

Structure of the *Actividades Section*

The *Actividades* section of each chapter is composed of three parts, the first of which is *Para escribir*. Its objective is to improve composition skills through exercises that cover sentence building, outlining, and guided and "free" composition. The *Para leer* section develops reading skills via the following exercises: titles as previews of content, reading by words, reading by phrases, and brief readings used as speed and comprehension self-tests. These exercises contain no previews or other textbook aids so that students can check their ability and progress in reading materials other than those in textbook format. *Para hablar*, the final part of the *Actividades* section, develops conversational ability through a variety of oral activities such as role-playing, monologues, dialogues, and debates.

We believe that *Cambios* is an effective way to teach students about Hispanic culture while building vocabulary and conversation and developing reading and composition skills. We hope that your students, like ours, find the book interesting, entertaining, and useful.

To the Student

We designed *Cambios* to help you develop both reading and conversational skills while learning about important aspects of Hispanic culture. The reading selections vary widely because it is important that you become familiar with a broad range of linguistic styles. Therefore, you will find newspaper and magazine articles, essays, poems, short stories, and excerpts from novels in *Cambios*. An example of this is an article about the city of Mérida, Mexico. While this article teaches statistical and factual reading, the selection on Barcelona exemplifies what you might encounter in a tourist brochure. In contrast with these selections, *Cambios* contains poems and stories in which your imagination plays a greater role and you must read for ideas as well as facts.

To make your reading assignments more rewarding, we have included exercises on some of the grammar points that you will encounter in the readings. Important words found in the selections are listed for you to practice in the exercises provided before the reading. This, along with margin glosses of difficult words, should reduce the amount of time you will need to spend looking up words in a dictionary. Exercises to increase your Spanish vocabulary are included to help you develop reading and conversational skills.

In addition, you will find suggestions, previews, and questions before most readings to facilitate your comprehension of the selection. We have included many exercises and activities to improve your conversational skills so that you will be able to discuss the important themes of *Cambios*. You will find that these themes and related vocabulary are quite practical and may often come up in conversations with Spanish-speaking people. Finally, we hope the humor in many of the exercises and readings will make your study and preparation of the assignments more enjoyable.

When we taught this material in our classes, our students increased their Spanish reading and speaking skills and gained a greater understanding of the Hispanic world. Students in turn assisted us in selecting what was most helpful and of greatest interest; we believe you will benefit from their suggestions. You will make noticeable progress if you follow the instructions and do the exercises carefully and consistently.

We have included below a summary of the reading suggestions found throughout the book. This is followed by a preview of the word study exercises given in each chapter. Study these two sections carefully and you will be off to a good start.

Suggestions for Reading Spanish

1. Read aloud as often as possible. This will help your pronunciation as well as your ability to think in Spanish as you read, rather than translating to English.

2. "Pace" your reading speed; that is, read as rapidly as you can, even if you understand less than when you read at your normal rate. This practice in increasing reading speed can be combined with practice in reading aloud. Ideally you should read a selection twice—the first time aloud rapidly and then silently at a pace at which you can comprehend the material.

3. Read by phrases rather than word for word.

4. When you encounter long, complex sentences, break them down into phrases and study each part carefully. It may help to look for answers to the questions *who, what, how, where, when,* and perhaps *why* in more complex sentences.

5. Do not underline or mark many sentences in a paragraph. Underline only the phrase or sentence that best summarizes the main idea of the paragraph. It is best not to underline anything until you have finished reading the entire paragraph; you will then have a better idea of what is most important.

6. Note the key topical words in each paragraph: in addition to the key phrase or sentence that you underline after reading a paragraph, you should also mark key words related to the topic with a circle or some other convenient symbol. For example, if the reading deals with *la ciudad,* after each paragraph go back and mark words such as *edificio, rascacielos,* and *tráfico.*

7. Note all words dealing with comparison, contrast, result, or summary. Such words include *pero, en cambio, al contrario, sino (que), porque, por eso, por ejemplo, como, en resumen, es decir, en otras palabras, puesto que, dado que, sin embargo, a pesar de, además, también, así es (de) que, a causa de,* and *debido a.*

8. Obviously, verbs, subject nouns, and pronouns are of primary importance. Keep in mind that in Spanish the verb form often includes the subject. Also, in most cases the subject noun or pronoun, once stated, is not repeated for subsequent verbs. For example, *Pedro estudia por la tarde y después de leer o hablar con un amigo sale de casa para tomar un refresco.* Also note that subjects are frequently placed after verbs, in statements as well as questions.

9. Since subjects often appear after verbs in Spanish you should pay particular attention to the personal *a* in order to distinguish objects from subjects. The personal *a* and object pronouns are examples of small words that are as grammatically important as nouns and verbs.

10. Prepositions are other words that are quite important. You should bear in mind that many Spanish prepositions have several equivalents in English. For example: Hablan *de* Alicia *(about);* recibieron una carta *de* Colombia *(from).*

Vocabulary Building

The following patterns for word study are included in *Cambios*. You should begin to build your vocabulary now by studying the English-to-Spanish patterns given in *A* and completing the patterns using the words given in *B*.

1 a. tradition → *tradición* → *tradicional*
 b. emotion, nation, intention, exception

2 a. combination → *combinación* → *combinar*
 b. civilization, communication, imagination, interpretation

3 a. -ty → -dad (variety → *variedad*)
 b. activity, facility, futility, reality, society

4 a. -er, -ir → -imiento (crecer → *crec**imiento***, sentir → *sent**imiento***)
 b. *agradecer, conocer, entretener, presentir, sufrir*

5 a. -ence → *encia* → -ir (preference → *prefer**encia*** → *preferir*)
 b. competence, existence, influence, insistence, residence

6 a. -ar → -ante (estudiar → *estudi**ante***)
 b. *ayudar, caminar, dibujar, negociar, representar*

7 a. -ous → -oso (famous → *fam**oso***)
 b. contagious, curious, impetuous, religious, studious

8 a. -ary → -ario (primary → *prim**ario***)
 b. contrary, extraordinary, rosary, sanitary, secretary

9 a. -pose → -poner → -ción (compose → comp**oner** → compos**ición**)
 b. depose, impose, propose, suppose

10 a. -tain → -tener (abstain → *abs**tener***)
 b. contain, detain, obtain, retain

11 a. -tract → -traer (attract → *a**traer***)
 b. contract, detract, distract, extract

12 a. -cal → -co (clinical → clíni**co**)
 b. economical, historical, logical, medical, periodical

13 a. -ar → -ante (abundar → *abund**ante***)
 b. *emocionar, importar, irritar, tolerar, triunfar*

14 a. -ist → -ista (artist → *art**ista***)
 b. dentist, feminist, oculist, pianist, receptionist

15 a. -ce → -cio (commerce → *comer**cio***)
 b. divorce, edifice, service, silence, vice

16 a. -tic → -tico (artistic → *artís**tico***)
 b. fantastic, touristic, esthetic, characteristic

J.F.W.
E.C.

ACKNOWLEDGMENTS

The helpful suggestions made by the following reviewers are gratefully acknowledge: Marcel C. Andrade (University of North Carolina, Asheville), Harold L. Cannon (California State University, Long Beach), Frank H. Nuessel, Jr. (University of Louisville), and Emily Spinelli (University of Michigan, Dearborn).

We would also like to express our appreciation to the following readers whose comments contributed to the linguistic and cultural authenticity of the text: Gloria Wilhite (Colombia), Felix Menchacatorre (Spain), Yvonne Quiroga (Bolivia), Juan Valencia (Mexico), and Delia Galván (Mexico).

The list of individuals contributing to the book would not be complete without mention of the staff at Heinle & Heinle Publishers, Inc. Sincere thanks to the production editor, Phyliss Greenberg, and to Carlyle Carter and Charles H. Heinle.

The work of David McVey and Nancy Christopfel in typing the entire manuscript on stencils for use in the classroom was essential to the development of the final product. We owe them a great deal of thanks and apologies for inconveniences and short deadlines.

To the many students who used the text in class, completed evaluations of each chapter, and made valuable comments and suggestions, we say «¡Mil gracias!»

Cambios

PRIMERA PARTE

Perspectivas del mundo hispánico

CAPITULO
UNO
El mundo hispánico: más allá de los estereotipos

PRIMER PASO

Para preparar la lectura

Check off each item as you complete it.

_____ Estudie *Vocabulario temático* y haga los ejercicios de *Estudio de palabras.*

_____ Lea *Sugerencia.*

_____ Lea *Vista preliminar.*

_____ Estudie *Claves de comprensión.*

vocabulario temático

Note: The thematic vocabulary in this list and in subsequent chapters should be studied as preparation for reading the introductory essays. These lists include many words used in the reading, some of which you should already know. Related words not included in the reading are given so that you can use them in writing compositions or in class discussions.

América Central, Centroamérica Central America

América Hispana, América Hispánica, Hispanoamérica Spanish America, Hispanic America

América del Norte, Norteamérica North America

América del Sur, Suramérica, Sudamérica South America

ciudadanía citizenship

ciudadano citizen

ciudadano nacionalizado naturalized citizen

de habla hispana, de habla española Spanish speaking

los Estados Unidos the United States (often abbreviated EUA or EE.UU.)

el/la estadounidense person from the United States

étnico, -a ethnic

francoamericano, -a French American

hispánico, -a *(adj. only)* Hispanic

hispano, -a *(noun or adj.)* Hispanic

hispanoamericano, -a Hispanic American

el/la hispanohablante Spanish speaker

latino, -a Latin *(often used to refer to the Hispanic world, the term actually includes other groups of Latin origin)*

Latinoamérica, América Latina Latin America

mestizo, -a of Indian and white ancestry

moreno, –a dark, brunette
mulato, –a of black and white
   ancestry
nacionalizado, –a nationalized

raza race
rubio, –a fair, blond
zambo, –a of black and Indian
   ancestry.

estudio de
palabras Haga los siguientes ejercicios.

A. Complete el patrón con el sustantivo y el adjetivo españoles de las palabras inglesas, siguiendo el modelo.

Nota: Los sustantivos que terminan en *-ción* son femeninas.

Modelo tradition *tradición tradicional*

1. constitution
2. emotion
3. exception
4. institution

5. intention
6. nation
7. section
8. transculturation

B. Complete el patrón con el sustantivo y el verbo españoles de las palabras inglesas, siguiendo el modelo.

Modelo combination *combinación combinar*

1. civilization
2. colonization
3. communication
4. generalization
5. imagination

6. industrialization
7. interpretation
8. investigation
9. obligation
10. organization

sugerencia Read aloud! By reading aloud you will practice pronunciation and at the same time gain preliminary understanding of a reading. Reading aloud also helps you to avoid translating to or thinking in English. Since reading aloud can become tiring, you should stop after each paragraph, rest a moment, and mentally summarize the paragraph in one sentence in Spanish.

vista
preliminar *Contraste, variedad, tradición* y *cambio* son cuatro palabras que describen el mundo hispánico. Hay una variedad de países, de naturaleza y de grupos étnicos. Existen aspectos tradicionales de cultura entre algunos hispanos y en las provincias; en contraste, hay cambio y «modernización» entre otros hispanos y en las ciudades. La cultura hispánica es muy compleja. A veces es necesario generalizar al hablar de la cultura. Debido a la complejidad y a la generalización se forman conceptos superficiales y estereotípicos del mundo hispánico. El mundo hispánico no es un

solo país con una sola cultura. El mundo hispánico está formado por España, Hispanoamérica y los Estados Unidos y resulta en una variedad cultural. Por eso es difícil evitar la generalización.

claves de comprensión

The following questions are keys to the essential information found in the reading. Study them carefully before proceeding to the reading selection.

1. ¿Cuáles son las cuatro palabras que describen el mundo hispánico?
2. ¿En cuáles aspectos de la cultura hispánica se ven la variedad y el contraste?
3. ¿En cuáles circunstancias domina la tradición y en cuáles se encuentran los efectos de la transculturación?
4. ¿De dónde vienen los estereotipos y las ideas superficiales del mundo hispánico?
5. ¿Por qué es necesario generalizar a veces al hablar de la cultura hispánica?

pasos de lectura

Check off each item as you complete it.

_____ Read aloud. Mark words you are unsure of but do not stop to look them up. Underline *only* the material you remember reading in *Vista preliminar* and in *Claves de comprensión*.

_____ When you have finished the preliminary reading, look at the words you marked and try to guess their meanings or look them up in the end glossary.

_____ Read the items in the *Para comprender* section which follows the reading selection and review the questions in *Claves de comprensión*, but do not answer them now.

_____ Read the selection again silently, underlining any other sentences that you remember from *Claves de comprensión* and *Para comprender*.

_____ Answer all exercise items, preferably in writing.

LECTURA *Contraste, variedad, tradición y cambio*

Es difícil describir toda la cultura de un pueblo en pocas páginas. Es casi imposible describirla en pocas palabras; sin embargo, si hay cuatro palabras que caracterizan el mundo hispánico, podrían ser: *contraste, variedad, tradición* y *cambio.*

Hay una variedad de países que componen el mundo hispánico y existen diferencias entre ellos. La naturaleza en España y especialmente en Hispanoamérica es muy variada. Las diferencias y los contrastes entre las ciudades y los pueblos son enormes. Existen varias razas y grupos étnicos en el mundo hispánico.

Es verdad que muchos hispanos son morenos pero hay varias excepciones. Por ejemplo, algunos españoles del norte son de orígen céltico como los irlandeses y los escoceses y son rubios, no morenos. En el sur de España hay un buen número de españoles morenos debido a la influencia árabe. Hispanoamérica presenta aún más variedad de grupos étnicos—hay que recordar la presencia india, la colonización de las Américas por los españoles, el tráfico de esclavos negros y la combinación de estos grupos resultando en mestizos, mulatos y zambos. Todos ellos son *hispanos,* sin importar su color ni su raza.

Además del contraste y de la variedad, el mundo hispánico se caracteriza por la tradición y el cambio. En las regiones provinciales y entre ciertos grupos de gente domina la tradición—las costumbres tradicionales, el espíritu conservador y un modo de vivir y pensar tradicional. Pero no es así en las ciudades donde un proceso de «modernización» trae cambios en la cultura hispánica. Aspectos de esta «modernización» son la industrialización, la tecnología y la transculturación. La transculturación es la influencia y presencia de culturas extranjeras; los efectos de la transculturación se ven en casi todos los aspectos de la cultura, como la música, la ropa, la comida y hasta la manera de pensar y vivir. Pero es importante notar que la transculturación no afecta a todo el mundo hispánico de una manera uniforme: se notan los efectos de la transculturación en las ciudades más que en las provincias, entre los jóvenes más que entre la gente mayor, y entre las clases media y alta más que entre la clase baja. No es sólo la transculturación lo que afecta a la cultura hispánica; los cambios en las instituciones políticas y en la economía traen, cambios culturales.

Debido al contraste, a la variedad, a la tradición y al cambio es difícil presentar una imagen clara del mundo hispánico. La generalización es inevitable. Los medios de comunicación—los libros, los

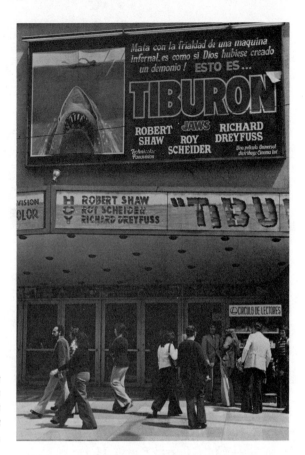

Bogotá, Colombia: el cine americano es un aspecto de la transculturación que causa cambios en la cultura hispánica.

periódicos, la televisión, el cine y los panfletos de las agencias de viajes— sólo presentan algunos aspectos de la cultura hispánica, generalmente lo pintoresco. Puesto que la cultura es tan vasta, sería imposible cubrir todos los aspectos culturales de una nación o naciones en un solo libro o programa de televisión. Debido a esta limitación y generalización se forman conceptos superficiales y un poco estereotípicos del mundo hispánico.

Conviene conocer el mundo en que viven los hispanos, ver el ambiente natural que los rodea, visitar sus pueblos y ciudades, y sobre todo, conocer y comprender a la gente. Vale la pena estudiar cómo es la vida provincial, la vida urbana y la vida familiar del hispano. Y quizás lo más esencial es llegar a comprender sus actitudes, valores y creencias. Pero antes de estudiar la esencia (el *cómo* y el *por qué*), tenemos que empezar con una pregunta básica, ¿qué es el mundo hispánico? Lógicamente hay muchas respuestas, pero conviene mirar primero la situación demográfica del mundo hispánico.

El mundo hispánico está compuesto de España, de los países hispanoamericanos y de secciones de los Estados Unidos. Hispanoamérica

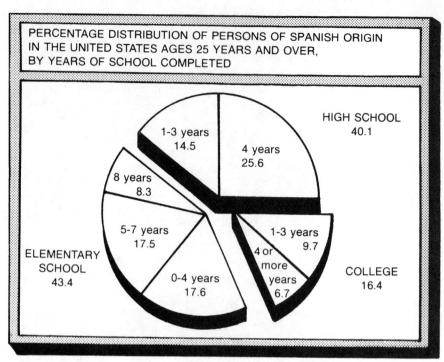

PERCENTAGE DISTRIBUTION OF PERSONS OF SPANISH ORIGIN IN THE UNITED STATES AGES 25 YEARS AND OVER, BY YEARS OF SCHOOL COMPLETED

HIGH SCHOOL
40.1

1-3 years
14.5

4 years
25.6

8 years
8.3

5-7 years
17.5

1-3 years
9.7

4 or more years
6.7

ELEMENTARY SCHOOL
43.4

0-4 years
17.6

COLLEGE
16.4

United States Bureau of the Census • March 1979

incluye la América del Sur, la América Central y México, que forma parte de la América del Norte con los Estados Unidos y el Canadá. Hispanoamérica también incluye las islas principales del Caribe, llamadas las Antillas—Cuba, Puerto Rico e Hispaniola. Hispaniola es una isla que constituye dos países—Haití, una nación francoamericana, y la República Dominicana, una nación hispanoamericana. La mayoría de los países de las Américas es de habla española.

Hemos dicho que los Estados Unidos forma parte del mundo hispánico. Hay muchos hispanos en varias secciones del país, y el número de hispanos aumenta cada día—hay quince millones ahora. Los hispanos pronto formarán la minoría más grande de los Estados Unidos. Se dice que para el año 1990 más de un quinto (20%) de la población del país será de origen hispánico. Además, los Estados Unidos es el cuarto país del mundo en cuanto al número de habitantes de habla hispana.

La cultura del mundo hispánico es un tema complejo. Conviene recordar las palabras esenciales—*contraste, variedad, tradición* y *cambio.* **darse cuenta de** to realize También es importante darse cuenta de° que a veces es necesario generalizar al hablar de la cultura hispánica, en este libro o en cualquier libro. Es que la cultura varía según el país, la región, el pueblo o la ciudad, el grupo étnico, la clase social, la familia, la generación (o edad) y varios otros factores.

Lea Ud. cada frase indicando si es cierta o falsa. Si es falsa, corríjala.

1. Son evidentes la variedad y el contraste de la cultura hispánica en la naturaleza, las ciudades, los pueblos y la gente de los varios países.
2. Existen en el mundo hispánico una raza y un grupo étnico.
3. No hay hispanos rubios.
4. Hay poco cambio y transculturación en las regiones provinciales del mundo hispánico.
5. Es fácil dar una idea exacta del mundo hispánico porque es posible mostrar todos los aspectos de la cultura.
6. Los medios de comunicación han evitado la formación de estereotipos de los hispanos.
7. Al estudiar la cultura hispánica es de poca importancia saber algo de la gente.
8. Casi todos los países de las Américas son países hispánicos.
9. Los Estados Unidos es un país bilingüe porque muchas personas del país son de origen hispánico.
10. La generalización no es necesaria cuando uno habla de la cultura hispánica porque la cultura no cambia y no es complicada.

Conteste las siguientes preguntas.

1. ¿Cuáles son las cuatro palabras que caracterizan el mundo hispánico? ¿Puede Ud. escoger tres o cuatro palabras que describen la cultura de los Estados Unidos?
2. Explique Ud.: *nacionalidad, origen étnico, raza.*
3. Nombre Ud. algunos de los grupos étnicos del mundo hispánico y de los Estados Unidos. ¿A qué grupo étnico pertenece Ud.? ¿Pertenece Ud. a más de un grupo? ¿Qué significa esta variedad de grupos con relación a la cultura hispánica y a la cultura estadounidense?
4. ¿Qué es la transculturación? ¿En cuáles circunstancias se notan los efectos de la transculturación en el mundo hispánico? ¿Puede Ud. señalar algunos ejemplos de la transculturación en los Estados Unidos?
5. ¿Cómo puede ser la cultura hispánica tradicional y «moderna» al mismo tiempo? En los Estados Unidos, ¿en cuáles circunstancias se encuentra la cultura tradicional y en cuáles se encuentra la cultura «moderna»?
6. ¿Por qué es difícil dar una idea exacta de la cultura hispánica? Dé Ud. algunas de las imágenes estereotípicas de los hispanos y de los estadounidenses.
7. ¿Cuáles países forman el mundo hispánico? ¿Cuáles secciones de las Américas forman Hispanoamérica? Nombre Ud. los países hispánicos de las Antillas.
8. ¿Por qué es tan complejo el tema de la cultura? ¿En cuáles circunstancias varía la cultura?
9. ¿Es importante estudiar español? ¿Por qué estudia Ud. español?

SEGUNDO
PASO

Para preparar la lectura

Check off each item as you complete it.

_____ Estudie el vocabulario y haga los ejercicios de *Palabras y práctica*.

_____ Estudie las estructuras y haga los ejercicios de *Estructuras y práctica*.

_____ Lea *Vista preliminar*.

_____ Estudie *Claves de comprensión*.

*palabras
y práctica* **Vocabulario para la Lectura**

aburrirse to get bored
aduana customs
aguacero heavy shower
alrededor de about, around
los alrededores surroundings
asombrar to surprise
bahía bay
barro clay
el carnet identification card

colmo height, limit
folleto brochure, pamphlet
grasa grease
jurar to swear, to promise
el muelle pier, dock
pedazo piece, bit, portion
picante spicy
recuerdo souvenir
salvaje *(n. and adj.)* savage, wild

A. Sustituya Ud. la palabra indicada en cada frase por un sinónimo de la lista. Siga el modelo.

Modelo Llegaremos a casa **alrededor de** las seis de la tarde.
*Llegaremos a casa **a eso de** las seis de la tarde.*

la tarjeta de identidad   lo máximo   sorprendió
rudos   a eso de   una lluvia fuerte
prometieron   la comida   el ruido

1. *Juraron* volver a tiempo.
2. Lo que pasó nos *asombró* mucho.
3. El policía pidió *el carnet* al señor sospechoso.

4. No podíamos salir porque caía *un aguacero.*

5. Ese grupo de cantantes *el colmo* de la música moderna.

6. Hay muchos animales *salvajes* en la pampa y en la selva.

B. Conteste Ud. las siguientes preguntas, usando las palabras entre paréntesis en una frase completa y original. Siga el modelo.

Modelo ¿Qué piensas de la comida? *colmo*
¡Es el colmo de la delicia!

1. ¿De dónde sale el barco? *(bahía)*

2. ¿De qué material es esa artesanía peruana? *(barro)*

3. ¿Dónde revisan las maletas? *(aduana)*

4. ¿Por qué no comes la carne? *(grasa)*

5. ¿Compraste muchas cosas en México? *(recuerdo)*

6. ¿Dónde nos encontramos para abordar el barco? *(muelle)*

7. ¿Quieres una hoja entera de papel? *(pedazo)*

8. ¿Es muy extenso el recorrido turístico? *(alrededores)*

9. ¿Son iguales la comida española y la mexicana? *(picante)*

estructuras
y práctica ## Formation of the preterite and imperfect tenses

Review the uses of the preterite and imperfect tenses. The principal use of the imperfect in the following reading selection is description of the past. The preterite is used in the story to narrate actions and events completed in the past.

Study the forms of the preterite and imperfect. Not all irregular preterite forms are given here; only those found in the reading are included. *Note:* only three verbs are irregular in the imperfect tense.

REGULAR PRETERITES

	COMPRAR	**RESPONDER**	**SALIR**
yo	compr**é**	respond**í**	sal**í**
tú	compr**aste**	respond**iste**	sal**iste**
él, ella, Ud.	compr**ó**	respond**ió**	sal**ió**
nosotros	compr**amos**	respond**imos**	sal**imos**
vosotros	compr**asteis**	respond**isteis**	sal**isteis**
ellos, ellas, Uds.	compr**aron**	respond**ieron**	sal**ieron**

STEM-CHANGING PRETERITES

	PEDIR	SENTIR
yo	pedí	sentí
tú	pediste	sentiste
él, ella, Ud.	pidió	sintió
nosotros	pedimos	sentimos
vosotros	pedisteis	sentisteis
ellos, ellas, Uds.	pidieron	sintieron

SPELLING-CHANGE PRETERITES

	LLEGAR	EMPEZAR
yo	llegué	empecé
tú	llegaste	empezaste
él, ella, Ud.	llegó	empezó
nosotros	llegamos	empezamos
vosotros	llegasteis	empezasteis
ellos, ellas, Uds.	llegaron	empezaron

IRREGULAR PRETERITES

	DECIR	HACER	SER
yo	dije	hice	fui
tú	dijiste	hiciste	fuiste
él, ella, Ud.	dijo	hizo	fue
nosotros	dijimos	hicimos	fuimos
vosotros	dijisteis	hicisteis	fuisteis
ellos, ellas, Uds.	dijeron	hicieron	fueron

REGULAR IMPERFECTS

	ESTAR	HACER	VENIR
yo	estaba	hacía	venía
tú	estabas	hacías	venías
él, ella, Ud.	estaba	hacía	venía
nosotros	estábamos	hacíamos	veníamos
vosotros	estabais	hacíais	veníais
ellos, ellas, Uds.	estaban	hacían	venían

IRREGULAR IMPERFECT TENSE FORMS

	IR	SER	VER
yo	iba	era	veía
tú	ibas	eras	veías
él, ella, Ud.	iba	era	veía
nosotros	íbamos	éramos	veíamos
vosotros	ibais	erais	veíais
ellos, ellas, Uds.	iban	eran	veían

A. Complete Ud. cada frase con la forma apropiada del *pretérito* de los verbos entre paréntesis.

1. Nosotros _____ a Puerto Vallarata en barco y luego _____ un taxi al hotel. *(llegar / tomar)*
2. Afortunadamente los botones nos _____ con las maletas ya que los ascensores no _____ . Nosotros _____ a nuestro cuarto por la escalera. *(ayudar / funcionar / subir)*
3. Yo _____ cansado y mi esposa _____ enferma y por eso nosotros _____ para descansar. *(sentirse / sentirse / acostarse)*
4. Después nosotros _____ y _____ a recorrer los alrededores de la plaza. *(bañarse / salir)*
5. Por la noche mi esposa _____ un taxi y el señor nos _____ unos sitios interesantes y nos _____ un monumento famoso. *(pedir / mostrar / enseñar)*
6. Luego _____ a llover y yo _____ que me _____ la lluvia en el trópico. *(empezar / decir / asombrar)*
7. El taxista _____ que eso es común y _____ que hay aguaceros frecuentes. *(responder / decir)*
8. Al día siguiente yo _____ unos artículos de algunos señores que _____ amables y luego yo no _____ nada más y mi esposa no _____ nada tampoco. *(comprar / ser / hacer / hacer)*

Cuzco, Perú: Se notan el contraste y el cambio en los varios niveles sociales de los hispanos.

B. Complete Ud. cada frase con la forma apropiada del *imperfecto* de los verbos entre paréntesis.

1. _____ calor cuando yo _____ a la ciudad y me _____ que _____ a llover. *(hacer / venir / parecer / ir)*
2. Yo _____ en el hotel y el gerente _____ con una sonrisa extraña. *(estar / presentarse)*
3. _____ mucho dinero por el cuarto pero lo _____ porque yo _____ cansado. *(cobrar / valer / estar)*
4. Yo no _____ por qué _____ una luz encendida en mi cuarto. *(entender / haber)*
5. Yo _____miedo porque el ruido de la puerta _____ como un animal llorando de dolor. *(tener / sonar)*
6. Dos señores misteriosos me _____ pero yo no _____ quienes _____. *(esperar / saber / ser)*
7. «Nosotros le _____ esperando porque _____ saber si Ud. es Esteban González». *(estar / querer)*
8. «No. Soy Gonzalo Estébanez». Convencidos de que yo no _____ la persona que ellos _____, se fueron. Y yo empecé a contar el dinero que había robado dejando en su lugar el carnet perdido por el pobre de Esteban González. *(ser / buscar)*

C. Conteste Ud. las siguientes preguntas usando el pretérito o el imperfecto de los verbos entre paréntesis. Siga el modelo.

Modelo ¿Respondió Ud. en clase ayer? *(decir)*
No, no dije nada ayer o Sí, dije algo en clase.

1. ¿Compró Ud. algo de comer? *(tomar)*
2. ¿Alguien le ofreció ayuda ayer? *(ayudar)*
3. ¿Tomó Ud. cerveza en un bar la semana pasada? *(pedir)*
4. ¿Sabía Ud. español antes? *(entender)*
5. ¿Qué quería Ud. aprender en esta clase? *(esperar)*
6. ¿Cómo se sintió Ud. el primer día de clase? *(sentirse)*
7. ¿Venía Ud. a clase todos los días? *(estar)*
8. ¿Qué pensaba Ud. de esta universidad antes de venir aquí? *(parecer)*

D. Usando la forma familiar *(tú)*, pregúntele a un(a) compañero(a) de clase ...

1. At what time he or she arrived at class.
2. At what time he or she left the university yesterday.
3. If the professor said anything important last week.

4. What he or she did last night.
5. If it was hot or cold when he or she was coming to class.
6. If he or she used to have many parties.
7. If he or she had many friends in high school.
8. If new cars used to be worth what *(lo que)* they used to cost.

vista preliminar

Los Winston hacen un viaje a México. La autora presenta dos actitudes hacia la cultura extranjera. El señor Winston tiene una actitud positiva pero superficial. Para él, todo es como dicen los panfletos turísticos: pintoresco y encantador. Pero la señora Winston tiene una actitud negativa: *sabe* que va a sentirse miserable y al llegar a México se siente miserable. Solamente está contenta con el hotel que tiene las comodidades «necesarias» y cuando bebe un *scotch and soda* que le recuerda de los Estados Unidos. El episodio está narrado por la señora Winston.

claves de comprensión

1. ¿Cuál es la diferencia entre la reacción del señor Winston y la de la señora Winston cuando llegan a Puerto Vallarta?
2. ¿Qué dice la señora Winston de la comida mexicana y qué le pasa a ella después de comer en el restaurante típico?
3. ¿Con referencia a la corrida de toros y la charreada, ¿cuál es la diferencia entre la reacción del señor Winston y la de la señora?
4. ¿Describa las actitudes diferentes de los dos hacia la música de los mariachis.
5. ¿Qué dicen los Winston del *ballet folclórico*?
6. Describa los espisodios de la artesanía india y del hotel Vera Cruz.

pasos de lectura

Check off each item as you complete it.

_____ Read aloud. Mark words you are unsure of. Underline *only* the material you remember reading in *Vista preliminar* and in *Claves de comprensión*.

_____ Study the words you marked; look them up in the glossary if necessary.

_____ Read the items in *Para comprender* and review *Claves de comprensión*, but do not answer the questions now.

_____ Read the selection again silently, underlining any sentences that you remember from *Claves de comprensión* and *Para comprender*.

_____ Do the exercises that follow the reading, preferably in writing.

LECTURA Conozca México en cinco días maravillosos

por MERCEDES RAMIREZ (basado en un cuento por Guillermo Cabrera Infante)

Ramírez, colombiana, reside ahora en los Estados Unidos. Escribe poemas y cuentos sobre la cultura hispánica. Como veremos en el siguiente cuento, le preocupan la perspectiva negativa y la imagen estereotípica y superficial que tienen algunas personas de los hispanos y del mundo hispánico.

Va a quedar en mi memoria como uno de los días más miserables de mi vida, el día en que llegó mi esposo a casa con un folleto de una agencia de viajes. Cuando leí el anuncio, «¡Conozca México en cinco días maravillosos!», sentí una desilusión tremenda porque ya sabía que yo iba a estar aburrida y miserable en México. Pero mi esposo, el señor Winston, sintió tanta emoción al mostrarme el folleto que le dije, «Vamos a México, entonces.» No me explico° por qué mi esposo quiere visitar aquellos países subdesarrollados° que no tienen las comodidades que necesitamos. Ya saben Uds. lo que se dice del agua mexicano. Y puesto que no hablan inglés allá, ¡imagínense los problemas si uno quiere pedir un buen *hot dog!*

Hicimos el viaje a Puerto Vallarta en barco. Todos los pasajeros eran de nuestra edad y, como nosotros, hacían el viaje para conocer México en cinco días maravillosos. Cuando llegamos al muelle, mi esposo empezó a tomar fotos de todo aunque no sabía cuál de sus varias cámaras debía usar. Antes y después de cada foto que sacaba decía, «fantástico» o «encantador», cosa que casi me volvió loca. Tomó no sé cuantas fotos del grupo que tocaba música—mejor decir «ruido»—en el muelle. Empecé a aburrirme con esto pero en ese momento llegó nuestro guía. Nos mostró su carnet y una sonrisa algo artificial, diciendo en un inglés horrible, *"Welcome to México!"*. Mi esposo y los otros del *tour* estaban encantados con la amabilidad° latina. Una amabilidad premeditada para recibir más propina°, en mi opinión.

El guía nos llevó—¡qué sorpresa y qué felicidad!—a un buen *Holiday Inn.* Otra cosa me sorprendió—¡un autobús con aire acondicionado que funcionaba! En el hotel pedí un *scotch and soda* y casi me sentí como en mi casa—si no fuera por° la televisión en español.

No me explico *No comprendo*
subdesarrollados underdeveloped

amabilidad friendliness
propina tip, gratuity

si no fuera por if it weren't for

Después de descansar un poco íbamos a salir a ver los alrededores de Puerto Vallarta pero empezó a caer un aguacero y nos quedamos en el hotel. Como Uds. pueden imaginar, los verdaderos turistas del grupo—entre ellos mi esposo—estaban encantadísimos con la lluvia y algunos dijeron, «¡Qué salvaje! ¡Qué tropical! ¡Qué pintoresco!»

Alrededor de las ocho, salimos con dos otras personas del *tour* a buscar un restaurante típico. No sé por qué no comimos en el restaurante del hotel donde el menú estaba en inglés y uno podía pedir un buen *steak*. Pero entramos en un restaurante típico que supongo era igual a todos los restaurantes típicos de hispanoamérica. Mi esposo pidió una cosa extraña que se llamaba *pollo con mole°* y declaró repetidas veces, «¡exquisito, divino!» al comerlo. Los otros pidieron un plato de algo imposible de describir—lleno de grasa y picante como toda la comida hispanoamericana. Como no tenían el *steak*, pedí una hamburguesa con queso que estaba más o menos regular, sabiendo bien que me iba a enfermar. En realidad pasé gran parte de la noche en el baño, aunque mi esposo y los otros no se enfermaron.

Al día siguiente nos llevaron a Guadalajara y pasamos la tarde en la corrida de toros. Creo que es un espectáculo salvaje pero al expresar esta opinión, mi esposo y los otros respondieron que no era peor que el boxeo americano y que dan la carne del toro a los pobres. Esto no me convenció porque ya tenía mis opiniones. También vimos una charreada que es semejante° al *rodeo*, pero los charros° se visten de trajes elegantes

pollo con mole spicy chicken stew

semejante similar
charro Mexican cowboy

y esos sombreros grandes como los mariachis. Muy pintoresco, según mi esposo; no muy práctico, en mi opinión.

A propósito de° los mariachis, nos llevaron a escucharlos en la plaza de mariachis en la capital. No sé cómo pueden decir que eso es la música. Es el colmo del ruido creo yo. Pero ahí estaban mi esposo, los otros turistas y los mexicanos todos divirtiéndose y yo con un dolor de cabeza espantoso°. Mi esposo hizo mucho escándalo° cantando con los mariachis y bailando el jarape tapatío—eso que llamamos el *Mexican hat dance*.

El *ballet folclórico*, famoso aún en los EE.UU., no estaba mal. Esto no me asombró, pues Uds. saben que esos latinos tienen mucho tiempo para bailar y tocar música. Mi esposo, como de costumbre, estaba entusiasmado y hablaba con unos mexicanos del ballet—historia y tradiciones, cultura, espíritu y alma del pueblo mexicano, y cosas así. Pero sólo podía decir, «muy pintoresco, muy encantador», sonriéndose más que escuchándoles.

La artesanía de los indios se encuentra por todas partes del país. Creo que fue en Oaxaca, o Puebla quizás, donde el mercado les asombró a mi esposo y a los otros del grupo por la cantidad y variedad de cosas. «Mira estas canastas° maravillosas. Mira los objetos de barro. ¡Qué encantadores!», dijo mi esposo cien veces. El vendedor nos juró que las figuras eran de la época de los aztecas pero yo creía que eran de la época moderna de la gente de negocios. Además, iban a ser pedazos de

Toledo, España: muchos extranjeros, como los Winston, tienen una visión turística y superficial del mundo hispánico.

rota broken

cerámica rota° al llegar a casa. Pero mi esposo y los otros turistas compraron mucha artesanía y cantidades de recuerdos. Pensaba que iba a ser divertido pasar por la aduana con tantas compras.

El último día lo pasamos en Vera Cruz en un hotel colonial y típico. Por supuesto le pareció a mi esposo fantástico y muy latino, igual que a los otros turistas. «Tiene carácter y ambiente», dijeron. ¡Pero no tenía ascensor! Yo quería solamente descansar en paz sentada en el café al aire libre frente al hotel. No era posible porque un grupo de músicos decidió tocar esa música con marimbas y otros instrumentos ruidosos y extraños. Aún cuando salió el barco de la bahía me pareció oír todavía ese *chi chiqui chi* de la música. ¿Por qué no trabaja esa gente en lugar de

santo blessed

tocar música todo el santo° día?

Por fin llegamos a casa. Mi esposo estaba encantadísimo con sus fotos y recuerdos. Los cinco días maravillosos en México eran todo lo que le prometió el folleto de la agencia de viajes. Y yo estaba feliz de tener mis programas de televisión en inglés y un buen *scotch and soda*.

para comprender

Complete Ud. cada frase con la respuesta correcta.

1. La señora Winston pensó que en México _____ . *(dicen "hot dog" en inglés / no existen ni el desarrollo ni las conveniencias)*
2. Le gustaron al señor Winston _____ . *(los músicos del muelle de Puerto Vallarta / las jóvenes del barco)*
3. La señora Winston creía que la amabilidad del guía es _____ . *(falsa / encantadora)*
4. La señora Winston estaba contenta y sorprendida en el hotel de Puerto Vallarta porque _____ . *(había programas de televisión en español / era un hotel norteamericano y allí ella podía tomar su bebida favorita)*
5. Cuando la señora Winston hablaba del restaurante y de la comida hispanoamericana _____ . *(estaba generalizando y basando sus observaciones en una sola experiencia / decía que eran muy buenos)*
6. La señora Winston creía que la corrida de toros era _____ . *(salvaje / un espectáculo interesante y fantástico)*
7. Cuando escuchaban a los mariachis la señora Winston tuvo _____ y el señor Winston _____ . *(una cabeza escandalosa; hizo algo espantoso / dolor de cabeza; cantó y bailó)*
8. Según los mexicanos, el *ballet folclórico* representó _____ de México. *(el alma y el espíritu / lo pintoresco y lo encantador)*
9. Con referencia a la artesanía, la señora Winston creía que iba a ser divertido pasar por _____ . *(el vendedor sin pagar / la aduana)*
10. El señor Winston estaba contento con el hotel de Vera Cruz porque _____ . *(no tenía ascensor / creía que tenía carácter y ambiente)*

para
conversar   Conteste las siguientes preguntas.

1. Algunas personas hablan de «países subdesarrollados», pero la gente de estos países prefiere decir «en desarrollo.» ¿Puede Ud. explicar por qué? ¿Cuál es otra frase que se usa al hablar de estos países?

2. ¿Cuáles son las palabras que usaba el señor Winston para hablar de lo que veía en México? ¿Qué actitud tenía él hacia la cultura mexicana? ¿Cuál es la imagen de México que tenía antes de hacer el viaje? Después del *tour*, ¿qué imagen tenía? ¿Cambió su imagen?

3. ¿Cuál es la actitud de la señora Winston? ¿Conoce Ud. a personas con actitudes como las de los Winston?

4. Señale Ud. la diferencia entre la reacción del señor Winston y la de la señora Winston en las siguientes situaciones: el muelle de Puerto Vallarta, el restaurante de Puerto Vallarta, la corrida y la charreada, la plaza de mariachis, el ballet folclórico, el mercado de artesanía y el hotel de Vera Cruz.

5. ¿Qué dijo la señora Winston de la comida hispanoamericana? ¿Cree Ud. que toda la comida hispanoamericana es picante?

6. ¿Cuándo y por qué estaba contenta la señora Winston?

7. Al viajar a otro país, ¿será (o era) Ud. como el señor Winston, como la señora Winston, o distinto(-a) de los dos?

8. ¿A qué país hispánico le gustaría a Ud. viajar? ¿Qué le gustaría conocer y hacer en ese país? ¿Cuáles recuerdos compraría? ¿Tomaría Ud. fotos? ¿De qué? ¿Comería en restaurantes al estilo típico o internacional? ¿Se quedaría en un Hilton o Sheraton o en un hotel típico?

para
analizar   Lea cada frase, indicando qué tipo de persona tiene la actitud expresada—alguien como la señora Winston o una persona como su marido. Use Ud. «la señora» y «el señor» para indicar su respuesta.

señora   1. No está mal. Pero nosotros tenemos el *Empire State Building*.

señor   2. Mire los autobuses pintados de muchos colores brillantes. ¡Qué encantadores!

señora   3. ¡Caramba! ¡Qué autobús! Hecho para estos latinos tan bajos. No puedo estar de pie sin pegarme en la cabeza.

señora   4. El menú, por favor. ¿Qué es esto? ¿No hay hamburguesas?

señor   5. Es tan divertido escuchar la guitarra y mirar el baile de la señorita del vestido largo y colorido. Y la rosa roja que tiene detrás de la oreja es ... es ... encantadora.

señora   6. Claro que bailan bien. ¡No hacen nada más!

señora   7. Los hombres aquí se abrazan cuando se encuentran. ¡Y a veces aún caminan en la calle el uno con la mano sobre el hombro del otro! ¡Qué extraño!

señor **8.** Estos mexicanos siempre dan la mano y dicen «gracias» y «por favor» con frecuencia. Eso es muy latino, ¿sabes?

señora **9.** ¡¿Qué?! ¿Nuestro cuarto está en el tercer piso? ¿Y el ascensor no funciona? ¡Qué barbaridad!

señor **10.** Esa casita de campesinos pobres es tan pintoresca. Voy a tomar una foto para mostrarla a todos al regresar a los Estados Unidos.

ACTIVIDADES

Para escribir

The purpose of this activity is to enhance your writing skills by becoming familiar with the way complex sentences are expressed in Spanish. The recognition of multiple concepts expressed in complex sentences will also increase your reading ability. This exercise is preliminary to your learning how to form complex sentences, which you will do in *Capítulo Dos*.

Read the following complex sentences carefully. Then write simple but complete sentences to express the ideas in each. Compare your sentences to those given in the model.

Modelo El Perú es un país hispánico que es bilingüe porque tiene dos idiomas oficiales—el español, que hablan principalmente los blancos y los mestizos, y el quechua, que es idioma indio.

El Perú es un país. Es un país hispánico. Es un país bilingüe. Es bilingüe porque tiene dos idiomas. Los dos idiomas son oficiales. El español es idioma oficial. Lo hablan principalmente los blancos y los mestizos. El quechua es otro idioma oficial. Es idioma indio.

1. Los medios de comunicación contribuyen a la formación y la perpetuación de estereotipos de los hispanos porque es difícil presentar una imagen exacta de la cultura puesto que hay mucho contraste y variedad en el mundo hispánico y por eso se forman conceptos superficiales y a veces erróneos.
2. En Hispanoamérica hay una variedad de grupos étnicos porque se encuentran las tres razas que son los indios que originalmente habitaban las Américas, los blancos (españoles) que llegaron en el siglo quince y los negros que fueron importados como esclavos, y también existe las mezclas de estas razas: los mestizos, los mulatos y los zambos.
3. En el mundo hispánico existen la tradición y el cambio al mismo tiempo porque se observa la tradición en las regiones rurales de España y de Hispanoamérica, la gente de edad tiende a ser tradicional y también hay aspectos tradicionales de la cultura que son comunes en los países de menos industrialización.
4. Pero no es así en los países más industrializados donde hay cambios económicos y culturales, ni en los centros urbanos que reflejan aspectos modernos de la cultura, ni entre la juventud que tiene un estilo de vida que podemos llamar «americanizado», ni entre las clases media y alta que han sido afectadas por la transculturación.

Para leer

The purpose of this activity is to help you improve your reading comprehension and literary analysis skills through the recognition of fact, fiction, and opinion. While many "letters to the editor" are basically opinion, the letter presented below was written in response to an article and repeats some facts from that article. The letter's fictitious statements and negative attitudes regarding Hispanic

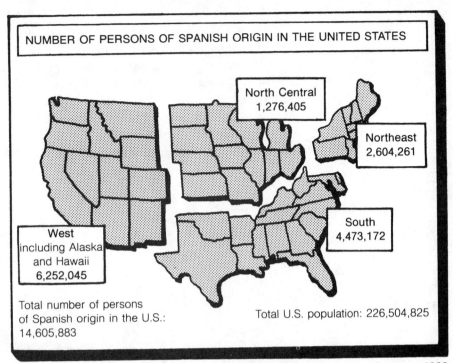

NUMBER OF PERSONS OF SPANISH ORIGIN IN THE UNITED STATES

North Central
1,276,405

Northeast
2,604,261

South
4,473,172

West
including Alaska
and Hawaii
6,252,045

Total number of persons
of Spanish origin in the U.S.:
14,605,883

Total U.S. population: 226,504,825

United States Bureau of the Census • 1980

culture also serve as a theme for class discussion. (Incidentally, the letter is imaginary and *did not* appear in any newspaper—fortunately!)

Read the following *Carta al redactor*. Some of the statements made are strictly fact, fiction, or opinion. Others are a combination of either fact and opinion or fiction and opinion. Write the appropriate letter(s) in the spaces below to indicate whether the preceding phrase or sentence is fact (**H**–*hecho*), fiction (**F**–*ficción*), opinion (**O**–*opinión*), or one of the two possible combinations, **H/O** or **F/O.**

Estimado señor:

Leí con interés y asombro su editorial en la edición del domingo, 11 de octubre, sobre los hispanos en nuestro país. Ud. dice que hay quince millones de hispanos en los EE.UU. _____ y me imagino que casi todos son inmigrantes ilegales. _____ Este país debiera ser solamente para nosotros los americanos. _____ Todos esos hispanos traen muchos problemas a los EE.UU. _____ No pagan impuestos y todos viven de *welfare.* _____ Quitan los trabajos que necesitamos nosotros los americanos. _____

Otro problema con esa gente es que el machismo es un aspecto de la cultura hispánica. _____ Esto quiere decir que todos esos hombres son machos y desprecian a las mujeres. _____ No necesitamos esa clase de hombres aquí. _____

Ud. dice que tenemos mucho en común los hispanos y los anglos pero que también hay diferencias. _____ Creo que hay *muchas* diferencias. _____ Por ejemplo, hay una variedad de comida americana—pizza, hamburguesas, espagueti, etc.—pero los hispanos solamente comen comida picante como tacos. _____ Ud. dice que lo que tenemos en común debiera unirnos y que las diferencias pueden enriquecer mutuamente ambas culturas. _____ ¿Por qué no puede Ud. ser más imparcial como yo?

Sin más por ahora, se despide,

Atentamente,

José María Locapersona

Para hablar

The purpose of this activity is to develop communicative skills by presenting and discussing attitudes towards cultures and stereotypes of cultures that are different from one's own.

Use the role-playing suggestions given below or any others you may devise with your instructor or classmates.

A. **Los Winston en la agencia de viajes.** Tres estudiantes pueden hacer los siguientes papeles *(roles)*:

1. El (La) agente de viajes muestra unos panfletos de un(os) país(es) hispánico(s) y señala las atracciones de varios sitios.
2. El señor Winston dice que todo lo que ve en los panfletos es encantador, emocionante, pintoresco, muy latino, etc.
3. La señora Winston dice algo negativo para todo.

B. **Variación: Los Winston en ... (cualquier país hispánico).**

C. **Parodia del hispano y del anglo.** Unos estudiantes pueden hacer el papel de los hispanos y ostros pueden ser los anglos. Los dos grupos tendrán una conversación, cada uno presentando los conceptos estereotípicos del otro. Si es necesario, hagan una entrevista con unos hispanos que puedan darles una lista de estereotipos que los hispanos tienen de los estadounidenses para incluirla en la conversación. *Nota:* Recuerden que es una *parodia*; es decir, los actores presentarán unos conceptos que ambos los hispanos y los anglos debieran evitar.

CAPITULO DOS

El mundo hispánico: la tierra y el individuo

PRIMER
PASO

Para preparar la lectura

Check off each item as you complete it.

_____ Estudie *Vocabulario temático.*

_____ Haga los ejercicios de *Estudio de palabras.*

_____ Lea *Sugerencia.*

_____ Lea *Vista preliminar.*

_____ Estudie *Claves de comprensión.*

vocabulario temático

Estudie las siguientes palabras.

altura height, altitude
el ambiente environment
el bosque forest
campo field, country
colina hill
cordillera (sierra) mountain range
cuenca river basin
desierto desert
llano plain
meseta plateau
montaña mountain
montañoso, -a mountainous
el monte mount, mountain

naturaleza nature
el paisaje landscape
pampa prairie
patria fatherland
selva jungle
suelo ground
terreno terrain, land
tierra earth, land
topografía topography
trópico tropic
el valle valley
vegetación vegetation

estudio de palabras

Haga los siguientes ejercicios.

A. Complete el siguiente patrón según el modelo.

Modelo -ty→　　　　**-dad:**　　variety→　　　variedad

1. activity
2. brutality

3. facility
4. formality

5. futility

6. proximity

7. reality

8. society

B. Complete el siguiente patrón según los modelos.

Modelos -er, -ir→   *-imiento:*   crecer→   *crecimiento*

                                                sentir→   *sentimiento*

1. agradecer

2. conocer

3. entender

4. entretener

5. establecer

6. florecer

7. presentir

8. sufrir

sugerencia   "Pacing" is an important method for increasing reading speed and comprehension. Read the selection aloud at a faster pace than normal. Then read the selection a second time silently, at a pace comfortable enough to concentrate on comprehension. Do not translate.

vista preliminar   Las palabras *variedad* y *contraste* caracterizan la geografía y la naturaleza del mundo hispánico. En España y en Hispanoamérica hay una variedad de topografías, paisajes, climas y ambientes naturales. La Sierra Madre es una doble cordillera de montañas en México. La cordillera de los Andes se extiende a lo largo de Sudamérica. Las selvas son extensas en partes de México, América Central y la cuenca del Amazonas. Los llanos se encuentran en Colombia y Venezuela. La pampa es una región extensa en la Argentina y el Uruguay. El ambiente tropical es agradable; algunas regiones son agradables y otras son inhospitalarias. La actitud del habitante hacia su lugar se diferencia de la actitud del turista o del extranjero.

claves de comprensión   The following questions are keys to the essential information found in the reading. Study them carefully before proceeding to the reading selection.

1. ¿Cuáles son las regiones geográficas de España y de Hispanoamérica?

2. ¿Cómo se caracterizan las selvas de Hispanoamérica?

3. ¿Cómo son las regiones tropicales?

4. ¿Cuáles regiones son agradables y cuáles son inhospitalarias?

5. ¿Qué efecto tienen las regiones inhospitalarias sobre la gente?

6. ¿Por qué se queda la gente viviendo en lugares donde la vida es difícil?

Check off each item as you complete it.

———— Read the selection aloud and mark words you are unsure of.

———— Study the words you marked; look them up in the glossary if necessary.

———— Review *Claves de comprensión* and read *Para comprender*.

———— Read the selection again silently. Underline material you remember reading in *Vista preliminar*, *Claves de comprensión*, or *Para comprender*.

———— Answer all exercise items, preferably in writing.

LECTURA *Geografía, ambiente natural y patria*

El mundo hispánico se caracteriza por contrastes en la geografía y en la naturaleza. En España, el norte es montañoso y sus costas tienen rocas inmensas; sus campos y bosques están verdes casi todo el año. En contraste, el centro de España está formado por una meseta alta donde la noche es fría y el día es claro. En el sur de España encontramos un invierno agradable y un verano de un calor extremo. Los Montes Pirineos al este del país forman una frontera natural con Francia. En realidad, España presenta una variedad de topografía, paisajes y climas— contrastes muy pronunciados en la naturaleza.

reseco parched

En Hispanoamérica también se encuentran contrastes extremos en la naturaleza. Montañas majestuosas en su altura, extensión y belleza, llanos vastos, desiertos resecos°, selvas densas y misteriosas y el trópico sensual y seductor forman la cantidad y variedad de ambientes naturales en que viven los hispanoamericanos.

Hay varias sierras de montañas en Hispanoamérica, como la doble cordillera de la Sierra Madre en México, donde hay volcanes igual que en América Central. La cordillera de los Andes en Sudamérica impresiona con su altura—hasta 23.000 pies—donde el frío es tan extremo que se han encontrado cadáveres de indios de la época de los Incas perfectamente conservados. La cordillera de los Andes se extiende desde Tierra del Fuego hasta el Mar Caribe en Venezuela, un total de 4.000 millas.

Las selvas del sur de México, de América Central y del Amazonas son bastante extensas (la cuenca del Amazonas cubre 40 por ciento de

brota springs forth

toneladas tons
cuelgan (colgar) hang
se traga swallows

vaqueros cowboys
ganado cattle

Sudamérica) y a veces tan densas que son impenetrables. La selva—donde hay tribus de indios que no han tenido contacto con «el mundo civilizado». La selva—donde no se puede construir ni caminos ni carreteras porque la vegetación brota° y crece tan rápido que los trabajadores no pueden avanzar con facilidad, ni siquiera con la maquinaria grande y eficiente de hoy en día. La selva—donde después de varios años ya no se ve en el suelo la maquinaria usada en la construcción del canal de Panamá. Es porque los árboles y las trepaderas la han levantado hacia el cielo. ¡Máquinas que pesan toneladas° cuelgan° de los árboles como adornos de un arbolito de Navidad! La selva se traga° a las personas que tratan de dominarla. Entrar en la selva es como entrar en una vorágine—es difícil salir pero es peligroso quedarse.

Los llanos, otro aspecto de la geografía de la América Hispánica, cubren áreas vastas de Colombia y Venezuela—un total de 150.000 millas cuadradas. Son tierras planas y monótonas donde casi no se ve ni un río, ni una colina, ni un bosque. El llano es una región de vaqueros° y ganado° como en el oeste de los Estados Unidos.

Puerto Vallarta, México: en el mundo hispánico hay muchos sitios libres de los efectos de la vida moderna y frenética.

facón knife

La pampa de la Argentina y del Uruguay es aún más extensa (300.000 millas cuadradas) que los llanos. La pampa parece ser un mar de tierra plana donde hay solamente pampa y más pampa. Aquí el famoso gaucho vive con su facón° y su caballo, cuidando el ganado y sentiéndose libre de la opresión de la sociedad.

comprende comprises

El ambiente tropical es un aspecto sobresaliente de la naturaleza del mundo hispánico. En España este ambiente se encuentra al sur del país y en las Islas Canarias. En Hispanoamérica la zona tropical comprende° las islas antillanas y las costas de Colombia, de Venezuela, de Centroamérica y de México. Es un ambiente que naturalmente atrae a muchos turistas a causa del clima agradable—las playas, las palmeras y el cielo azul. El trópico se caracteriza también por su gente alegre, la música rítmica, la playa del día y los casinos y las discotecas de la noche. Hay momentos de mucha actividad y momentos de calma. El calor y el mar traen el descanso y la paz.

La vida alegre de las muchas regiones agradables como el trópico, las mesetas, el ambiente mediterráneo, las montañas y los valles presenta un contraste con la vida de otros lugares como el campo, la selva y el desierto. Estas regiones son difíciles de dominar y la vida es una lucha contra las fuerzas de la naturaleza. Puesto que la lucha es constante y la naturaleza casi siempre gana la «batalla», se desarrolla un sentido de futilidad en alguna gente de las regiones inhospitalarias. También, puesto que es necesario usar la astucia y la violencia contra la naturaleza, existe entre algunos (principalmente los hombres) una tendencia a ser astutos y a veces violentos para resolver los problemas personales y sociales.

Si la vida es tan difícil en estas regiones inhospitalarias, ¿por qué vive la gente allí? La respuesta es obvia: el hispano, como mucha gente, tiene un sentimiento fuerte del patriotismo. La patria puede ser importante para el hispano, pero la región tiene tanta importancia que se llama «la patria chica». La vida de una región puede estar llena de problemas, sufrimiento y tristeza pero en fin es una parte del ser° del habitante. Como veremos en la siguiente lectura literaria, la actitud del habitante es bien diferente de la del turista o del extranjero.

ser being

para comprender Complete Ud. cada frase con la respuesta correcta.

1. La naturaleza en España ofrece una variedad de _____. (*paisajes, climas y topografías / tipografías, pasajes y limas*)
2. Los hispanoamericanos viven en una variedad de _____. (*jugos naturales / ambientes naturales*)
3. La Sierra Madre y los Andes son _____. (*montañas / selvas*)

4. Las selvas de Hispanomérica son lugares _____. *(impenetrables, densos y peligrosos / de recreo durante la Navidad)*

5. Venezuela y Colombia tienen áreas de _____. *(llamas / llanos)*

6. El gaucho de la Argentina y del Uruguay vive en _____. *(la pampa / la sociedad)*

7. _____ del ambiente tropical atraen a muchos turistas. *(La humedad y la enfermedad / El clima y las playas)*

8. La selva, el desierto y otras regiones inhospitalarias _____. *(no son fáciles de controlar / son difíciles de encontrar)*

9. El hispano sigue viviendo en los lugares donde la vida es difícil debido a _____. *(su amor por la tierra, la patria / un fuerte sentimiento de pesimismo)*

10. Es importante estudiar la geografía y el ambiente natural en el mundo hispánico porque _____. *(algunas personas no son naturales en ningún ambiente / influyen en la manera de ser de la gente)*

para conversar Conteste las siguientes preguntas.

1. ¿Cuáles son algunas diferencias geográficas entre las varias regiones de España? ¿Cuáles son algunas diferencias entre los varios tipos de geografía o naturaleza de los Estados Unidos?

2. ¿Cómo de llama la cordillera que extiende desde Tierra del Fuego hasta el Mar Caribe? ¿Cómo se llama la cordillera de México? ¿Sabe Ud. los nombres de algunas cordilleras de los Estados Unidos? ¿Conoce Ud. una de estas cordilleras? ¿Es Ud. alpinista? ¿Le gustaría a Ud. subir una montaña muy alta? ¿Por qué?

3. ¿Por qué es difícil construir carreteras en las selvas? ¿Le gustaría a Ud. pasar unos días en la selva? ¿Tendría Ud. miedo? ¿Le gusta el peligro?

4. ¿En cuáles países se halla la pampa? ¿Hay una región semejante a la pampa en los Estados Unidos?

5. ¿Cómo se caracteriza la zona tropical de Hispanoamérica? ¿Le gustaría a Ud. visitar esta región? ¿Por qué? ¿Hay un aspecto del ambiente tropical que le atrae a Ud.?

6. En su opinión, ¿cuál tiene más influencia sobre la gente—el ambiente natural o la herencia biológica? ¿Hay diferencias entre las personas del norte, del sur y del oeste de los Estados Unidos? ¿Puede Ud. señalar algunas diferencias que puedan ser el resultado de distintos ambientes naturales? ¿Qué importancia tienen el ambiente cultural y el ambiente social para las personas?

AMÉRICA DEL NORTE

El Océano Atlántico

Chicago

Arizona Nuevo México

Nueva York

Los Ángeles

Texas

Miami ANTILLAS MAYORES

AMÉRICA CENTRAL

CUBA
La Habana

LA REPÚBLICA
DOMINICANA
Santo Domingo

PUERTO RICO
San Juan

1. MÉXICO — México D. F. mexicanos
2. GUATEMALA — Guatemala Guatemaltecos
3. HONDURAS — Tegucigalpa Hondureños
4. EL SALVADOR — San Salvador Salvadoreños
5. NICARAGUA — Managua Nicaragüenses
6. COSTA RICA — San José Costaricenses
7. PANAMÁ — Panamá Panameños
8. ZONA DEL CANAL
9. BELICE — Belmopan Beliceños

AMÉRICA DEL SUR

El Océano Pacífico

10. VENEZUELA — Caracas Venezolanos
11. COLOMBIA — Bogotá Colombianos
12. ECUADOR — Quito Ecuatorianos
13. ISLAS GALÁPAGOS (Archipiélago de Colón)
14. PERÚ — Lima Peruanos
15. BOLIVIA — (La Paz & Sucre) Bolivianos
16. CHILE — Santiago Chilenos
17. ARGENTINA — Buenos Aires Argentinos
18. URUGUAY — Montevideo Uruguayos
19. PARAGUAY — Asunción Paraguayos
20. ANTILLAS HOLANDESAS — Aruba, Curaçao

ASIA

EUROPA

Madrid

ESPAÑA

ISLAS
CANARIAS   GIBRALTAR

El Sahara Español

ÁFRICA

Fernando Póo
(Guinea Ecuatorial)

El Océano Índio

AUSTRALIA

El mundo hispánico

SEGUNDO PASO

Para preparar la lectura

Check off each item as you complete it.

_____ Estudie el vocabulario y haga los ejercicios de *Palabras y práctica*.

_____ Estudie las estructuras y haga los ejercicios de *Estructuras y práctica*.

_____ Lea *Vista preliminar*.

_____ Estudie *Claves de comprensión*.

palabras y práctica

Vocabulario para la *Lectura*

agradecer to thank
agravarse to become worse
agregar to add
apuro predicament, difficulty
arreglo arrangement
asegurar to assure
atascarse to get stuck
dar el pésame to express condolences
emigrar to emigrate

estar a gusto to be happy
figurarse to guess, imagine
hacer falta to be necessary, to need; to miss
platicar to chat
presentir to have a hunch, foreboding
quedar to remain
regresar to return
el rompecabezas puzzle

A. Complete cada frase con la respuesta apropiada.

1. Salimos del teatro y regresamos rápidamente a casa porque _____ . *(se me figuraba que era tarde / yo quería quedarme en el teatro)*

2. No pude llegar a tiempo porque _____ el carro en la nieve. *(platiqué con / se me atascó)*

3. Mi amigo tuvo un _____ de peligro y por eso no entramos en la casa abandonada. *(agradecimiento / presentimiento)*

4. No he hecho todos los _____ para el viaje. *(arreglos / apuros)*

5. No puedo terminar _____ porque me falta una pieza. *(este rompecabezas / de arreglar la cabeza)*

6. _____ mi amigo porque hace mucho tiempo que no nos juntamos para platicar.   (*Se atascó / Me hace falta*)

7. ¿Se murió tu perrito? Pobre, permíteme _____ .   (*darte el pésame / pesarte*)

8. Mi amigo hispánico no _____ aquí porque le hace falta su patria.   (*se agrava / se queda*)

9. Me _____ yo había ganado cien mil pesos en la lotería.   (*aseguraron que / dieron el pésame porque*)

B. Dé Ud. las preguntas apropiadas para las siguientes respuestas, usando los sinónimos entre paréntesis. Siga el modelo.

Modelo No, solo tengo quince pesos.   (*quedar*)
     ¿Te queda mucho dinero?

1. No, mis amigos y yo solamente charlamos un poco. (*platicar*)
2. Vuelvo del cine a las ocho. (*regresar*)
3. Sí, estuvimos muy contentos en la playa. (*estar a gusto*)
4. No, no tengo nada que añadir al testimonio. (*agregar*)
5. Sí, les digo gracias a mis padres por los regalos. (*agradecer*)
6. Pues, salimos de la dificultad cuando vino el policía. (*apuro*)
7. Mi tío se sintió peor cuando empezó el invierno. (*agravarse*)
8. Mi padre se fue de España en 1974. (*emigrar*)

estructuras y práctica

Uses of the preterite and the imperfect

The **preterite** is used:

1. To express an action whose beginning or ending points are known.

   Salí de la casa a las ocho.
   Compraron un carro nuevo ayer.

2. To express an action which interrupts another action.

   Carla leía cuando yo **entré.**
   Estudiabas cuando él **llamó.**

3. To express specific actions of one or a few definite occurrences.

   Marta nos **visitó** en abril y en junio.
   Escribiste mucho anoche.

Expressions commonly used with the **preterite** are:

ayer   una vez
anoche   el jueves (martes, etc.)
la semana pasada   en junio (julio, etc.)
el mes (año) pasado   ayer y hoy
un día   dos veces

The **imperfect** is used:

1. To express descriptions or aspects of the past; how life used to be.

   La gente **trabajaba** más y **ganaba** menos.
   Las mujeres no **podían** votar.

2. To express emotional or mental activity in the past.

   Yo **quería** decir algo en clase.
   Pedro no **sabía** que yo lo **amaba.**

3. To express habitual or repeated past actions.

   La familia **iba** al parque con frecuencia.
   A veces **comían** en el parque.

4. To express conditions or states of being in the past.

   Francisco **estaba** enfermo.
   Cuando **era** joven, **sufría** mucho.

5. To express time and dates in the past.

   Eran las cuatro de la tarde.
   La fiesta **era** el quince de mayo.

Expressions commonly used with the **imperfect** are:

generalmente   de vez en cuando
por lo general   todos los días
frecuentemente   todos los lunes
siempre   cada día (año, etc.)
a veces   a menudo

Esta escena de Mallorca, España demuestra que se encuentra más que el clima tropical en el mundo hispánico.

The *se* + object pronoun + verb construction

This structure is similar to the use of the verb *gustar* in the sense that you must think in terms of indirect object pronouns (*me*, *te*, etc.) rather than subject pronouns (*yo*, *tú*, etc.). Here are some examples:

I broke the glasses.	**I**	→ **me**	Se **me** rompieron los vasos.
He forgot the number.	**he**	→ **le**	Se **le** olvidó el número.
You got the car stuck.	**you**	→ **te**	Se **te** atascó el coche.

Notice that *se* is always used at the beginning of the construction and the verb is conjugated according to the object, not the subject (*rompieron - vasos; atascó - coche*). Of course, one may say «*Rompí los vasos*» but the *se* construction is quite common and may reflect the speaker's desire to impersonalize the expression and be relieved of "blame." Many of the verbs used this way are those that express occurrences that one might not want to be directly responsible for (forgetting, dropping, losing, breaking, etc.)

A. Complete Ud. cada frase con la forma apropiada del pretérito o del imperfecto de los verbos entre paréntesis.

1. Frank _emigró_ de Honduras en 1950 y yo lo _conocía_ durante muchos años. *(emigrar / conocer)*
2. _Nos cruzamos_ nuestros caminos un día de invierno en los Estados Unidos y luego nosotros _nos juntábamos_ con frecuencia para hablar. *(cruzarse / juntarse)*
3. Frank siempre _recordaba_ su patria a pesar de que cuando _pasó_ su juventud allí él _sufrió_ mucho. *(recordar / pasar / sufrir)*
4. Un día Frank _decidió_ volver a Honduras y el día siguiente _regresó_ a su tierra. *(decidir / regresar)*
5. A mí me _dolió_ despedirme de él pero Frank me _aseguró_ que algún día _podía_ venir a visitarme. *(doler / asegurar / poder)*
6. Frank _llevó_ mucho tiempo en Honduras sin escribirme pero eso no me _importaba_ porque se me _figuraba_ que pronto volvería. *(llevar / importar / figurar)*
7. Un día mi esposa y yo _supimos_ que Frank _murió_ en Honduras y me _costó_ trabajo creerlo. *(saber / morir / costar)*
8. Durante un tiempo yo _andaba_ por la casa pensando en cómo Frank siempre me _acompañaba_ en todo. *(andar / acompañar)*
9. A Frank le _importaba_ más morir en su patria que vivir en un país extranjero. *(importar)*

B. Usando la forma familiar *(tú)*, pregúntele a un(a) compañero(a) de clase. . .

1. When he or she returned home yesterday.
2. If he or she generally walked to school.
3. If he or she always remembered old friends.
4. If he or she used to finish assignments *(tareas)* on time.
5. When he or she decided to study Spanish.
6. If he or she usually accompanied friends to parties.
7. If he or she suffered much in the heat last summer.
8. How much time he or she spent *(llevar)* doing this assignment.

C. Traduzca Ud. las siguientes frases, usando *se* con el verbo entre paréntesis.

1. *We* forgot the assignment. *(olvidar)*
2. *He* dropped the book. *(caer)*
3. *You (tú)* lost the keys. *(perder)*
4. *They* left the money. *(quedar)*

5. *I* imagined that it was late. *(figurar)*

6. *She* broke the windows. *(romper)*

7. *You (Ud.)* got the car stuck. *(atascar)*

vista preliminar   Como indica la selección de Mercedes Ramírez del primer capítulo, algunos turistas tienen ideas superficiales o negativas de un país extranjero. Es difícil comprender y apreciar la *esencia* de una cultura; muchas veces sólo el habitante puede sentirse parte del país. En el cuento que sigue, un hispano, a pesar de vivir más de treinta años en los Estados Unidos, solamente se siente «completo» y contento al volver a su patria.

claves de comprensión   The following questions are keys to the essential information found in the reading. Study them carefully before proceeding to the reading section.

1. ¿Dónde vivían y trabajaban Frank y el autor?

2. ¿Por cuánto tiempo vivía Frank allí?

3. ¿Qué pensaban Frank y el autor de sus países respectivos?

4. ¿Cuándo ocurrió el cambio en la actitud de Frank?

5. ¿Qué decidió hacer Frank y por qué?

pasos de lectura   Check off each item as you complete it.

_____ Read the selection aloud and mark words you are unsure of.

_____ Study the words you marked; look them up in the glossary if necessary.

_____ Review *Claves de comprensión* and read *Para comprender.*

_____ Read the selection again silently. Underline material you remember reading in *Vista preliminar, Claves de comprensión,* or *Para comprender.*

_____ Answer all exercise items, preferably in writing.

LECTURA *Volver a casa*

por JUAN VALENCIA

Valencia, mexicano, es profesor de español que vive en los Estados Unidos y escribe cuentos y poesía. Ha publicado varias colecciones como *Siete veces la noche* (un libro de cuentos). Sus poemas y cuentos han sido publicados en varias revistas.

fundición foundry
minando sapping, ruining
hornos ovens

Frank López (en realidad se llamaba Francisco) se sintió peor aquel invierno. Los años que llevaba trabajando en la fundición° le habían ido minando° la salud. Yo lo conocía desde hacía más de treinta años, desde que emigró de Honduras a trabajar en los hornos° de una de las fundiciones en Gary, en el estado de Indiana. Recuerdo que nos hicimos amigos una mañana que se me atascó el coche en la nieve y Frank me ayudó a salir del apuro. Tan pronto como se cruzaron nuestras miradas supimos que éramos de una misma sangre y desde entonces nos

nos juntábamos nos
reuníamos

juntábamos° a platicar y a beber cerveza mexicana casi todos los domingos. Por muchos años estuvimos de acuerdo en que nuestros países de origen nos parecían ya como sombras y hablábamos siempre de lo que habíamos sufrido en ellos. Frank me aseguraba que nunca volvería a Honduras, y yo por mi parte no podía regresar a México porque me

El hispano que trabaja en los Estados Unidos siente frecuentemente un deseo fuerte de volver a casa.

había pasado de contrabando a los Estados Unidos y tenía miedo de no poder entrar otra vez a este país. Aunque de todos modos a mí no me importaba si no volvía porque no me quedaba nadie en México. Los padres de Frank todavía vivían en Honduras y se carteaban° con su hijo de vez en cuando.

Yo era como de la familia. Frank me decía que le recordaba a su único hermano, el que lo había traído a Gary y que murió en la guerra de Korea. Cierto que Frank conocía a otros *Latins* (como nos decían en la fundición), pero a mí se me figuraba que yo era como un mundo aparte para él, especialmente en los cinco últimos años de su vida, cuando se le agravó la dolencia° que no le pudo detener la ciencia médica.

Allá por 1968 Frank decidió visitar su tierra junto con su familia americana. La familia no estuvo a gusto en Honduras pero Frank sufrió un cambio muy fuerte en sus sentimientos. A su regreso me dijo que le costó mucho trabajo subirse al avión para volver a este país donde había vivido tanto tiempo. Me aseguró que en su tierra había descubierto lo que siempre llevó dentro.

Recuerdo que un año después de su visita a Honduras, como a mediados de noviembre, cuando empezó a arreciar° el frío en Gary, Frank me confió, «presiento que no voy a salir del invierno y he decidido regresar a Honduras con o sin mi familia». De todos modos se hizo un arreglo para que Frank se fuera° primero y luego llegaran su esposa e hijos a pasar la Navidad con él. A mí me dolió mucho no poder acompañarlo porque no tenía pasaporte. Antes de abordar el avión me dijo: «Uno le hace falta a su tierra,* como una pieza al rompecabezas».

Frank no regresó. Yo le escribí a su familia dándole el pésame. Su padre me contestó agradeciéndome la amistad con Frank, y agregaba que quería contarme como había sido la muerte de su hijo. Me decía que cuando Frank se sintió grave quiso que lo llevaran a pasar unos días al lago Yojoa. Allí expiró. Terminaba la carta narrándome un incidente que sorprendió a todos. Cuando los que acompañaban a Frank rompieron a llorar, un niño que andaba por allí les dijo, «Ya no lloren, ¿qué no ven que está contento?».

---

* Compare the following expressions:
uno le hace falta *a* su tierra   one's country needs (misses) him/her
a uno le hace falta su tierra   one needs (misses) his/her country

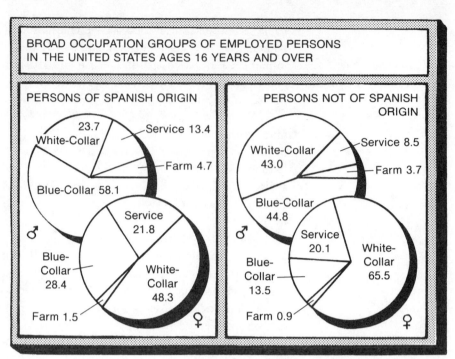

United States Bureau of the Census • March 1979

para
comprender Indica Ud., con las palabras *sí* o *no*, si cada frase pertenece o no al cuento.

  Sí **1.** Frank López era empleado de una fundición de Gary, Indiana.
  no **2.** En la fundición fabricaban automóviles.
  sí **3.** Frank y el narrador son ambos hispanos.
  sí **4.** Frank no pensaba volver a Honduras y el narrador, como inmigrante sin documentos, no podía regresar a México.
  no **5.** México, un país al sur de los Estados Unidos, tiene mucho petróleo.
  sí **6.** Frank fue a Honduras con su familia y tuvo un cambio de actitud.
  sí **7.** Frank había descubierto que llevaba dentro una dolencia, como una úlcera o tal vez apendicitis.
  sí **8.** Al fin Frank regresó a su patria y murió feliz.

para
analizar Conteste Ud. las siguientes preguntas sobre lugar, tiempo, punto de vista y caracterización.

A. Lugar

  1. ¿Cuáles son los dos lugares (países) de este cuento?
  2. Es importante notar que hay dos lugares de acción porque el tema es

a. la vida de un empleado de una fundición.

b. el deseo del protagonista de volver a su patria.

B. Tiempo

[handwritten: Frank vivió en eu más de treinta años.]

1. ¿Cuánto tiempo vivió Frank, el protagonista, en los Estados Unidos?

2. Si el autor hubiera escrito que Frank estuvo lejos de su país hace solamente dos años, ¿tendría el cuento menos efecto emocional? ¿Por qué?

3. ¿En cuál estación del año ocurre la acción del cuento? ¿Por qué no escogió el autor la primavera como tiempo de acción? *[handwritten: en el invierno — porque hace frío en invierno y los noches son largos, como muerte.]*

C. Punto de vista

1. ¿Cuál de los siguientes puntos de vista emplea el autor?

   a. primera persona, omnisciente

   b. primera persona, reportero

   c. tercera persona, omnisciente

   d. tercera persona, reportero

2. ¿Por qué no cuenta Frank su propia historia? *[handwritten: porque Frank se murió]*

D. Caracterización

¿Cuáles de los siguientes métodos usa el autor para presentar el protagonista principal (Frank) al lector? Dé Ud. un ejemplo de cada método *usado en el cuento.*

   a. diálogo y acción

   b. lo que dicen y piensan otros personajes del protagonista principal

   c. descripción y comentarios directos hechos por el autor

   d. contraste y comparación con otros personajes *(character foil)*

para conversar Conteste las siguientes preguntas.

1. ¿Por cuánto tiempo había vivido Frank López en los Estados Unidos? *[handwritten: más que 30 años]*

2. ¿Cómo se conocieron Frank y el narrador?

3. ¿Qué hacían los dos los domingos?

4. ¿De qué hablaban? ¿Habían estado a gusto en sus países respectivos?

5. ¿Cómo les llamaban a Frank y al narrador en la fundición?

6. ¿Qué tipo de cambio tuvo Frank cuando volvió a Honduras?

7. ¿Cuál es lo que le preocupó a Frank? ¿Qué decidió hacer? ¿Por qué?

8. ¿Que le pasó a Frank al fin? ¿Qué dijo el niño que andaba por allí?

9. ¿Ha vivido Ud. fuera de los Estados Unidos? ¿Por cuánto tiempo? ¿Le molestaría a Ud. morir en un país extranjero? ¿Por qué?

10. ¿Se siente Ud. como Frank con respecto a su patria? ¿Es Ud. patriótico(a)? ¿Qué piensa Ud. del patriotismo?

ACTIVIDADES

Para escribir

The objective of this activity is to help you learn to express yourself in complex sentences. Combine each group of sentences given below into a complex sentence. The first group has already been done as a model. Words that may be used as "clause connectors" are given below the *Modelo*.

Modelo Yo soy hispanoamericano. Tengo sangre india. Yo sufría mucho. Los patrones me trataban mal. Pagaron por su crueldad. Vino la revolución. La revolución intentó acabar con las desigualdades.

*Yo soy hispanoamericano **de** sangre india **que** sufría mucho **porque** los patrones me trataban mal, **pero** pagaron por su crueldad **cuando** vino la revolución **que** intentó acabar con las desigualdades.*

de	mientras que	porque
y	que	puesto que
donde	pero	y por eso

1. Me llamo Curro. Tengo padres gitanos. Soy de Sevilla. Toco la guitarra en una tasca. Mi novia Rosario baila el flamenco. El flamenco es un baile popular por todo el país.
2. Soy estudiante. Estudio negocios. Es una profesión interesante e importante. También estudio español. Es necesario saber otro idioma. Otro idioma puede ser útil en el área de finanzas internacionales. El mundo hispánico representa un mercado sustancial.
3. Yo soy de Honduras. Ahora vivo en los Estados Unidos. Trabajo en una fundición. La fundición está en Gary, Indiana. Hace mucho frío. Quiero volver a mi patria. En mi patria hace calor.

Para leer

The purpose of this activity is to help you develop reading skills by learning to use titles, subtitles, headings, and the like as a preview of the content of a reading. First read the article titles below, then choose the corresponding article and write its letter in the accompanying blank. *Note:* You are expected to grasp only the general idea of each brief article in order to match it to the appropriate title. It isn't necessary to look up words you don't know.

_____ «Equipo atascado a causa del aguacero»

_____ «Atraso en la construcción de coches»

_____ «Restos humanos encontrados en las alturas frígidas»

_____ «Pelea grave en la provincia»

_____ «Parásito aislado causa una dolencia común»

A. Tucumán—En una región rural del país a altas horas de la noche dos hombres se encontraron hospitalizados por haber reñido en una taberna local. Uno sufrió una herida seria según declara el médico. El segundo sufrió una dolencia de la espalda causada por los azotes del otro.

B. Vaupés—Los coches particulares aún no pueden usar la carretera bajo construcción en la selva porque el progreso ha sufrido un atraso debido a esta temporada de lluvia. Casi toda la maquinaria se encuentra metida en el barro y el Departamento de Obras Públicas informa que no hay modo de sacarla hasta la sequía.

C. Barcelona—Según informa Automotores Correveloz, S. A., se ha dejado de fabricar automóviles por un período indefinido de tiempo porque se atasca el equipo de producción. El equipo está anticuado y no funciona bien. Además, los aguaceros de estos días han presentado problemas con respecto al transporte de los coches nuevos a puntos de distribución y venta.

D. Guadalajara—Algunos expertos de la ciencia médica han descubierto la raíz de una enfermedad grave que es común entre animales de la provincia pero que no afecta a los seres humanos. Los cadáveres de caballos y de ganado dieron a los médicos la solución del misterio cuando encontraron un organismo particular desconocido hasta ahora. Un remedio, según informan los especialistas, no tarda en encontrarse.

E. Cuzco—Un grupo de especialistas ha descubierto en una provincia aislada del país un número de cadáveres congelados. Un investigador declara que los cadáveres fueron conservados en buen estado por el frío extremo. Un médico del grupo dice que murieron esas personas de causas naturales; un antropólogo informa que son indios de la época precolombina pero su origen exacto es un misterio.

Para hablar

A. Basándose en la primera lectura, tres estudiantes pueden hacer los siguientes papeles:
1. un(a) estadounidense describiendo las regiones de los Estados Unidos
2. un(a) hispanoamericano(a) describiendo las regiones de Hispanoamérica
3. un(a) español(a) describiendo las regiones de España.

Este desfile hispánico en Manhattan demuestra el sentimiento patriótico de los hispanos que todavía se sienten parte de sus países de origen.

B. Dos o más estudiantes pueden presentar una conversación entre algunos hispanos viviendo en los Estados Unidos, uno(s) hablando de las ventajas de los Estados Unidos y otro(s) señalando las desventajas del país.

C. Algunos estudiantes pueden presentar una conversación entre una familia estadounidense que lleva muchos años viviendo en un país hispánico. Unos miembros de la familia quieren volver a los Estados Unidos, otros prefieren quedarse. Cada uno explica las razones por las cuales quiere irse o quedarse.

SEGUNDA PARTE

La vida hispánica

CAPITULO
TRES *La vida provincial*

PRIMER PASO

Para preparar la lectura

_____ Estudie *Vocabulario temático.*

_____ Haga los ejercicios de *Estudio de palabras.*

_____ Lea *Sugerencia.*

_____ Lea *Vista preliminar.*

_____ Estudie *Claves de comprensión.*

vocabulario temático Estudie las siguientes palabras.

artesanía crafts
campesino, -a country-dweller
canasta basket
ciudad city
criada maid
cuero leather
el/la habitante inhabitant
lana wool
latifundio large land holding
minifundio small parcel of land

población population
poblado, -a populated
provincia province
provincial provincial
provinciano, -a provincial person
pueblo town
el rascacielos skyscraper
rural rural
urbano, -a urban
villa town, village

estudio de palabras Haga los siguientes ejercicios.

A. Dé Ud. el sustantivo y el verbo españoles de las palabras inglesas, siguiendo el modelo.

Modelo preference *preferencia preferir*

1. coincidence
2. competence
3. consistence
4. existence
5. influence

6. insistence
7. persistence
8. reference
9. residence
10. inference

B. Complete el siguiente patrón de verbos y sustantivos españoles, siguiendo el modelo.

Modelo *estudiar   estudiante*

1. ayudar _____
2. _____ caminante
3. comerciar _____
4. _____ dibujante
5. habitar _____

6. _____ negociante
7. participar _____
8. _____ representante
9. visitar _____
10. _____ votante

sugerencia The appropriate atmosphere for study is essential to good comprehension and retention. Study in the library or in your room—it is important to avoid interruptions and distractions. Clear your desk of letters, photos, or other items that may distract your attention. If you must have music, listen to instrumentals and keep the volume low.

vista preliminar By now you are probably aware of the benefits to speed and comprehension provided by previewing the material. It is helpful to learn how to preview on your own. With this purpose in mind, the preview of the introductory essays in this and the following chapter offers a little less help than the content summaries of previous chapters. Following is a brief outline of the upcoming reading.

Variedad y contraste entre los pueblos y las ciudades del mundo hispánico

   I. En los Estados Unidos
      A. hay algunas diferencias entre las ciudades y los pueblos
      B. algunos pueblos tienen sus ambientes característicos
      C. algunos pueblos y ciudades tienen algo en común.

   II. En el mundo hispánico los pueblos y las ciudades no se parecen.
      A. Se encuentran pocos negocios de cadena
      B. En muchas partes el pequeño comerciante local predomina

   III. La ciudad de provincia
      A. ha sido físicamente afectada por la transculturación
      B. mantiene valores y actitudes tradicionales al fondo

   IV. La palabra *pueblo* incluye
      A. villas
      B. pueblos grandes

V. Los pueblos tienen algunos aspectos en común como
  A. la construcción y la apariencia física
  B. la rutina de la vida

VI. Los pueblos tienen aspectos que los distinguen el uno del otro como
  A. la comida
  B. la ropa
  C. la artesanía
  D. el clima y la topografía
  E. la variedad de grupos étnicos

VII. Hay contraste entre las clases sociales en las provincias.

claves de comprensión

The following questions are keys to the essential information found in the reading. Study them carefully before proceeding to the reading selection.

1. ¿Cómo se puede comparar y contrastar las ciudades y los pueblos de los Estados Unidos con los del mundo hispánico?
2. ¿Cómo ha sido afectada la ciudad provincial por la transculturación y cómo ha resistido la influencia extranjera?
3. ¿Qué tienen en común los pueblos de provincia?
4. ¿Cuáles son algunos de los aspectos culturales que distinguen un pueblo del otro?
5. ¿Cuál es el contraste sobresaliente que existe en las provincias?

Pasos de lectura

Check off each item as you complete it.

_____ Read the selection aloud and mark words you are unsure of.
_____ Study the words you marked; look them up in the glossary if necessary.
_____ Review *Claves de comprensión* and read *Para comprender*.
_____ Read the selection again silently. Underline material you remember reading in *Vista preliminar*, *Claves de comprensión*, or *Para comprender*.
_____ Answer all exercise items, preferably in writing.

LECTURA *Las ciudades y los pueblos de provincia*

Ya hemos visto el mundo hispánico con respecto a su situación demográfica y geográfica. Ahora conviene ver cómo es el mundo hispánico y cómo viven los hispanos, empezando con la variedad y el contraste que existen en el mundo hispánico. Aunque muchos pueblos hispánicos son semejantes, hay varios aspectos que distinguen un pueblo de otro. Además, los pueblos presentan un contraste con las ciudades.

Pero, ¿no es así en los Estados Unidos también? De cierto modo, sí. Obviamente una ciudad tiene sus rascacielos y su gran población, lo que no se ve en la ciudad pequeña o el pueblo. Y algunos pueblos estadounidenses tienen sus ambientes característicos y únicos. Pero existe por lo menos un aspecto que da las mismas características a casi todas las ciudades y a muchos pueblos—los negocios de cadena.° Por todos lados se ven McDonald's, K–Mart, Sears y sobre todo, el famoso *mall*—la lista es larga.

negocios de cadena chain stores

En algunos países hispánicos no se encuentran ni almacenes ni supermercados ni restaurantes de cadena. En otros países los bancos y ciertos negocios grandes tienen sucursales° en varias ciudades. Unos países tienen el mismo almacén (como *El Corte Inglés* de España) o el mismo supermercado (como *Carulla* de Colombia o *Gigante* de México) en varias ciudades principales—pero casi nunca se encuentran en las ciudades pequeñas y jamás en los pueblos. Debido a la falta o la escasez° de negocios de cadena, las ciudades y particularmente los pueblos hispánicos no dan la impresión de ser tan semejantes como ocurre en los Estados Unidos. En muchas partes del mundo hispánico el pequeño comerciante local predomina todavía.

sucursales branches of a business

la escasez scarcity

En las ciudades provinciales más importantes se encuentran muchos aspectos comunes a los centros urbanos. Se visten de última moda, las películas son las más recientes y la música que se oye es el *rock* de los Estados Unidos. Pero existe cierta resistencia a algunos aspectos de la influencia extranjera; a pesar de la transculturación y la «modernización» que se encuentran en las ciudades de provincia, los provincianos son básicamente tradicionales en sus valores, costumbres y actitudes. Finalmente, hay que señalar que muchas ciudades provinciales son tan grandes y tan modernas como los centros urbanos, por lo menos físicamente si no en sus valores y actitudes. Guadalajara (México), Cali (Colombia) y Sevilla (España), por ejemplo, son todas ciudades de provincia pero tienen varios millones de habitantes.

Muchos pueblos del mundo hispánico se diferencian no solamente

Sevilla, una ciudad de provincia moderna y grande, tiene una población que llega casi a un millón.

de las ciudades sino también de otros pueblos. Primero, es necesario darse cuenta de que la palabra *pueblo* incluye las villas aisladas. Estas son generalmente pobladas por los indios, como las villas de Hispanoamérica, y hay poca civilización occidental. También incluye pueblos grandes y pequeños donde sí se observan la tecnología y los aspectos de la vida moderna.

Los pueblos de provincia son, claro está, diferentes de sus ciudades. Se encuentran elementos comunes entre los pueblos hispánicos. Siempre hay una plaza central con una iglesia, una casa de gobernación y un monumento inevitable de algún héroe. Se puede ver en casi todas las plazas el héroe de bronce sentado sobre su caballo con una mano alzada para recibir los elogios° del pueblo y los insultos de las palomas.°

elogios praise
palomas pigeons

También se puede mencionar otro elemento que tienen en común los pueblos—la vida diaria. El ritmo de la vida es lento y calmo. Las criadas salen temprano por la mañana para comprar la comida fresca en los mercados y en las tiendas. Los niños van al colegio, los adultos van al trabajo y las mujeres que no trabajan dirigen las criadas en los quehaceres° domésticos. Por la tarde los negocios cierran sus puertas mientras que toda la familia se reune durante dos o tres horas para almorzar. Luego se duerme la siesta (en las regiones tropicales o en áreas de mucho calor) o, en la mayoría de los casos, se ocupa en otras actividades y diversiones. A eso de las dos o tres de la tarde, según el país o la región, los niños vuelven al colegio y los otros a seguir su rutina de todos los días de trabajo. Por la noche, después de la cena, algunos hombres van al café o al bar para tomar alguna bebida (café, cerveza, sangría o vino) y hablar con amigos. Algunas mujeres charlan

quehaceres chores, duties

con sus vecinas o leen. Los jóvenes van a un club social, al cine o a una discoteca si es fin de semana, o estudian o miran televisión si es entre semana.

Los pueblos tienen mucho en común pero al mismo tiempo tienen características que los distinguen. Muchos pueblos tienen una comida típica. Por supuesto, cada región de España y de Hispanoamérica tiene su traje típico pero en la gran mayoría de los casos estos trajes se usan solamente durante una fiesta o feria especial. Pero en muchas villas de indios en Hispanoamérica los habitantes se ponen la ropa típica del grupo indígena. En países como el Perú, Bolivia y el Ecuador se puede identificar el pueblo por el sombrero distintivo que llevan los habitantes. Otro aspecto que distingue un pueblo de otro es la artesanía—canastas aquí, cerámicas allá, acá artículos de lana y allí artículos de cuero, oro, plata y muchos otros materiales. También existen el contraste y la variedad en cada pueblo debido a los diferentes climas y topografías y a los diferentes grupos étnicos. En el mundo hispánico se puede ir de paseo a distintos pueblos y el visitante tiene una experiencia diferente en cada uno de ellos.

destacados noticeable

En las provincias del mundo hispánico se nota uno de los más destacados° casos de contraste—la tremenda diferencia y distancia entre los pobres y los ricos. Es especialmente así en los sectores rurales de América Latina donde 95 por ciento de la gente rural es de la clase baja y donde los campesinos quieren su parcela de tierra—su minifundio. Pero esto quiere decir que los dueños de los latifundios tienen que dividir o vender su propiedad—cosa que no quieren hacer. Mientras que los campesinos de la clase baja representan un porcentaje alto de la gente rural, es necesario aclarar que en las ciudades de provincia y en los centros urbanos la clase media es bastante grande en muchos países hispánicos.

para
comprender Haga un resumen de la lectura usando cada una de los siguientes grupos de palabras en una frase completa.

1. Ciudades y pueblos del mundo hispánico
2. Ciudades y pueblos de los Estados Unidos
3. Negocios de cadena de los Estados Unidos
4. Negocios de cadena del mundo hispánico
5. Centros urbanos y ciudades de provincia del mundo hispánico
6. Transculturación y modernización de las ciudades provinciales
7. Valores, costumbres y actitudes de la gente de provincia
8. Algunos elementos comunes entre los pueblos hispánicos
9. El ritmo de vida de las provincias

10. Los trajes típicos
11. Los paseos a pueblos
12. La clase baja

para conversar Conteste las siguientes preguntas.

1. ¿Cree Ud. que las ciudades en los Estados Unidos son todas distintas o semejantes? ¿Por qué?
2. ¿Piensa Ud. que en los Estados Unidos los pueblos son similares a las ciudades? Explique su respuesta. ¿Piensa Ud. que hay diferencias entre los pueblos estadounidenses? Explique.
3. ¿Qué tan comunes son los negocios de cadena en las ciudades hispánicas? ¿Hay más negocios de cadena en los pueblos estadounidenses que en los pueblos hispánicos? ¿Puede Ud. explicar esta diferencia?
4. En el mundo hispánico, ¿en qué sentido son semejantes las ciudades provinciales a los centros urbanos? ¿En qué se diferencian?
5. ¿Cómo es el pueblo del mundo hispánico? Describa Ud. el pueblo de los Estados Unidos.
6. Describa la vida diaria del pueblo hispánico y del pueblo estadounidense.
7. ¿Cuáles son algunas de las características que distinguen un pueblo hispánico del otro?
8. ¿Cuál es el contraste más notable en las provincias del mundo hispánico? ¿Existe este mismo contraste en los Estados Unidos? Compare la distancia entre las clases sociales del mundo hispánico y la distancia entre las de los Estados Unidos.

La cultura hispánica tradicional se nota más en los pueblos como La Alberca, al sur de Salamanca, España, que en las ciudades provinciales grandes.

SEGUNDO PASO

Para preparar la lectura

_____ Estudie el vocabulario y haga los ejercicios de *Palabras y práctica*.

_____ Estudie la estructura y haga los ejercicios de *Estructuras y práctica*.

_____ Lea *Vista preliminar*.

_____ Estudie *Claves de comprensión*.

palabras y práctica **Vocabulario para la *Lectura***

barba beard
barro clay, mud
cintura waist
huele (oler) smells
labrador, -a farmer
labranza farming
madrugar to get up at dawn
oído ear

polvo dust
la raíz (las raíces) root
relevar to relieve, substitute for
sembrar (ie) to plant, sow
semilla seed
tarea task
tirar to pull
uña fingernail

A. Escoja las palabras en la lista de asociaciones que se relacionan con la palabra correspondiente en la lista a la izquierda.

ASOCIACIONES

1. *labranza* campo, banco, tierra, semillas, carro, sembrar
2. *uña* dedo, papel, cortauñas, mesa, reloj, mano
3. *oído* oreja, escuchar, color, oír, sol, sonido
4. *oler* olor, ojo, nariz, olfato, olé, perfume
5. *raíz* tierra, tronco, rama, hojas, lápiz, ropa
6. *barba* cara, bobo, afeitar, bárbaro, rostro, bigote
7. *cintura* cuerpo, siglo, caderas, cinturón, costumbre, factura
8. *semilla* origen, sembrar, germinar, silla, brotar, crecer

B. Conteste cada pregunta usando la palabra entre paréntesis en una frase completa.

1. ¿Se levanta Ud. temprano? *(madrugar)*
2. ¿Por qué compró Ud. esas semillas? *(sembrar)*
3. Has trabajado mucho. ¿Te ayudo? *(relevar)*

4. Los muebles están sucios, ¿verdad? *(polvo)*
5. ¿De qué hiciste el busto en la clase de artesanía? *(barro)*
6. ¿Va a ser difícil este trabajo? *(tarea)*
7. ¿Cómo vas a llevar tu carro a casa sin gasolina? *(tirar)*
8. ¿Trabaja ese señor en la ciudad? *(labrador)*

estructuras
y práctica

The present subjunctive following verbs of wishing

As you probably recall, the subjunctive mood is used in clauses introduced by various groups of subjunctive "cues." One group of subjunctive cues which you should review before reading the poem *Labrador* is the group of verbs which express wish, want, preference, and hope: *querer, desear, preferir, esperar.*

Remember the following:

1. The infinitive is used when there is no change of subject and no *que* connecting two clauses:

Marta quiere **comprar** el libro.

2. The subjunctive is formed by adding *-e* endings to the stems of *-ar* verbs and *-a* endings to the stems of *-er* and *-ir* verbs:

HABLAR	COMER	VIVIR
hable	coma	viva
hables	comas	vivas
hable	coma	viva
hablemos	comamos	vivamos
habléis	comáis	viváis
hablen	coman	vivan

Antonio prefiere que tú **estudies** en la biblioteca.
Mamá espera que nosotros **comamos** en casa.

3. The stems for the present subjunctive are taken from the first person form (*yo*) and thus first-person irregularities will be reflected in the subjunctive.

hacer→hago→**haga**   decir→digo→**diga**   conocer→conozco→**conozca**

4. Spelling changes are found in subjunctive forms of verbs ending in *-car, -gar, -zar,* and *-gir.*

buscar→**busque**   llegar→**llegue**
comenzar→**comience**   corregir→**corrija**

La plaza, como ésta de Granada, España, es un sitio público de recreo y reunión.

5. Stem-changing verbs also change in the same pattern in the subjunctive except that *-ir* verbs with an *e* to *i* change or *o* to *u* change in the preterite reflect this change in the *nosotros* and *vosotros* forms of the subjunctive:

dormir: d**u**erma, d**u**ermas, d**u**erma, d**ur**mamos, d**ur**máis, d**u**erman

6. Stem-changing verbs that have an *e* to *i* change in the present indicative, such as *pedir*, *servir*, and *seguir*, reflect this change in *all* forms of the subjunctive:

pedir: p**i**da, p**i**das, p**i**da, p**i**damos, p**i**dáis, p**i**dan

A. Complete cada frase con la forma apropiada del presente del subjuntivo o del infinitivo de los verbos entre parentésis.

1. El jardín ya está lleno de flores. No quiero que tú *siembres* (sembrar) más semillas.
2. Uds. ya han pasado suficiente tiempo aquí. El señor prefiere que Uds. *se vayan* (irse).
3. El caminante desea *seguir* (seguir) caminando por el campo.
4. Mis amigos esperan que yo *vuelva* (volver) a la universidad.
5. Federico prefiere *tomar* (tomar) cerveza.
6. Has trabajado mucho. Quiero que el ayudante te *releve* (relevar) en la tarea.
7. Los otros esperan que nosotros *pongamos* (poner) el dinero en el banco.
8. El visitante de Bolivia quiere *hablar* (hablar) con un representante oficial del gobierno.

B. Describa la relación romántica perfecta usando la forma correcta del subjuntivo en las siguientes frases.

1. Espero que mi novio(-a). . .
2. Deseo que él / ella. . .
3. Prefiero que él / ella. . .
4. Quiero que él / ella. . .
5. Deseo que nosotros. . .
6. Espero que nosotros. . .

vista preliminar

Un labrador, lógicamente, pasa mucho tiempo con la tierra—arando, sembrando semillas y cosechando. Puesto que el labrador trabaja la tierra tanto, la poetisa se imagina que el labrador *es* la tierra. El labrador es tan unido a la tierra que, en un sentido figurado, él deja tierra en la cama, sobre su esposa y en todas partes. El labrador tiene tierra en varias partes del cuerpo. La tierra, personificada, no quiere ver al viejo labrador trabajar más la tierra. El debe descansar y su hijo debe tomar su turno y trabajar en el campo.

claves de comprensión

The following questions are keys to the essential information found in the reading. Study them carefully before proceeding to the reading selection.

1. ¿Cómo es la vida del labrador?
2. ¿Cuál es el resultado de pasar tanto tiempo con la tierra, la labranza?
3. ¿Por qué dice la poetisa que el labrador es más de la tierra que del pueblo?
4. ¿Qué tiene el labrador entre las uñas y en las entrañas? ¿Por qué?
5. ¿Qué quiere la tierra que el labrador haga? ¿Por qué?
6. ¿Quién va a relevar al labrador en la labranza?

pasos de lectura

Check off each item as you complete it.

_____ Read the poem aloud. Do not mark any words or write anything.

_____ Read again silently, marking words you are unsure of.

_____ Study the words you marked; look them up in the glossary if necessary.

_____ Review *Claves de comprensión* and read *Para comprender* and *Para analizar*.

_____ Read the poem again, underlining any material you remember reading in the pre-reading and post-reading sections.

_____ Answer all exercise items, preferably in writing.

LECTURA *Labrador*

por GLORIA FUERTES

Gloria Fuertes nació en Madrid en 1918. Su poesía parece a veces amargo y agresivo, pero su característica esencial es la compasión y la ternura.

Labrador,
ya eres más de la tierra que del pueblo.
Cuando pasas, tu espalda huele a campo.

barruntas you forecast — Ya barruntas° la lluvia y te esponjas,°
te esponjas you soak it up — ya eres casi de barro.
De tanto arar, ya tienes dos raíces
debajo de tus pies heridos y anchos.
Madrugas, labrador, y dejas tierra

huella trail — de huella° sobre el sitio de tu cama,
a tu mujer le duele la cintura

derramada scattered — por la tierra que dejas derramada.°
Labrador, tienes tierra en los oídos,

entrañas guts — entre las uñas tierra, en las entrañas;°
chepa hump — labrador, tienes chepa° bajo el hombro
y es tierra acumulada,
te vas hacia la tierra siendo tierra,

terrones lumps of earth — los terrones° te tiran de la barba.

Ya no quiere que siembres más semillas,
que quiere que te siembres y te vayas,
que el hijo te releve en la tarea;

mimetizado con la — ya estás mimetizado con la parva,°
  parva as one with the — estás hecho ya polvo con el polvo
  chaff — de la trilla y la tralla.°
la trilla y la tralla
  thrashing and lashing

Te has ganado la tierra con la tierra;
no quiere verte viejo en la labranza,

surco furrow — te abre los brazos bella por el surco,°
échate lie down — échate° en ella, labrador, descansa.

Un labrador de caña de
azúcar en Cuba. A pesar de
la modernización y la
tecnología, muchos labradores
del mundo hispánico siguen
trabajando la tierra con el
músculo y el sudor.

para
comprender Complete cada frase con la respuesta más lógica según el poema.

1. El labrador es más de _____ que del pueblo. *(la tierra / los terrones)*
2. El labrador es tanto como la tierra que cuando llueve _____ . *(no puede arar / es casi de barro)*
3. Puesto que siempre está arando la tierra, tiene _____ debajo de los pies. *(raíces / semillas)*
4. El labrador deja una huella de _____ sobre la cama. *(tierra / saltinas)*
5. A la señora le duele la cintura _____ . *(porque está embarazada / debido a la tierra derramada por el labrador)*
6. La tierra no quiere ver al labrador _____ . *(descansar en el surco / volverse viejo de tanto trabajar)*
7. Los surcos son como _____ donde el labrador puede descansar. *(una cama bella con brazos / los brazos abiertos de la tierra)*

An interesting twist in this poem is that while the farmer becomes or *is* the land, toward the end of the poem the land becomes like a person. Personification *(personificación, prosopopeya)* is an important aspect of poetry.

A. Lea cada uno de los siguientes versos de *Labrador.* Escriba *sí* en el espacio si es un ejemplo de la prosopopeya y *no* si no lo es.

_____ **1.** ...los terrones te tiran de la barba.

_____ **2.** Labrador, tienes tierra en los oídos, ...

_____ **3.** Ya no quiere (La tierra) que siembres más semillas, ...

_____ **4.** (quiere) que el hijo te releve en la tarea, ...

_____ **5.** estás hecho ya polvo con el polvo ...

_____ **6.** no quiere verte viejo en la labranza, ...

_____ **7.** te abre los brazos bella por el surco, ...

B. Puesto que un poema obviamente tiene menos palabras que la prosa, el poeta tiene que escoger las palabras exactas y cargar el poema con mucho vocabulario que tiene que ver con el tema. Para darse cuenta de la importancia de las palabras en la poesía, haga lo siguiente:

1. Haga una lista de las palabras que tienen que ver con la tierra y la labranza.

2. Haga una lista de las palabras que tienen que ver con el cuerpo.

3. Discuta la relación entre las dos listas en el contexto del poema.

Conteste las siguientes preguntas.

1. ¿Cuál es la idea principal de este poema? Si conoce Ud. a un labrador, descríbalo.

2. ¿Le gusta a Ud. madrugar? ¿Por qué? ¿A qué hora se despierta?

3. ¿Cree Ud. que el labrador trabaja mucho? ¿Quién trabaja más—un labrador o un empleado de fundición? ¿Cree Ud. que un labrador en el mundo hispánico trabaja más o menos que un labrador en los Estados Unidos? ¿Por qué?

4. En el poema hay una unión completa entre el labrador y la tierra. ¿Piensa Ud. que otros trabajadores tienen una relación similar con su ambiente?

5. ¿Cuál es el tono de este poema—serio, cómico, satírico? ¿Qué actitud tiene la poetisa hacia el labrador—apreciativa o despreciativa? ¿Qué actitud revela el uso de *tú* en el poema? ¿Qué actitud tiene Ud. hacia el labrador?

TERCER PASO

Para preparar la lectura

_____ Estudie el vocabulario y haga los ejercicios de *Palabras y práctica*.

_____ Estudie la estructura y haga el ejercicio de *Estructuras y práctica*.

_____ Lea *Vista preliminar*.

_____ Estudie *Claves de comprensión*.

palabras y práctica **Vocabulario para la *Lectura***

abarcar to include, encompass
agua potable drinking water
alumbrado lighting
colonia section of a city
habitación dwelling
mayoría majority
la mitad half

el nivel level
propiedad property, possessions
la red network
renta rent
salario salary
vivienda housing

A. Cambie Ud. la palabra indicada en cada frase por un sinónimo de la lista de palabras.

1. Suben los precios pero desafortunadamente no sube mi *sueldo*.
2. El apartamento es barato; *el alquiler* cuesta solamente 4.000 pesos al mes.
3. Prefiero vivir en un *barrio* más cercano a mi trabajo.
4. Ese pobre señor perdió todas sus *posesiones* en la inundación.
5. Este libro *incluye* toda la historia de España.
6. En esta colonia hay agua potable pero no hay *luz*.
7. *Cincuenta por ciento* de los empleados tiene un nivel de vida adecuado.

B. Usando la palabra entre paréntesis, dé Ud. una frase lógica. Siga el modelo.

Modelo En esta colonia no hay problemas con los servicios. *(red)*
Hay una red completa de alumbrado y agua potable.

1. Se puede tomar agua en esta colonia. *(agua potable)*
2. Parece que la gente de esta colonia vive bien. *(nivel)*

3. Aquí no es difícil comprar una casa o arrendar un apartamento. *(vivienda)*

4. No hay muchas casas de dos pisos. *(mayoría)*

5. Las casas son pequeñas. *(habitaciones)*

Hace... que + present tense

To express an action or event that began in the past and continues into the present, the following structure is used in Spanish: **HACE** time **QUE** verb (present indicative). This is the equivalent of the English use of the present perfect plus *for.*

Hace dos años **que** estudiamos aquí.	We have studied (have been studying) here **for** two years.
Hace una semana **que** trabajo en eso.	I have worked (have been working) on that **for** a week.

The question format used with this structure may include the word *tiempo.*

¿Cuánto **(tiempo) hace que** vives en esta cuidad?	**How long** have you lived (have you been living) in this city?

Note: the following variation of this structure, particularly the question word *cuándo.*

¿Desde cuándo viajan Uds. por el país?	**How long** have you traveled through the country?
Viajamos por el país **desde hace** un mes.	We have traveled through the country **for** a month.
or, **Desde hace** un mes viajamos por el país.	

Pregúntele a un(a) compañero(a) de clase... Siga el modelo.

Modelo estudiar español

> *¿Cuánto (tiempo) hace que estudias español?*
> *Hace dos años que estudio español.*

1. trabajar

2. asistir a la universidad

3. vivir aquí

4. conocer a los estudiantes de esta clase

5. estar en clase hoy
6. estar en la universidad hoy
7. manejar un carro (conducir un coche)
8. saber hablar español

sugerencia When reading factual material such as the following article on Mérida, concentrate on the general idea. Don't get bogged down by specific details and statistics. Mentally restate specific data by thinking "more than—less than, the majority—the minority, many—a few, all—none", and similar general terms. Also, try to read by phrases rather than word-for-word. The reading selection is given in columns of phrases to help you practice reading this way.

vista preliminar Mérida, una ciudad fundada hace más de cuatrocientos años, es la capital de Yucatán, México. Han hecho un estudio de la vivienda en seis colonias de esta

Una fábrica de artesanía en Puerto Rico. Cada pueblo provincial tiene su comida, su ropa y su artesanía típica que se distingue un pueblo del otro.

ciudad. No hay ningún problema grave de vivienda aunque la mayoría de las casas es de un solo piso. Menos de la mitad de los habitantes recibe el salario mínimo. Parece que muchas casas están bien construidas, aunque no fueron construidas profesionalmente sino artesanalmente por los mismos dueños. Hace mucho tiempo que varios habitantes residen allí. Tienen buen servicio de electricidad, gas y alumbrado en las seis colonias. También tienen una red de agua potable pero hace falta un sistema de drenaje.

claves de comprensión

The following questions are keys to the essential information found in the reading. Study them carefully before proceeding to the reading selection.

1. ¿Cuándo fue fundada la ciudad de Mérida?
2. ¿Cuántas colonias de la capital de Yucatán fueron incluidas en el estudio?
3. Describa la situación económica de estas colonias.
4. ¿Cómo es la situación legal con respecto a la propiedad? ¿Cómo están construidas las casas?
5. ¿Cuánto tiempo hace que viven muchos habitantes en las colonias estudiadas?
6. ¿Hay agua potable en estas colonias? ¿Cuál es un problema antiguo de Mérida?

pasos de lectura

Check off each item as you complete it.

_____ Read aloud, marking words you are unsure of.

_____ Study the words you marked; look them up in the glossary if necessary.

_____ Review *Claves de comprensión* and read *Para comprender*.

_____ Read the selection again, underlining any material you remember reading in *Vista preliminar*, *Claves de comprensión*, or *Para comprender*.

_____ Answer all exercise items, preferably in writing.

LECTURA *La vivienda en Mérida*

Selección de *La República* (revista mexicana)

A más de cuatrocientos años de fundada,
Mérida sigue siendo la ciudad

realizado por carried out by	que a nivel regional y estatal más servicios concentra y requiere, según un análisis realizado por° INDECO/Yucatán y el gobierno del estado.
paradoja paradox	Dentro de estos servicios, se da la paradoja° de que en el caso de la vivienda, el 89% de los habitantes no paga renta de sus casas. La inmensa mayoría de las habitaciones es de un solo piso. El estudio abarca seis colonias
yucateca of Yucatán (México)	de la capital yucateca,° en las que,
hacinamiento crowding	si bien no hay problema grave de hacinamiento,° no dejan de presentarse otros, como luego se leerá. Menos de la mitad de los habitantes obtiene el salario mínimo
predios landed property	y el 98% de los predios° es de propiedad legal
en lo que toca con referencia	en lo que toca° a la casa. Por lo que toca a los predios, no llega al 10% los que tienen propiedad ilegal. Todas las casas
artesanalmente lay carpentry or construction	se construyeron artesanalmente°
mampostería masonry	y la mayoría de ellas está construida con mampostería° y concreto. Asimismo, parece que están bien construidas, pues más del 60% vive en las colonias analizadas hace más de diez años. No tienen problemas de electricidad, gas y alumbrado en las colonias (ya es tiempo de nombrarlas) Chichén Itzá, Lázaro Cárdenas, Mercedes Barrera, Miraflores, Sector Dos y Jesús Carranza. Hay una red de agua potable,

drenaje drainage

encharcamientos puddles
No está de más it's not
out of place

ancestral *viejo, antiguo, del
pasado*

pero no así de drenaje,°
lo que ocasiona
que en tiempo de lluvias
haya inundaciones y encharcamientos°.
No está de más° comentar
que el segundo problema
es ancestral° en Mérida.

*para
comprender*

Escoja Ud. la palabra o frase correcta según la información en la lectura.

1. Mérida fue fundada hace *(más / menos)* de cuatro siglos.
2. *(La mayoría / La minoría)* de los habitantes paga arriendo.
3. *(Muchas / Pocas)* habitaciones son de más de un piso.
4. *(La mayoría / La minoría)* de los habitantes recibe el sueldo mínimo.
5. Con referencia a las casas, *(casi todo el mundo / poquísima gente)* tiene propiedad legal.
6. Un porcentaje *(alto / bajo)* de predios es propiedad ilegal.
7. *(Todas / Ningunas de)* las casas fueron construidas artesanalmente.
8. *(Más / Menos)* de la mitad de las habitaciones está hecha de mampostería y concreto.
9. *(Muchas / Pocas)* casas están bien construidas.
10. Hace *(más / menos)* de diez años que *(la mayoría / la minoría)* de la gente vive en las colonias estudiadas.

*para
conversar*

Conteste las siguientes preguntas.

1. ¿En qué país está la ciudad de Mérida? ¿Cuál es el nombre de la península y el estado donde está situada Mérida?
2. ¿Hay un problema de vivienda en los Estados Unidos? ¿Prefiere Ud. pagar renta o comprar una casa? ¿Por qué?
3. ¿Cuántas colonias abarca el estudio sobre la capital yucateca? ¿Puede Ud. nombrar algunas de las profesiones o carreras que estudian las ciudades y los pueblos? ¿Cree Ud. que estos profesionales en los Estados Unidos necesitan saber el español? ¿Por qué?
4. ¿Hay problemas de hacinamiento en las colonias estudiadas en Mérida? ¿Existe el problema de hacinamiento en el barrio, ciudad o pueblo donde vive Ud.? ¿En qué parte de los Estados Unidos hay más concentración de habitaciones y de gente?
5. El artículo dice que no hay una red de drenaje en las colonias que abarca el estudio. ¿Qué resulta de esta falta? ¿Cómo sería la vida en una colonia donde hay problemas de alumbrado? ¿Qué haría Ud. si hubiera una falta de alumbrado?

CUARTO
PASO

Para preparar la lectura

_____ Estudie el vocabulario y haga los ejercicios de *Palabras y práctica*.

_____ Lea *Vista preliminar*.

_____ Estudie *Claves de comprensión*.

palabras y práctica

Vocabulario para la *Lectura*

aguja needle
el andar gait, pace
atisbar to peep, watch
casto, –a chaste
el dedal thimble

el folletín newspaper serial
gansa goose
inútil *(adj.)* useless
solterona "old maid"

A. Escoja Ud. palabras de la lista dada arriba para completar las frases a continuación.

1. Cuando alguien cose un vestido o una blusa necesita *una aguja* y *el dedal*.
2. *El andar* de los caballos es muy diferente del de *las gansas*.
3. Las personas curiosas *atisban* por las ventanas para ver lo que hacen sus vecinos.
4. Podemos decir que esas personas son *castas* porque siempre son buenas.
5. En vez de leer libros en sus clases de literatura, ellos leen *el folletín*.
6. Esa *solterona* nunca se va a casar.
7. Estos aparatos son *inútiles* porque no funcionan.

B. Conteste las preguntas usando una(s) palabra(s) de la lista dada arriba en su respuesta.

1. ¿Por qué no coses una camisa?
2. ¿No tiene esposo esa mujer?

3. ¿Qué haces cuando oyes ruido de la casa de tu vecino?

4. ¿Qué quieres leer?

5. ¿Por qué no usas los aparatos eléctricos para cocinar?

vista
preliminar El poeta, con tono cínico y burlón, dice que las muchachas de las provincias no se casan. Tienen una vida muy aburrida y melancólica. Se quedan en casa leyendo cuentos, cosiendo y mirando a la gente que pasa en la calle. Sólo salen de casa muy temprano para ir a la iglesia. Tienen fantasías de amor pero sus vidas son tan tristes que aun el Diablo les tiene lástima.

claves de
comprensión The following questions are keys to the essential information found in the reading. Study them carefully before proceeding to the reading selection.

1. ¿Qué leen las solteronas?

2. ¿Qué hacen en los balcones y las ventanas de sus casas?

3. ¿Qué hacen por la noche?

4. ¿Cuándo salen de la casa? ¿Por qué?

5. ¿Cómo cantan ellas?

6. ¿Cuál es la actitud del poeta hacia las solteronas?

pasos de
lectura Check off each item as you complete it.

_____ Read the poem aloud. Do not mark any words or write anything.

_____ Read again silently, marking words you are unsure of.

_____ Study the words you marked; look them up in the glossary if necessary.

_____ Review *Claves de comprensión* and read *Para comprender* and *Para analizar*.

_____ Read the poem again, underlining any material you remember reading in the pre-reading and post-reading sections.

_____ Answer all exercise items, preferably in writing.

LECTURA *Muchachas solteronas*

por LUIS CARLOS LOPEZ

López (1883-1950), colombiano, escribió poesía que presenta visiones de la provincia—la vida, las costumbres y los tipos de personas. Algunos de sus poemas, como *Muchachas solteronas*, son caricaturas.

> Susana, ven: tu amor quiero gozar.
> Lehar: *La casta Susana.* *

hilvanan precipitate, rush

> Muchachas solteronas de provincia,
> que los años hilvanan°
> leyendo folletines
> y atisbando en balcones y ventanas . . .

dulce de papaya candied papaya

> Muchachas de provincia,
> las de aguja y dedal, que no hacen nada,
> sino tomar de noche
> café con leche y dulce de papaya° . . .

> Muchachas de provincia,
> que salen—si es que salen de la casa—
> muy temprano a la iglesia,
> con un andar doméstico de gansas . . .

papandujas overly ripe, mature

> Muchachas de provincia,
> papandujas°, etcétera, que cantan
> melancólicamente
> de sol a sol: «Susana, ven . . . Susana» . . .

> Pobres muchachas, pobres
> muchachas tan inútiles y castas,
> que hacen decir al Diablo,
> con los brazos en cruz: —¡Pobres muchachas!

---

* Franz Lehar (1870-1948), austro-húngaro, compositor de operetas, autor de *La viuda alegre*. Compuso *La casta Susana* alrededor del año 1910.

Lea cada grupo de frases y luego escoja el que resume el poema.

1. Las muchachas de provincia conocen a mucha gente porque siempre están atisbando en balcones y ventanas. De noche salen para ir a la iglesia. Estas jóvenes son útiles porque son muy hábiles en el uso de la aguja y el dedal.
2. Las muchachas de provincia siguen una vida muy aburrida. Por lo general se quedan en casa leyendo y cosiendo. Algunas salen temprano para ir a misa. Según el autor las vidas de estas muchachas son inútiles y ellas son castas.
3. Las muchachas que viven en la provincia no tienen una vida social muy activa. Trabajan sentadas en los balcones durante el día y por la noche leen y estudian mucho. También son muy religiosas y van a la iglesia con frecuencia.

para
analizar

An author's tone reveals his or her attitude toward the subject or character(s). Full comprehension and appreciation of a reading depend on recognizing if the author is serious or humorous, positive or negative, sympathetic or antipathetic, approving or disapproving, sincere or sarcastic.

Estas señoritas de Sevilla sólo se visten como «muchachas solteronas» durante la Semana Santa, una tradición española.

A. Escoja el tono más apropiado entre las palabras después de cada verso.

1. leyendo folletines / y atisbando en balcones y ventanas . . . *(aprobando* o *desaprobando)*
2. las de aguja y dedal, que no hacen nada, / sino . . . *(positivo* o *negativo)*
3. que salen—si es que salen de la casa— / muy temprano a la iglesia, . . . *(sincero* o *sarcástico)*
4. (salen) con un andar doméstico de gansas . . . *(apreciativo* o *despreciativo)*
5. pobres muchachas tan inútiles y castas, . . . *(apreciativo* o *cínico)*

B. Conteste las siguientes preguntas.

1. ¿Cuál es el *tono* del autor—su actitud hacia las muchachas de provincia?
2. La palabra *muchacha* implica una persona joven y *solterona* implica una mujer mayor de edad. ¿Hay una contradicción en el uso de las dos palabras juntas? ¿Por qué describe el poeta a las muchachas de esta manera?
3. ¿Cuál verso de la tercera estrofa *(stanza)* emplea lenguaje figurado? Explique la connotación de esta imagen.
4. ¿Cuál es la diferencia entre «pobres muchachas» y «muchachas pobres»? Por lo general, ¿cuál es la actitud de uno cuando dice «pobres muchachas»? ¿Cuál es la actitud del poeta al usar esta frase?
5. ¿Puede Ud. explicar la referencia a la opereta de Lehar en el epígrafe *(epigraph)* y en la cuarta estrofa? ¿Por qué cantan las muchachas melancólicamente y no alegremente? ¿Qué quiere sugerir el poeta acerca de las muchachas de provincia con la palabra «melancólicamente»?

Para conversar Conteste las siguientes preguntas.

1. ¿Qué hacen las muchachas de provincia durante el día? ¿Qué hacen por la noche?
2. ¿Cree Ud. que las muchachas de provincia en los Estados Unidos son como las del mundo hispánico? ¿Cree Ud. que las muchachas de provincia en el mundo hispánico son como las describe el poeta? ¿Es exagerada y anticuada la descripción del poeta? ¿Es realista o es una caricatura?
3. ¿Por qué dicen el poeta y el Diablo que las muchachas de provincia son «pobres muchachas»?
4. ¿Qué piensa Ud. de la opinión del poeta?

ACTIVIDADES

Para escribir

A. The purpose of this activity is to provide additional practice in expressing yourself in complex sentences. Combine each numbered group of simple sentences into one complex sentence. The material was adapted from a chemical company advertisement which appeared in a Spanish magazine. The two sentences which form the heading of the ad need not be combined.

abonado fertilized

se lo brinda offers it

Cierta imagen de España
necesita terreno abonado°
para prosperar.
La química se lo brinda°.

Adaptado de Blanco y Negro.

(1) Las naranjas no son simplemente una imagen. La imagen es típica de nuestra tierra.

incide falls into

(2) Es un producto. El producto día a día incide° más en nuestro comercio internacional.

agro citron

(3) Las naranjas necesitan toda la atención posible. El agro° necesita en estos momentos toda la atención posible.

provee provides
gama range
cosechas harvests

(4) La química provee° al campo de una gran gama° de productos. Estos productos permiten obtener cosechas° sanas y seguras. Estos productos protegen a las plantaciones contra plagas, enfermedades, carencias nutritivas e inclemencias meteorológicas.

(5) Cada producto elaborado por la compañía es el fruto de conocimiento y experiencia técnica. El conocimiento y la experiencia han sido obtenidos durante decenas de años en todo el mundo.

(6) Lograr un mejor nivel en nuestra agricultura es un buen ejemplo. Es un ejemplo de la contribución de la compañía química. La contribución es para conseguir una química de dimensión humana. Esta química está adaptada a la realidad de nuestro país.

B. The following are additional suggestions for compositions:

1. Use the *Vocabulario temático* in a composition on rural life.
2. Use the vocabulary from the poem *Labrador* in a composition, or write a commentary on the poem.
3. Use the vocabulary from the article *La vivienda en Mérida* to write about the same topic in reference to your city or town.
4. Write a commentary on the poem *Muchachas solteronas*.

Para leer

When reading in English we do not look at each letter or even each syllable of a word. We "see" enough of a word to allow the subconscious to "tell" us what the word is. In contrast, you began to read Spanish looking at each syllable of unfamiliar words out of necessity. However, many students continue to read this way in later stages of learning Spanish. This inhibits reading speed and also hinders comprehension. Thus, the purpose of this activity is to show you that you can read in Spanish without looking at each letter of a word and to provide practice in reading by words rather than syllables. The following is a public service announcement, encouraging people to farm as opposed to relying on petroleum, which appeared in a Mexican university newspaper. Some of the letters in certain words have been deleted. If you pause for any length of time while reading these words, you are probably focusing on letters or syllables rather than words.

Abund_ _cia de P_tról_o
Pero T_ _bién de Alimentos. . .

Mientras las sem_llas no se arrojen al surco m_s de 30 millones de mex_c_nos seguirán careciendo de los prod_ _tos indispens_ _les para su subs_st_ _cia.
Urge convertirlos en sujetos de compra.

No es el mom_ _to de seguir perd_ _ _do el t_ _ _po sobre la índole de la tenencia de n_ _ _tros campos; lo urgente es dejar de imp_ _tar alimentos y sembrar sem_ _ _ _s, trátese de ejidos de peq_ _ _as propied_ _es o de latifundios.

Lo de la produc_ _ _n de nu_ _ _ _os ca_ _os no es ya un pr_bl_m_, es u_a posi_ _va emerg_ _ _ia que est_ congestion_ _ _o n_ _ _ _ _os ce_ _ros urb_ _ _s.

Insistimos: Las ti_ _ _as labrantías de M_x_ _o son su fábrica máxima.

Para hablar

A. Algunos estudiantes pueden conversar sobre la rutina diaria en las provincias del mundo hispánico, en contraste y en comparación con la vida provincial de los Estados Unidos.

B. *Monólogo:* Como sembrar y cultivar. . .

C. **1.** *Monólogo:* La vida de un labrador
   2. *Diálogo:* Un labrador y un trabajador de fábrica (comentando sobre lo que hacen y cual trabajo es más importante para la sociedad)
   3. *Y más:* Un labrador, un trabajador, un profesor y otras profesiones (también comentando sobre lo que hace cada uno y cual trabajo es más importante para la sociedad)

D. *Debate:* Ventajas y desventajas de las químicas

E. *Debate:* La siesta es (no es) importante y (ni) necesaria

CAPITULO CUATRO   *La vida urbana*

PRIMER
PASO

Para preparar la lectura

_____ Estudie _Vocabulario temático._

_____ Haga los ejercicios de _Estudio de palabras._

_____ Lea _Sugerencia._

_____ Lea _Vista preliminar._

_____ Estudie _Claves de comprensión._

vocabulario temático Estudie las siguientes palabras.

alienado, –a alienated
anuncio advertisement
barrio, colonia neighborhood
capital capital
centro downtown
congestionado, –a crowded
consumo conspicuo conspicuous consumption
desarrollo development
edificación construction
edificio building

empleo employment
metropolitano, –a metropolitan
el/los rascacielos skyscraper
el solar lot, plot of ground
suburbio suburb (slum, in some countries)
tapas _(España)_ snacks served with drinks
tasca _(España)_ tavern
tráfico traffic
villa miseria, barriada slum

estudio de palabras Haga los siguientes ejercicios.

A. Complete Ud. el siguiente patrón según el modelo.

Modelo –ous→   –oso: famous→   _famoso_

1. contagious
2. curious
3. fabulous
4. fastidious
5. impetuous

6. pompous
7. precious
8. prestigious
9. religious
10. studious

B. Complete Ud. el siguiente patrón según el modelo.

Modelo **-ary→** *-ario:* primary→ *primario*

1. canary
2. contrary
3. extraordinary
4. itinerary
5. ordinary

6. rosary
7. sanitary
8. secretary
9. tributary
10. veterinary

sugerencia After your preliminary reading, *read for answers.* For example, look at the first item under *Claves de comprensión,* then read until you find the answer. Continue this way until you have completed all the items. This technique may be applied to readings in other books or sources (in English as well as Spanish) which include comprehension items. You may even apply the technique to readings which do not provide comprehension items (such as periodicals) by formulating your own using the basic questions *what, who, when, where,* and *why.*

vista preliminar Lea la siguiente lista.

I. Diferencias entre las ciudades hispánicas y las estadounidenses
  A. extensión
  B. demografía

II. Los habitantes de los centros urbanos
  A. la migración de campesinos a la ciudad
    1. desorientación y alienación
    2. escasez de empleo
  B. la clase media y la clase alta
    1. estilo de vida americanizado
    2. siguen algunas costumbres tradicionales

III. Contrastes en las ciudades hispánicas
  A. pobreza y riqueza
  B. moderno y antiguo

IV. Contrastes entre las ciudades del mundo hispánico
  A. composición étnica
  B. arquitectura
  C. antigüedad
  D. clima
  E. sitio geográfico

V. Factores que las ciudades tienen en común
  A. transculturación
  B. cambios de valores

claves de comprensión The following questions are keys to the essential information found in the reading. Study them carefully before proceeding to the reading selection.

1. Nombre dos diferencias básicas entre las ciudades hispánicas y las estadounidenses.
2. ¿Por qué ocupa menos área una ciudad hispánica?
3. ¿Dónde se encuentran los sectores pobres de una ciudad hispánica?
4. ¿Cuáles son algunos aspectos de la vida de las clases media y alta?
5. ¿Por qué hay diferencias entre las ciudades del mundo hispánico?
6. ¿Cuáles son algunos efectos de la transculturación?

pasos de lectura Check off each item as you complete it.

_____ Read the selection aloud and mark words you are unsure of.
_____ Study the words you marked; look them up in the glossary if necessary.
_____ Review *Claves de comprensión* and read *Para comprender*.
_____ Read the selection again silently. Underline material you remember reading in *Vista preliminar, Claves de comprensión,* or *Para comprender*.
_____ Answer all exercise items, preferably in writing.

LECTURA *Las ciudades hispánicas*

Se pueden observar dos diferencias básicas, en el aspecto físico, entre las ciudades hispánicas y las estadounidenses. La una es de extensión y la otra es de demografía.

La extensión de una ciudad estadounidense es mayor que la de una ciudad hispánica. La ciudad hispánica ocupa menos área porque, en primer lugar, la construcción más común es una casa junta a la otra, sin ningún espacio entre las dos. A pesar de no estar rodeadas de un prado° **prado** lawn o jardín, las casas tienen un patio interior donde se reune la familia y donde juegan los niños. No hace falta un prado o jardín alrededor de la casa porque siempre hay muchos parques y plazas que sirven de campo de recreo y lugar de reunión para varias familias e individuos. Esto no quiere decir que no se encuentran casas con jardines en el estilo estadounidense. Las colonias o barrios más recientes tienen su parcela de tierra, pero estos solares no son ni tan grandes ni tan comunes como los *yards* de los Estados Unidos. Otra razón por la cual el área de la ciudad hispánica es menos extensa es porque, por lo general, en cada casa hay más personas que en el caso de los Estados Unidos.

La segunda diferencia entre las ciudades estadounidenses y las hispánicas es la demografía. En los Estados Unidos los sectores pobres generalmente se encuentran en el centro—aquí vemos los *slums* y los *ghettos*. Las ciudades estadounidenses están rodeadas de los barrios de la clase media y de la clase alta. En algunos países hispánicos la palabra *suburbios* quiere decir los sectores feos o pobres de una ciudad—entonces, ¡es mejor no decir, «vivo en un suburbio de Chicago»! Para hablar de una sección residencial de una ciudad las palabras más comunes son *barrio* y *colonia*.

Aunque los centros de las ciudades hispánicas tienen casas viejas y a veces deterioradas, los sectores más miserables se encuentran alrededor de la ciudad. Estas *villas miserias* o *barriadas* a veces están hechas de latón° y papel por los campesinos que llegan a las ciudades en busca de trabajo y una vida nueva. Lo que encuentran es casi siempre peor que la vida del campo.

Si los campesinos no tenían trabajo en las regiones rurales tenían, por lo general, una parcela de tierra donde sembrar y cultivar algo de comer. Al llegar a la ciudad el campesino se siente desorientado y alienado—la ciudad es grande, la vida es agitada, el ruido es fastidioso. Después del problema de la alienación viene el de empleo, o mejor dicho, desempleo, porque son pocos los que encuentran trabajo.

La situación es otra para las clases media y alta que representan una gran parte de la población en muchas ciudades hispánicas. El desarrollo económico y la transculturación les han dado un estilo de vida algo americanizado. El trabajo, el dinero, el «consumo conspicuo», la oportunidad de obtener lo necesario y los lujos°, la lucha con el tráfico congestionado, multitudes de gente—estos son algunos de los aspectos de la vida en el centro urbano del mundo hispánico. Pero aun quedan algunas de las costumbres tradicionales como las reuniones frecuentes con familia y amigos, las tertulias° en los bares, cantinas y tascas y, por supuesto, la costumbre de sentarse en un café al aire libre para mirar a la gente.

Además del contraste entre pobreza y riqueza en los centros metropolitanos tenemos el contraste entre lo moderno y lo antiguo. En España se ven rascacielos modernos al lado de construcciones de la Edad Media. Y en Hispanoamérica las casas coloniales conservan la gloria del pasado al lado de un edificio nuevo que simboliza el progreso y el

latón tin

lujos luxuries

tertulias gatherings of friends

Santiago, Chile, como muchos centros urbanos del mundo hispánico, se caracteriza por los rascacielos y los sistemas modernos de transporte.

futuro. Además, en la capital de México, en Lima y en otras ciudades hispanoamericanas se observan ejemplos arquitectónicos de la fusión de culturas y pueblos—monumentos indios que sirven de base para edificaciones coloniales del período de dominación española, junto a edificios modernos típicos de la vida contemporánea.

Los centros urbanos del mundo hispánico tienen similaridades pero al mismo tiempo se distinguen el uno del otro. Madrid es diferente de Lima, Buenos Aires se diferencia de Bogotá y Caracas se distingue de la capital de México. ¿Por qué encontramos tantas diferencias? Casi todas las ciudades tienen una composición étnica diferente. La arquitectura de las ciudades varía. Algunas ciudades son más antiguas que otras. Una variedad de climas contribuye a ritmos de vida y ambientes diferentes. Y otras diferencias vienen del sitio geográfico de la ciudad—interior del país, montañas, puerto o costa. También es conveniente recordar que los centros urbanos son diferentes de las ciudades grandes de provincia.

Como señalamos en el capítulo anterior hay muchas ciudades provinciales que son grandes y tienen aspectos en común con los centros urbanos. Ambas la ciudad provincial y la ciudad metropolitana han sido afectadas por la industrialización y la transculturación. Pero mientras que la ciudad provincial mantiene normas sociales, actitudes y valores tradicionales, éstos han cambiado y están cambiando en los centros urbanos.

El impacto de la transculturación es un factor común entre los grandes centros urbanos del mundo hispánico. La influencia de los Estados Unidos es notable. No es solamente el **poder**° político y económico que ejercen los Estados Unidos sobre los gobiernos, especialmente en Hispanoamérica. Los productos americanos extienden por todo el mundo hispánico. La influencia del extranjero, el extranjerismo, también llega al nivel cultural, al nivel de valores, actitudes y creencias.

poder power

Los anuncios por radio y televisión proclaman que Coca Cola es «la chispa de la vida». Los anuncios tratan de convencer a todos—aun a los campesinos, los pobres y en Hispanoamérica a los indios—que necesitan un carro nuevo, un televisor, un **abrelatas**° eléctrico. Es particularmente notable el aspecto materialista de la transculturación en México—«pobre México, tan lejos de Dios y tan cerca de los Estados Unidos», dice un refrán popular. Por todas partes se ven Denny's, Holiday Inn, el pollo del Coronel Sanders y muchísimos más productos estadounidenses. Y tantos jóvenes modernos llevan *blue jeans* y escuchan la música *rock* americana que el visitante estadounidense a veces piensa que está todavía en los Estados Unidos.

abrelatas can opener

Los cambios culturales que causa esta «Coca-colonización» son enormes. Entre los jóvenes, entre las clases media y alta y en los centros urbanos se observa mucho cambio, y no solo en lo físico y material. Entre más industrialización y transculturación más pierden sus costumbres, valores, modos de vivir y maneras de pensar hispánicos y más parecen a los estadounidenses. Por eso es cada vez más difícil hablar de la cultura **netamente**° hispánica. Hoy en día no es posible hablar de una cultura **castiza**° o típica del mundo hispánico, sino de una cultura hispánica influenciada por culturas extranjeras y en un proceso de cambio constante.

netamente *completamente*
castiza *pura*

para **comprender**   Escoja Ud. la respuesta más lógica para completar cada frase.

1. Una ciudad hispánica es menos extendida que una ciudad estadounidense porque hay _____ . *(muchos parques y plazas / menos solares y un número alto de personas ocupando las habitaciones)*

2. En los Estados Unidos las villas miserias o barriadas se encuentran en _____ y en el mundo hispánico están _____ . *(el centro; en las afueras de la ciudad / Chicago; hechas de latón y mampostería)*

3. Muchos campesinos experimentan una desorientación al llegar a la ciudad porque _____ . *(hay un contraste enorme entre la ciudad y el campo / son pocos los que encuentran la ciudad)*

4. Entre la clase media y la clase alta de la ciudad hispánica se observan
_____ . *(muchos americanos / las costumbres tradicionales y la transculturación al mismo tiempo)*

5. En Hispanoamérica la mezcla de arquitecturas indias, coloniales y modernas
es un ejemplo físico y simbólico de _____ . *(la falta de arquitectos buenos /
la fusión de varias culturas)*

6. Los centros urbanos del mundo hispánico _____ . *(reflejan algunas
semejanzas y al mismo tiempo tienen sus diferencias / son todos iguales)*

7. La influencia del extranjero, principalmente de los Estados Unidos, _____ .
*(incluye la venta de Coca Cola a los indios y campesinos / es política, económica,
material y cultural)*

8. Entre más desarrollo industrial y transculturación en el mundo hispánico más
pierden los hispanos _____ . *(sus jóvenes en los centros urbanos / su identidad hispánica castiza)*

**para
conversar** Conteste las siguientes preguntas.

1. ¿Cuáles son las dos diferencias principales entre las ciudades hispánicas y
estadounidenses?

2. ¿Cuál es el equivalente hispánico del prado estadounidense? ¿Cuál prefiere
Ud.?

3. ¿En qué parte de la ciudad hispánica se sitúan las barriadas? ¿De dónde viene
la mayoría de la gente que vive allí? ¿Qué busca esta gente? Describa y discuta
la migración y movilidad en los Estados Unidos.

4. Compare y contraste la vida del campesino en la ciudad con la de las personas
de la clase media y de la clase alta. ¿Existen las mismas diferencias entre estos
grupos en las ciudades estadounidenses también?

5. Nombre algunas costumbres tradicionales que siguen a pesar de la transculturación.

6. Explique las similaridades y las diferencias entre las ciudades hispánicas.

7. ¿Qué es la transculturación? ¿Cuáles son los efectos en el mundo hispánico de
la transculturación? ¿Hay extranjerismo en los Estados Unidos?

8. ¿Por qué no se puede hablar de una cultura totalmente hispánica? ¿Cree Ud.
que dentro de más tiempo—cincuenta años por ejemplo—habrá una sola cultura internacional en el mundo? ¿Cuáles son las ventajas y desventajas de una
sola cultura universal?

SEGUNDO PASO

Para preparar la lectura

_____ Estudie el vocabulario y haga los ejercicios de *Palabras y práctica*.

_____ Estudie las estructuras y haga los ejercicios de *Estructuras y práctica*.

_____ Lea *Vista preliminar*.

_____ Estudie *Claves de comprensión*.

palabras y práctica

Vocabulario para la *Lectura*

a fuerza de by means of
al compás de to the beat of
amplio, -a ample, roomy
aparición appearance
arrastrar to drag
atender (ie) to wait on, serve
camarero, -a waiter, waitress
convivir to live together, associate with

cucharilla spoon
distinto, -a *diferente*
implantarse *introducirse, establecerse*
la local location (of a small business)
madrileño, -a *de Madrid*
perdurar to last, endure
el sabor taste
sobrevivir to survive

A. Complete Ud. cada frase de la columna **A** con una frase apropiada de la columna **B**.

A	B
1. Nuestros amigos son madrileños _c_ .	**a.** al compás de una música distinta.
2. Barcelona y Sevilla son ambas ciudades españolas _i_ .	**b.** pero no tengo una cucharilla.
3. Para sobrevivir en la selva hispanoamericana _f_ .	**c.** pero ya no viven en la capital de España.
4. Mi amigo es un poco diferente de los demás y camina _d_ .	**d.** con el andar doméstico de gansas.
5. Quiero poner azúcar al café _b_ .	**e.** porque hay muchos clientes en esa parte de la ciudad.
6. Cuando viene el camarero _h_ .	**f.** hay que ser fuerte y astuto.
	g. el café de antes tiene menos clientes.

7. Es buena idea arrendar un local en el centro ____e____ .

h. voy a pedir el plato combinado.

8. Desde la aparición de la cafetería de auto-servicio ____g____ .

i. pero son bien distintas.

j. hay que ir a los llanos.

B. Conteste Ud. las preguntas usando las palabras entre paréntesis.

1. Tienen problemas políticos en América Central, ¿verdad? *(implantarse)*
2. ¿Cómo llegó Ud. a ser presidente? *(a fuerza de)*
3. ¿Todavía hay influencia árabe en el mundo hispánico? *(perdurar)*
4. Quiero tomar un vino tinto. ¿Por qué no viene el camarero? *(atender)*
5. ¿Te gusta la comida mexicana? *(sabor)*
6. ¿Cómo has aprendido tanto de la cultura hispánica? *(convivir)*
7. ¿Por qué no compras un carro pequeño y económico? *(amplio)*
8. ¿Por qué viene nuestro amigo tan despacio? *(arrastrar)*

estructuras y práctica **The verb *soler***

The verb *soler (ue)* has no equivalent in English. It expresses the English adverb *usually*. Note that it is followed by the infinitive.

Hay muchos clientes aquí.	There are many customers here.
Suele haber muchos clientes aquí.	There are **usually** many customers here.
Comemos en aquella cafetería.	We eat in that cafeteria.
Solemos comer en aquella cafetería.	We **usually** eat in that cafeteria.

Impersonal *se*

The impersonal *se* is used with the third person singular form of the verb to express impersonal subjects. The English equivalents, *one, people, you,* and *they,* refer to people in general and not to a specific person or persons.

Se puede fumar aquí.	**One** can smoke here.
Se dirá que es verdad.	**People** will say that it's true.
Se debe comprar los boletos en aquella taquilla.	**You** must buy tickets at that ticket office.

Note: Se is also used to form the passive voice, but in this structure there is an expressed subject with which the verb must agree. The English equivalent uses some form of the verb *to be*.

Los cafés se implantaron en Madrid en el siglo XVIII.	**Cafés were established** in Madrid in the eighteenth century.
Se sirve el vino en estas copas.	**Wine is served** in these glasses.

A. Cambie las siguientes frases, usando la forma apropiada de *soler*. Siga el modelo.

Modelo Las personas de la tertulia hablan de la política.
Las personas de la tertulia *suelen hablar* de la política.

1. La banda municipal toca en la plaza central a las ocho.
2. Tienen frutas frescas en el mercado.
3. Han cerrado los cafés a eso de las once.
4. Tomamos vino en aquella tasca.
5. ¿Hablas de los deportes con tus amigos?

B. Complete las siguientes frases, indicando lo que se hacía antes. Siga el modelo, usando el *se* impersonal y el imperfecto del verbo.

Modelo Hoy en día hablamos de los deportes, ...
Hoy en día hablamos de los deportes, *antes se hablaba de la política.*

1. Hoy en día debemos hacer viajes largos en avión, ...
2. Hoy en día no hacemos crítica literaria en los cafés, ...
3. Hoy en día no conversamos sobre la política, ...
4. Hoy en día tratamos de mantener la identidad étnica, ...
5. Hoy en día comemos con frecuencia en los restaurantes de servicio rápido, ...
6. Hoy en día bebemos sin preocuparnos con las normas sociales, ...
7. Hoy en día tratamos de resolver los problemas con palabras en lugar de armas, ...

vista preliminar

Hemos dicho que el cambio en varios aspectos culturales se nota mucho en el mundo hispánico y que frecuentemente esto es el resultado del extranjerismo. También, hemos señalado que la tertulia en un café es una costumbre importante en el mundo hispánico. Estos son los temas de un editorial que apareció en un periódico español. Los puntos más importantes de la lectura son los siguientes:

Los cafés de Madrid están cambiando. En el siglo XVIII las personas iban a los cafés para hablar de la literatura. Discutían los problemas políticos en el siglo

XIX. Hoy en día la gente que va a los cafés conversa sobre la política, pero los temas más comunes son los toros y el fútbol. Sobreviven pocos cafés auténticos. La comida del café era muy buena antes. Hoy en día es la cafetería que sirve comida—el «plato combinado» de sabor malo. El extranjerismo tiene influencia en «la muerte» del café madrileño.

claves de comprensión

The following questions are keys to the essential information found in the reading. Study them carefully before proceeding to the reading selection.

1. ¿En qué siglo se fundaron los primeros cafés madrileños?
2. ¿De qué hablaban en los cafés madrileños en los siglos XVIII y XIX?
3. ¿Cuáles son los temas de la conversación en el siglo actual?
4. ¿En qué se han convertido algunos cafés? ¿Por qué?
5. ¿Cuál es una diferencia entre un café y una cafetería?
6. ¿Cómo simbolizan los cafés los cambios en la vida madrileña?

pasos de lectura

Check off each item as you complete it.

_____ Read the selection aloud and mark words you are unsure of.

_____ Study the words you marked; look them up in the glossary if necessary.

_____ Review *Claves de comprensión* and read *Para comprender*.

_____ Read the selection again silently. Underline material you remember reading in *Vista preliminar*, *Claves de comprensión*, or *Para comprender*.

_____ Answer all exercise items, preferably in writing.

LECTURA *Los cafés madrileños*

de *España Hoy* (revista española)

inconfundible
unmistakable
desvirtuados ruined

Los cafés madrileños, muy distintos de los italianos y franceses, tienen una personalidad inconfundible° desde que se implantaron en la capital en el siglo XVIII hasta ahora, aunque están desvirtuados° a veces últimamente por combinarse con los bares y con las cafeterías para poder sobrevivir.

Un madrileño del siglo XVIII, Leandro Fernández de Moratín.

El café al aire libre, como éste de Mallorca, España, es un aspecto típico y agradable de la vida urbana de los hispanos.

posterior *más tarde*

decía con razón, en *La comedia nueva*, no muy posterior° a la aparición de los cafés de Madrid, que al café se debía ir a tomar café, esencialmente, y no a otras cosas.

Y si en los cafés del siglo XVIII se hacía crítica literaria y se conversaba, en el siglo XIX se conspiraba* en ellos. Al compás del movimiento de la cucharilla en la taza se trataba de resolver los más arduos problemas de España a fuerza de retórica y palabrería° sin el menor conocimiento de aquellos problemas que han perdurado hasta nuestros tiempos donde conviven con los temas dominantes de los toros y fútbol. De los cafés auténticos apenas sobrevive alguno, convertidos, por sus locales amplios y céntricos, en bancos.

palabrería *muchas palabras*

Estos cafés van muriendo poco a poco, por su falta de evolución en el vivir de la ciudad. El camarero suele haberse envejecido° en el

suele haberse envejecido has usually grown old

---

* Durante el siglo XIX en España había varios golpes de estado y cambios de gobierno.

establecimiento y se dirige, arrastrando los pies, para atender a dos viejecitos amigos, a una familia con niños, a una tertulia «resistente» o al señor «de siempre».

en absoluto *completamente*

Los cafés tenían antes sus puntos de contacto con los restoranes, a los que algunas veces estaban unidos en absoluto°. Los platos propios de café eran muy pocos, pero exquisitos. Pero con la influencia del snack norteamericano, ha pasado a la cafetería, no los exquisitos platos típicos de los cafés, sino ese espantoso° «plato combinado» que tiene siempre, en el fondo, una salsucha° que da a todo el mismo repugnante sabor.

espantoso *feo, horrible*
salsucha *salsa de mal sabor*
transcurre *passes*

Y de esta forma transcurre° la vida del madrileño que ya no puede perder el tiempo en tertulias y acaso nada tiene que perder ya, con tanto extranjerismo y tanta chabacanería° como suele haber en las tales° cafeterías, donde se come y se bebe, sin comer y beber como es debido°.

chabacanería *vulgarity*
tales *so-called*
como es debido *as one should*

para comprender

Lea cada frase indicando si es cierta o falsa; si es falsa, corríjala.

F **1.** Los cafés se establecieron en Madrid en el siglo XIX. 18

T **2.** Según Leandro Fernández de Moratín, los cafés son esencialmente para tomar café.

T **3.** En los cafés han tratado de resolver los problemas serios de España.

En contraste con el café tradicional, este letrero demuestra que la influencia extranjera cambia hasta la comida.

F 4. En los cafés madrileños hoy en día los temas políticos y sociales son más comunes que los de los toros y del fútbol.

T 5. Pocos cafés han sido convertidos en bancos.

T 6. Los cafés van desapareciendo a causa de los cambios en la vida social madrileña.

F 7. El «plato combinado» es exquisito y es una influencia inglesa en la cultura española.

T 8. La costumbre de las tertulias va desapareciendo entre los madrileños.

T 9. Al autor no le gustan las cafeterías porque no se come ni se bebe bien allí.

para conversar   Conteste las siguientes preguntas.

1. ¿Cuál prefiere Ud.—el ambiente de un café o el servicio rápido de una cafetería?

2. La tertulia es la reunión de amigos para charlar y discutir la política, el arte y muchos otros temas. ¿Existe en los Estados Unidos esta costumbre? ¿Le gustaría ir a un café cada semana para pasar unas horas charlando y discutiendo temas de mutuo interés? ¿Qué temas le gustaría discutir?

3. ¿Le gusta a Ud. el fútbol? ¿Es un deporte popular en los Estados Unidos? ¿en el mundo?

4. Si Ud. fuera millonario(-a), ¿qué haría con tanto dinero?

5. ¿Prefiere Ud. comer en casa o en un restaurante? ¿Hay una comida típica de la región donde Ud. vive? ¿Prefiere la comida típica de otra región o de otro país?

6. Los cambios en la vida diaria parecen ser inevitables, ¿cree Ud. que todos los cambios significan el progreso? ¿Ha notado Ud. algunos cambios que no son buenos? ¿Le gusta a Ud. lo nuevo o prefiere mantener lo tradicional?

TERCER PASO

Para preparar la lectura

_____ Estudie el vocabulario y haga los ejercicios de *Palabras y práctica*.

_____ Estudie la estructura y haga el ejercicio de *Estructuras y práctica*.

_____ Lea *Vista preliminar*.

_____ Estudie *Claves de comprensión*.

palabras y práctica **Vocabulario para la *Lectura***

abstraído, -a absorbed in thought
acera sidewalk
al volante at the wheel
arrancar to start off
bocinazo hornblowing
el bufete law office
el compadre godfather, buddy
encontronazo collision

estacionar to park
letrero notice, sign
muestra indication, sign
pizca tiniest bit
rótulo sign
el tropezón unexpected meeting, crash
turbado, -a upset

A. Llene Ud. los espacios con las palabras apropiadas de la lista de palabras.

1. El _____ dice que se prohibe _____ el coche en la _____ .
2. Cuando uno anda _____ probablemente va a tener un _____ .
3. El taxista _____ rápidamente con unos _____ ruidosos que nos molestaron mucho.
4. El hombre que está _____ de ese carro es muy inculto. No tiene una _____ de cultura. Cuando conduce su carro es inconsiderado y causa muchos _____ .
5. Estoy buscando _____ de mi compadre. Es buen abogado.

B. Hágale Ud. a un(a) compañero(a) de clase una pregunta usando cada una de las siguientes palabras.

1. estacionar
2. arrancar
3. al volante
4. encontronazo
5. turbado

The present participle in parenthetical expressions

The present participle is most commonly used after some form of *estar* to form the progressive tense:

Marta **está comiendo** ahora.   Martha **is eating** now.

The present participle can also be used in expressions without the verb *estar* to describe the action or actions of the subject of the sentence.

Bajando la calle principal, doña   **Coming down** the main street,
  Belén piensa en su familia.   doña Belén thinks about her family.

Usando el participio del verbo de la segunda frase, combine Ud. las siguientes frases. Siga el modelo.

Modelo Pedro entra en el edificio. Busca el bufete de su amigo.
        Pedro, *buscando* el bufete de su amigo, entra en el edificio.
        or, *Buscando* el bufete de su amigo, Pedro entra en el edificio.

1. Los estudiantes hablan del cuento que leyeron ayer. Esperan a la profesora.
2. El gerente del banco toma un café. Lee el periódico.
3. Su padre no puede prender el motor. Busca la llave del carro.
4. El taxista lleva al pasajero al aeropuerto. Arranca rápidamente.
5. La señora sube rápidamente por la escalera. Piensa en su hijo que dejó solo arriba.

*vista
preliminar*

Muchas veces asociamos la cultura, la educación y la cortesía con la clase social, el dinero, la raza y el lugar donde se vive (ciudad o provincia). Una persona blanca de la clase media o de la clase alta, que tiene dinero y viene de un centro urbano es supuestamente° culto, educado y cortés. Mucha gente cree que las personas que no son de este grupo selecto son el contrario—incultos, maleducados y descorteses. El autor de este cuento breve nos presenta otra opinión en pocas palabras.

*claves de
comprensión*

The following questions are keys to the essential information found in the reading. Study them carefully before proceeding to the reading selection.

1. ¿De dónde es Menegildo? ¿Dónde está ahora?
2. ¿En qué está pensando doña Belén? ¿Está abstraída?
3. ¿Qué ocurre cuando la pareja sale del restaurante?

4. ¿Cómo reaccionan Menegildo y doña Belén al chocarse con otros?

5. ¿Cómo reacciona la pareja después del encontronazo?

pasos de
lectura   Check off each item as you complete it.

_____   Read the selection aloud and mark words you are unsure of.

_____   Study the words you marked; look them up in the glossary if necessary.

_____   Review *Claves de comprensión* and read *Para comprender*.

_____   Read the selection again silently. Underline material you remember reading in
Vista preliminar, Claves de comprensión, or *Para comprender.*

_____   Answer all exercise items, preferably in writing.

LECTURA *El encuentro*

por TOMAS BLANCO

Blanco es autor contemporáneo de Puerto Rico. El cuento que
sigue está incluído en su libro, *Cultura, tres pasos y un encuentro.*

sanjuanera *de San Juan,*
Puerto Rico
jíbaro *campesino de Puerto*
Rico
cuñado brother-in-law
ña *doña*
cavilando *pensando*

Por la calle sanjuanera° baja, de norte a sur, el buen jíbaro° Menegildo
Cruz, desorientado, buscando aun el bufete del compadre de su cuñado°
leyendo cuanto rótulo, muestra y letrero hay por balcones, portales y
paredes, esperando encontrar entre ellos el nombre del abogado que
busca. Y la buena de ña° Belén sube por la misma calle, de sur a norte,
cavilando° todavía, abstraída, en la cuenta de los muchachitos que, en
su tiempo, ha ayudado ella a traer al mundo. En la estrecha acera,
frente a la puerta del café por donde sale eufórica la pareja elegante de
los cocteles, se encuentran todos cuatro. El tropezón fue inevitable. El
niño bien por poco pierde el equilibrio y los zapatos de su compañera
perdieron su inmaculado brillo bajo el pisotón° involuntario del jíbaro.

pisotón stamp
se deshacen burst into
altanera y despectiva
haughty and
contemptuous

Menegildo turbado y ña Belén sonreída se deshacen° en corteses y
sinceras excusas. Pero la pareja elegante comenta a dúo, altanera y
despectiva°:

—¡Jíbaro bruto! ¡Negra imbécil! ¡Gente estúpida! ¡País inculto!

Y tras unos dimes y diretes° con el policía de servicio, sobre la ley de tráfico, sube la pareja a un automóvil que durante la última hora ha estado estacionado frente al café en flagrante violación de dicha ley; y arrancan entre bocinazos sin justificación y ruinosas aceleraciones inútiles del motor. El al volante, ella a su lado, han recobrado ya la euforia momentáneamente perdida por el encontronazo.

—Lo que pasa, chica, es que en este país no hay cultura—dictamina él°. Y ella asiente:°

—Un pueblo sin cultura, chico, sin pizca de cultura . . . inconsiderado, inculto.

dimes y diretes useless bickering

dictamina él he remarks
asiente agrees

para comprender

Escoja Ud. el párrafo que resume mejor el cuento.

1. Un campesino va por las calles de San Juan en busca del bufete de un cuñado. Su cuñado es un abogado que trabaja en la capital de Puerto Rico. La mujer negra trabaja para el abogado pero el campesino no la conoce. En la acera ocurre un encontronazo entre el jíbaro, la negra, el abogado y su esposa elegante.

2. La pareja elegante es altanera y muestra desprecio hacia el hombre del

campo y la mujer negra. Después del tropezón la pareja habla con un policía sobre la ley de tráfico. Ahora la pareja necesita un abogado porque ellos han roto la ley. Ellos no están enojados con el jíbaro y la negra porque saben que son buenas personas.

3. Menegildo Cruz está buscando el bufete de un abogado en la ciudad de San Juan. El lee todos los rótulos y letreros que hay en la calle. En la acera tropieza con una mujer negra y una pareja joven y elegante. Menegildo y la negra son muy corteses pero la pareja no acepta sus excusas. La pareja ha estacionado su coche en violación de la ley de tráfico. Al salir en su coche hacen mucho ruido con la bocina, comentando que viven en un país sin cultura.

para analizar Escoja Ud. la respuesta apropiada para completar cada frase.

1. Este cuento está narrado del punto de vista de _____ . *(la primera persona / la tercera persona / todas las personas)*
2. La acción transcurre en _____ . *(el presente / el pasado / el futuro)*
3. La estructura del cuento consiste de _____ . *(narración / diálogo / narración y diálogo)*
4. El propósito *(purpose)* principal del autor es _____ . *(vender el cuento por mucho dinero / enseñar una lección moral / entretener)*
5. Lo más importante del cuento es _____ . *(el argumento (plot) / el mensaje, el tema / el lugar*
6. El tema o mensaje está presentado de una forma _____ . *(implícita, indirecta / estúpida / explícita, directa)*
7. El tono de voz del autor es _____ . *(humorístico / serio / más alto que bajo)*
8. El lugar específico (San Juan, Puerto Rico) es importante _____ . *(porque el tema es aplicable sólo a los puertorriqueños / porque el autor no sabe nada de otros lugares / pero al mismo tiempo el tema es universal)*

para conversar Conteste las siguientes preguntas.

1. ¿Qué es un jíbaro? ¿En los Estados Unidos se usan palabras especiales para identificar a gente de diferentes regiones?
2. ¿Por qué ocurre el tropezón? En su opinión, ¿quién es responsable por el tropezón? ¿Se da Ud. muchos encontronazos con la gente cuando camina? ¿Por qué?
3. Explique Ud. la actitud de la pareja que tropieza con el campesino y la negra pobre. ¿Cree Ud. que hay mucha gente de la ciudad que tiene una opinión semejante con respecto a los del campo y los pobres?

4. ¿Dónde estacionó la pareja su coche? ¿Obedece Ud. siempre la ley cuando conduce un coche?
5. ¿Cuál es el tema de este cuento?
6. ¿Cuáles de los siguientes grupos tienen más en común y se llevan *(get along)* mejor:
   a. una persona de Nueva York—con alguien de Madrid o con alguien de Oklahoma?
   b. una persona de Buenos Aires—con un argentino de la pampa o con alguien de Bogotá o Los Angeles?
   c. un indio de Guatemala—con un Cherokee o con alguien de la capital de Guatemala?
   d. un campesino de Venezuela—con alguien de Caracas o con un campesino de Tennessee?

ACTIVIDADES

Para escribir

A. In the following poem, Manuel Machado, a famous Spanish poet, captures the essence of several cities in Andalucía with a few well-chosen adjectives. But Sevilla, the epitome of Andalucía, cannot be described.

   The purpose of this activity is to develop your use of adjectives. Write a composition describing several cities in your state. Notice that Machado does not use *bonita, interesante,* or *grande.* Your task is to avoid the use of such overworked adjectives and to find more descriptive and vivid words.

> Cádiz, salada claridad . . . Granada,
> agua oculta que llora.
> Romana y mora, Córdoba callada.
> Málaga, cantaora.
> Almería dorada . . .
> Plateado Jaén . . . Huelva: la orilla
> de las Tres Carabelas
> 　　Y Sevilla.

Manuel Machado, *Andalucía.*

Para el poeta Machado, Sevilla es más allá de la descripción; para los turistas, esta ciudad es famosa por el baile flamenco.

B. The following are additional suggestions for compositions:

1. Use *Vocabulario temático* in a composition describing the city in which you live or one with which you are familiar.
2. Use *Vocabulario temático* of *Capítulos* 3 and 4 to write a composition comparing and contrasting city and country life.
3. Write a commentary on the editorial *Los cafés madrileños*.
4. Using *Los cafés madrileños* as a model, write a composition on some aspect of life in the United States that has undergone change (for example, local or family restaurants giving way to fast-food establishments; the "public view" front porch of homes giving way to the private patio in back, etc.).
5. Write a composition on culture, manners, and etiquette based on the theme of *El encuentro*.

Para leer

If you travel to Spain or Latin America, you will no doubt read travel brochures or descriptions of the cities and towns you visit. But these do not include vocabulary lists, glosses, or grammar notes! The purpose of this activity is to give you practice reading this type of material without textbook aids. An additional purpose is to provide you with practice in reading by phrases rather than by words. The following article is entitled *Barcelona, orgullosa y única.*

Barcelona es la ciudad
más populosa del Mediterráneo,
pivote de la economía de España,
su urbe más rica, moderna, cosmopolita
y progresista en lo técnico,
con ciudadanos que trabajan afanosamente.
Es, además, el mayor puerto del país
y su salida principal
hacia las rutas comerciales del mundo.
Se trata, en realidad,
de la «otra España».
Hay más de mil kilómetros
entre Barcelona y Sevilla o Málaga,
ciudades del sur,
de la España de pandereta
que pintan muchos carteles de turismo.
Y en sus costumbres y actitudes,
ambas regiones distan más todavía.
El corazón de la moderna Barcelona
son las Ramblas,
el gran bulevar central de la ciudad
que posee espesas filas
de falsos plátanos
de más de cien años.
La amplia faja central
está reservada a los peatones,
mientras que las estrechas vías a ambos lados,
donde circulan los automóviles,
parecen ser un añadido
un tanto artificial.
Los diversos tramos de las Ramblas
llevan los nombres de los productos
que se venden en los quioscos del paseo.
En una de las Ramblas

Barcelona, donde se encuentra este monumento hermoso, es uno de los grandes centros urbanos e industrializados de España.

se venden canarios, loros y otras aves;
a continuación viene la de las flores,
que proceden de toda Cataluña,
y en una tercera se venden miel
y otros productos agrícolas
de las granjas cercanas.
    La parte alta de las Ramblas,
que bordea el mar,
se llama el «Barrio Chino»,
aunque no vive allí ningún asiático.
Este barrio estaba habitado anteriormente
por prostitutas y maleantes,
y debe su nombre a un gobernador de Barcelona,
el general Miláns del Bosch,

que hacia los años de 1920,
al hablar de las actividades delictivas
que se multiplicaban en el Distrito Quinto,
(nombre con el que era entonces conocido),
exclamó con vehemencia:
«Esa parte de Barcelona
es tan distinta del resto,
que muy bien podría estar en China».

Adapted from *Selecciones del Reader's Digest.*

Para hablar

A. Una tertulia típica en un café hispánico: La escena puede incluir meseros, clientes, pedidos de comidas y bebidas. Se puede discutir un solo tema o se puede hablar brevemente de varios temas como la política, los deportes, los estudios.

B. *Discusión:* ¿En qué consiste la cultura—clase social, raza, estudio, dinero, modales o etiqueta?

C. *Debates:* La vida rural o la vida urbana—¿cuál es mejor?
Los cambios en la cultura y en la sociedad—¿progreso o regreso?

CAPITULO
CINCO   *La vida familiar*

PRIMER
PASO

Para preparar la lectura

_____ Estudie *Vocabulario temático*.

_____ Haga los ejercicios de *Estudio de palabras*.

_____ Lea *Sugerencia*.

_____ Lea *Vista preliminar*.

_____ Estudie *Claves de comprensión*.

vocabulario temático Estudie las siguientes palabras.

abuela grandmother
abuelo grandfather
abuelos grandparents
ahijada goddaughter
ahijado godson
ahijados godchildren
comadres relationship between mother and godmother
compadrazgo system of kinship
compadres relationship between father and godfather
cuñada sister-in-law
cuñado brother-in-law
esposa wife
esposo husband
esposos husband and wife
familia extendida extended family
hermana sister
hermano brother
hermanos brothers and sisters
hija daughter
hijo son
hijos children
el hogar home

lazos familiares family ties
la madre mother (affectionate: **mamá, mami, mamita)**
madrina godmother
marido husband
mujer, señora wife
nieta granddaughter
nieto grandson
nietos grandchildren
nuera daughter-in-law
el padre father (affectionate: **papá, papi, papito)**
los padres parents
padrino godfather
padrinos godparents
pariente *(m. & f.)* relative
prima *(f.)* cousin
primo *(m.)* cousin
primos cousins
sobrina niece
sobrino nephew
sobrinos nephews and nieces
suegra mother-in-law
suegro father-in-law

suegros ⎫
yernos ⎬ in–laws
cuñados ⎭
tía aunt
tío uncle

tíos uncle and aunt
viuda widow
viudo widower
yerno son–in–law

*estudio de
palabras*

The suffix *-mente* is an adverb-ending equivalent to *-ly* in English. Adverbs are formed from adjectives in the following ways:

Adjectives ending in *-e* or a consonant: add *-mente*

frecuent*e*   frecuente*mente*
especia*l*   especial*mente*

Adjectives ending in *-o*: make feminine by changing *-o* to *-a* and then add *-mente*

segur*o*   segura*mente*
obvi*o*   obvia*mente*

A. Dé Ud. el adverbio de los siguientes adjetivos.

1. abierto
2. anual
3. debido
4. físico
5. general
6. lógico

7. particular
8. predominante
9. principal
10. real
11. sencillo
12. tradicional

B. Complete el patrón con el verbo y el sustantivo españoles de las palabras inglesas, siguiendo el modelo.

	–pose	–poner	–ción
Modelo	com*pose*	com*poner*	compos*ición*

1. depose
2. impose
3. oppose

4. propose
5. repose
6. suppose

C. Complete los patrones con los equivalentes españoles de los verbos ingleses, siguiendo los modelos.

	–tain	–tener	–tract	–traer
Modelos	abstain	abs*tener*	attract	a*traer*

1. contain   5. contract
2. detain   6. detract
3. obtain   7. distract
4. retain   8. extract

sugerencia Read and study during one or two short periods of time rather than one long period. Shorter *daily* preparation is much more effective than longer preparations two or three times a week, especially for a second language with which daily contact is essential.

vista preliminar Since your reading speed and level of comprehension have probably improved, the amount of help provided by an outline which previews a reading is no longer necessary. Instead, the topic sentence in each paragraph has been italicized for you. Read all the italicized topic sentences first in order to form a general idea or preview of the reading.

claves de comprensión The following questions are keys to the essential information found in the reading. Study them carefully before proceeding to the reading selection.

1. ¿Qué es una familia extendida?
2. ¿Por qué podemos decir que el concepto hispánico de la familia es diferente del concepto estadounidense?
3. ¿Cuáles son algunas razones por las cuales la familia hispánica es más grande que la familia estadounidense?
4. ¿Quiénes son los padrinos? ¿Qué importancia tienen a la familia?
5. ¿Cuál es el papel *(role)* del padre hispánico?
6. ¿Cómo es la vida de una madre hispánica de la clase media?

pasos de lectura Check off each item as you complete it.

_____ Read the selection aloud and mark words you are unsure of.

_____ Study the words you marked; look them up in the glossary if necessary.

_____ Review *Claves de comprensión* and read *Para comprender*.

_____ Read the selection again silently. Underline material you remember reading in *Claves de comprensión* or *Para comprender*.

_____ Answer all exercise items, preferably in writing.

LECTURA *La familia hispánica* (Primera Parte)

estrechos close-knit

Los lazos familiares entre los hispanos son muy estrechos° y la familia es la institución más importante del mundo hispánico. Los sociólogos y antropólogos hablan de *la familia extendida,* sobre todo con referencia a Hispanoamérica. En las regiones rurales y entre los pobres de las ciudades, el concepto puede indicar que muchos parientes—abuelos, padres, hijos, tíos, etc.—viven en la misma casa. Pero estos casos representan una minoría de las familias hispánicas. La familia de la clase media o de la clase alta consiste en los padres y los hijos—y quizás un abuelo o una abuela—viviendo en la misma casa. Aplicada a estas familias, la frase «familia extendida» implica una unidad familiar puesto que otros parientes viven cerca; así, pues, hay mucho contacto, ayuda mutua, reuniones y fiestas.

El concepto hispánico de familia se diferencia del concepto estadounidense de familia. Cuando el estadounidense piensa en o se refiere a la familia, conceptualiza la familia inmediata—sus padres y sus hermanos. El hispano, en cambio, conceptualiza la familia extendida al hablar de su familia. El vocabulario es una indicación del concepto de familia y de los lazos familiares. Por ejemplo, existe la palabra *parientes* pero el hispano usa *familia* con más frecuencia. El estadounidense diría, «¿Vas a Los Angeles? Tengo *parientes* allí», mientras que el hispano diría, «¿Vas a Los Angeles? Tengo *familia* allí». Otro ejemplo es que *primo hermano,* equivalente a *first cousin,* demuestra que un primo se considera hermano. Y el hecho de que no existe un equivalente para *baby-sitter* sugiere que cuidar a los niños es un asunto familiar. (A veces se usa la palabra *niñera,* pero esto quiere decir *nurse-maid.*) El diagrama a continuación indica que hay relaciones familiares que no tienen equivalente en inglés. En inglés no hay una palabra como *concuñados* para identificar la relación entre Guillermo y Juan.

La familia tradicional en el mundo hispánico es, por lo general, más grande que la familia estadounidense. Hay varias razones por las cuales se encuentran familias tan grandes. A causa de la falta de dinero entre las familias pobres los recién casados a veces viven por un tiempo con los padres del esposo o de la esposa. También, un viudo o una viuda posiblemente vive con uno de sus hijos porque éstos no abandonarían a sus padres, porque hay pocos ancianatos° y porque muchos hijos tienen horror de ver a sus padres en un ancianato. Las familias son grandes, obviamente, porque tienen muchos hijos. En el campo y entre los pobres, el tener más hijos significa que habrá más personas para trabajar

ancianatos *casas para ancianos (gente de edad)*

y así habrá más dinero para la familia. Además, el machismo sigue siendo un aspecto de la cultura hispánica y por eso algunos hombres quieren tener muchos hijos como símbolo de su masculinidad. Y, por razones religiosas o personales, la mujer tradicional no usa métodos de control de la natalidad.

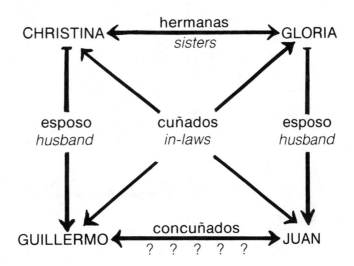

El compadrazgo, una institución importante entre los hispanos, extiende la familia aún más. El hispano tiene todo un grupo de padrinos y compadres desde la niñez hasta la vejez. Primero hay los padrinos de bautizo, luego los padrinos de confirmación y después los padrinos de matrimonio. Los padrinos son más que adornos de las ceremonias, son como parte de la familia. Los padrinos son padres «extras» que tratan a sus ahijados como a sus propios hijos. Si se mueren los padres, son los padrinos, más que otros parientes, quienes cuidan y educan a los hijos, sus ahijados. Puesto que los padrinos se consideran familia, la palabra *compadres* es equivalente a decir *co-parents*.

El círculo de amigos viene a ser una extensión de la familia hispánica también. A veces los hijos llaman a los amigos íntimos de sus padres «tío» y «tía» como ocurre entre algunas familias estadounidenses.

Es interesante observar el papel y la actitud del padre de la familia tradicional o típica. *El padre es el señor de la casa, el rey del castillo, fuente° de toda autoridad y disciplina.* Su palabra es ley. El padre es protector del honor del nombre de familia; y el honor es un factor

fuente source

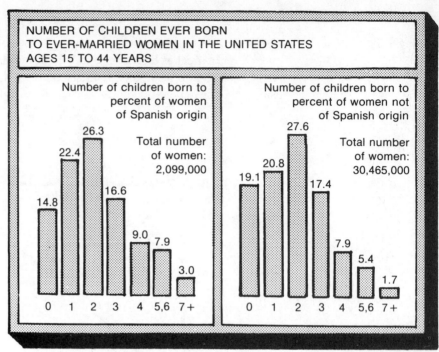

NUMBER OF CHILDREN EVER BORN
TO EVER-MARRIED WOMEN IN THE UNITED STATES
AGES 15 TO 44 YEARS

Number of children born to percent of women of Spanish origin

Total number of women: 2,099,000

0	1	2	3	4	5,6	7+
14.8	22.4	26.3	16.6	9.0	7.9	3.0

Number of children born to percent of women not of Spanish origin

Total number of women: 30,465,000

0	1	2	3	4	5,6	7+
19.1	20.8	27.6	17.4	7.9	5.4	1.7

United States Bureau of the Census • June 1978

comodidad comfort

importante en la cultura hispánica. El padre es respetado y apreciado como proveedor económico—así responsable por el bienestar y comodidad° de la familia. Muchos padres consideran esto su responsabilidad principal. El padre les da a sus hijos atención y cariño pero por lo general no demuestra ni físicamente ni abiertamente sus emociones hacia ellos. Es reservado y a veces da la impresión de ser algo distante cuando no es así en realidad.

El movimiento feminista ha introducido cambios en una cultura con valores diferentes de los de otras culturas; todavía existen millones de familias que podemos llamar tradicionales. *En la mayoría de las*

se encarga de takes charge of

familias la madre se encarga de° la educación y la religión de sus hijos. En el caso de la clase baja esto quiere decir que la madre hace las compras, prepara las comidas, cuida a los hijos y limpia la casa. Pero en el mundo hispánico la señora de la casa de la clase media o de la clase alta es bien diferente del viejo estereotipo de la *housewife* tradicional estadounidense. Además de decir «la señora de la casa» también se dice con frecuencia «ama de casa», la forma femenina de amo—*master*. Esto da una indicación del lugar y de la función de la madre de la familia hispánica.

Entre la mayoría de las familias hispánicas la señora de la casa no es sólo ama de casa sino también «asistente administrativa» de su esposo, con una variedad de responsabilidades. En muchos casos se encarga de las finanzas,

papeleo paperwork

el papeleo° familiar, la organización de fiestas y viajes, los preparativos

complejas *complicadas*

de ceremonias como el bautizo y el matrimonio. En fin, administra mucho de la vida diaria donde las cosas son más complejas° que en los Estados Unidos donde todo se hace por teléfono o por correo. Generalmente la señora de la casa de la clase media y de la clase alta tiene una sirvienta o criada. La ayuda de la sirvienta les da a estas señoras más tiempo libre para dedicarse a los hijos, a las visitas con familia y amigas, a su apariencia personal, y a sus propios intereses y actividades. Estas señoras, a diferencia de las de la clase baja y las de las regiones rurales, no conocen *the drudgery of housework*. Pero muchas esposas jóvenes están experimentando *the drudgery of work* con un empleo, carrera o profesión con horas fijas de trabajo. Puesto que el trabajo por el mero hecho de trabajar no es o no ha sido un valor importante en la cultura hispánica (ver el siguiente capítulo), no se sabe todavía si trabajan porque *quieren* hacerlo o porque *tienen que* hacerlo por necesidad económica.

para
comprender En las siguientes frases sobre la familia hispánica, cada una tiene tres respuestas apropiadas. Elimine Ud. la *inapropiada*.

1. El caso de muchos parientes viviendo en la misma casa es un aspecto de
   _____ .
   A. una minoría de hispanos
   B. los pobres
   C. las familias rurales
   D. todas las clases sociales

2. En algunos casos hay muchos miembros de familia que viven en el mismo hogar a causa de _____ .
   A. las condiciones económicas
   B. un gran número de hijos
   C. la vivienda barata
   D. una aversión a los ancianatos

3. Las familias de la clase baja y de las provincias tienen muchos hijos porque
   _____ .
   A. no hay nada más que hacer en el campo
   B. más hijos representan más mano de obra y así más dinero
   C. el machismo todavía es un aspecto de la cultura hispánica
   D. las mujeres no practican control de la natalidad

4. El hispano tiene padrinos de _____ .

   A. matrimonio

   B. ceremonia

   C. bautizo

   D. confirmación

5. El padre de la familia típica _____ .

   A. es algo reservado con sus hijos

   B. no es muy económico

   C. protege el honor de la familia

   D. es una figura de autoridad

6. La madre de la clase baja _____ .

   A. cocina las comidas

   B. va al mercado

   C. cuida la casa

   D. no se encarga de los hijos

7. La madre de las clases media y alta _____ .

   A. es responsable por la administración del hogar

   B. cultiva sus propias semillas y plantas

   C. es diferente de la vieja imagen de la señora de la casa estadounidense

   D. tiene tiempo para visitas y otros intereses personales

8. Muchas esposas jóvenes de las clases media y alta _____ .

   A. no tienen la misma rutina diaria que tienen las campesinas y las mujeres pobres

   B. tienen que hacer los quehaceres domésticos

   C. trabajan fuera de casa

   D. son mujeres profesionales con ambas carreras y familias

para
conversar   Conteste las siguientes preguntas.

   1. ¿Cuál es la diferencia entre la familia extendida de la clase baja y la familia extendida de las otras clases sociales?

   2. ¿Por qué quieren algunos hombres tener muchos hijos?

   3. ¿Por qué no usan algunas mujeres métodos de control de la natalidad?

   4. ¿Cuál es la relación entre el padrino y su ahijado(a)?

   5. Compare y contraste la vieja imagen estereotípica de la *housewife* estadounidense con la señora de casa hispánica.

   6. ¿Cuántos miembros de su familia viven en la misma casa con Ud.? ¿Cuántos parientes suyos viven en su ciudad? ¿en su estado?

La familia hispánica moderna tiene un número reducido de hijos—¡a veces!

7. ¿Tiene Ud. padrinos? ¿Visita Ud. a sus padrinos con mucha frecuencia?

8. ¿Viven solos sus abuelos? ¿con un pariente? ¿en un ancianato? ¿Qué piensa Ud. de los ancianatos?

9. ¿Cuál de sus padres se encarga de la disciplina? ¿Ayuda su papá en casa? ¿Trabaja su mamá fuera de casa?

vista preliminar

Read the italicized topic sentence or sentences in each paragraph of *La familia hispánica* (segunda parte)

claves de comprensión

The following questions are keys to the essential information found in the reading. Study them carefully before proceeding to the reading selection.

1. ¿Cuáles son algunos sacrificios que los padres hacen por sus hijos?

2. ¿Cuáles son algunos sacrificios que los hijos hacen por sus padres?

3. ¿Cómo es el amor que los hijos sienten hacia su madre? ¿hacia su padre?

4. ¿Cuál es una diferencia entre una fiesta hispánica y una estadounidense?
5. ¿Qué es la fiesta de quinceañera?
6. ¿Cuáles son algunas diferencias entre las reuniones de familias tradicionales y las de la familia moderna del mundo hispánico?
7. ¿Cuáles son algunos cambios que están ocurriendo en algunas familias de las clases media y alta?

pasos de lectura   Check off each item as you complete it.

_____ Read the selection aloud and mark words you are unsure of.

_____ Study the words you marked; look them up in the glossary if necessary.

_____ Review *Claves de comprensión* and read *Para comprender*.

_____ Read the selection again silently. Underline material you remember reading in *Claves de comprensión* or *Para comprender*.

_____ Answer all exercise items, preferably in writing.

LECTURA *La familia hispánica* (Segunda Parte)

meta goal
jubilación retirement

Ambos el padre y la madre sienten una obligación fuerte de cuidar, proteger y mantener a sus hijos. Su meta° en la vida no es trabajar hacia su propia vejez y jubilación° sino proveer para los hijos. Y esto puede ser por mucho tiempo puesto que algunos hijos siguen viviendo con la familia hasta terminar los estudios universitarios, y a veces hasta establecerse en su profesión o hasta que se casan. Los padres sostienen a los hijos todo este tiempo y en algunos casos cuando sus hijos se casan, los padres les compran casa, o ayudan en la compra de una casa, si sus circunstancias económicas lo permiten. Los padres no se preocupan por la vejez y la jubilación porque los hijos los cuidarán cuando llegue el momento. Como sus hijos los cuidarán en sus últimos años, los padres hacen muchos sacrificios para que los hijos estudien una carrera profesional, sobre todo medicina, ingeniería, abogacía o negocios.

Los hijos de la familia hispánica lógicamente demuestran mucho amor hacia la madre porque ella es la fuente de amor y cariño y ella tiene más contacto con ellos. Este aspecto de la cultura hispánica se refleja° en la literatura donde vemos que hay mucho escrito, sobre todo en poesía, sobre la madre pero hay poca literatura dedicada al padre. Esta actitud

se refleja *se ve, se nota*

está relacionada con la reverencia de la virgen María y se nota en el uso del nombre María con otros nombres—María Cristina y María Rosa, por ejemplo.

El amor que los hijos sienten hacia el padre es principalmente una cuestión de respeto a la autoridad y aprecio familiar. Esto no quiere decir que haya poco amor entre los hijos y el padre, sólo que el amor entre ellos no es demostrado con una emoción tan abierta. Es así entre el padre y los hijos varones° más que con las hijas.

varones *masculinos*

Los jóvenes del mundo hispánico viven con sus padres más tiempo que los de los Estados Unidos. *Ser independiente de la familia no es un valor tan importante para los hijos de la familia hispánica tradicional.* Generalmente no salen de sus casas para estudiar en otras ciudades; no es lógico ni económicamente justificado salir de casa si hay una universidad en la misma ciudad donde se vive. Como hemos dicho, los hijos cuidan a sus padres en sus últimos años por obligación familiar y por razones económicas y prácticas, puesto que la mayoría de los empleos en los

La gente de edad goza de mucho respeto en la sociedad hispánica. Existen pocos ancianatos porque los hijos cuidan a sus padres en su vejez.

La vida familiar **113**

países hispánicos no dan pensiones. (En algunos países para recibir pensión hay que haber trabajado por lo menos veinte años en el mismo lugar.) Muchos gobiernos hispánicos no tienen programas como el *social security* de los Estados Unidos.

Se ve, entonces, que *la estructura de la familia tradicional en el mundo hispánico es diferente de la estructura de la familia estadounidense de hoy en día*. Al mismo tiempo se nota que *las actitudes de los miembros de la familia son algo diferentes de las actitudes familiares en los Estados Unidos*.

También hay diferencias en las actividades de la familia hispánica porque son esencialmente ocasiones familiares. Un aspecto de la unión familiar es que las fiestas entre los jóvenes no son reuniones privadas donde no se encuentran parientes mayores. En una reunión social o fiesta entre hispanos se encuentran padres y hasta abuelos. En una fiesta de cumpleaños, por ejemplo, los padres asisten a las fiestas con sus hijos, mientras que en los Estados Unidos los padres llevan a sus hijos a la fiesta pero no se quedan. Muchas veces cuando acaba la celebración de los niños, los mayores siguen con su propia fiesta. Otra ocasión netamente familiar es la fiesta de los quince años, o la fiesta de quinceañera, de las señoritas. Es más o menos como el *coming out party* o el *debutante ball* de los Estados Unidos, pero con varias diferencias. Se celebra la fiesta quinceañera cuando la señorita cumple los quince años y no es sólo una vez al año para todo un grupo de debutantes. La fiesta quinceañera es común entre todas las clases sociales, no sólo la clase alta como en los Estados Unidos. Y otra diferencia significante es que la gala de debutantes es una ocasión *social* mientras que la fiesta quinceañera es una ocasión *familiar*. Pero no son solamente las ocasiones especiales cuando los miembros de la familia se encuentran juntos; entre semana tanto como en el fin de semana van juntos al café al aire libre, al campo, al parque, a pasear por las plazas y calles comerciales y, en general, las actividades en que participan son ocasiones familiares.

Puesto que muchos parientes viven en la misma ciudad o pueblo, *una reunión familiar tiene lugar con regularidad en el mundo hispánico*. Esto presenta un contraste con los Estados Unidos donde los miembros de la familia están distribuídos por todo el país y la reunión familiar tiene lugar apenas anualmente y entre muchas familias es una tradición que está desapareciendo.

Hemos descrito la familia tradicional en el mundo hispánico, la familia típica que todavía representa la mayoría. Pero lógicamente hay excepciones; *existen muchas familias que no siguen la norma*. La transculturación y la industrialización tienen el efecto de crear entre los hispanos aspectos culturales que son más como la cultura estadounidense. Este proceso de cambio acaba poco a poco con algunas de los aspectos tradicionales de la familia hispánica.

En España y en los países industrializados de Hispanoamérica como México, Venezuela y otros y en todas las ciudades grandes la estructura, las actitudes, los valores y las actividades de la familia—particularmente entre la clase media y la clase alta—son paralelos con los de la familia estadounidense. En estos casos se ven familias con un número reducido de hijos y ambos el hombre y la mujer trabajan para ganar el dinero necesario para comprar todo lo que ha traído la transculturación y la industrialización. Se encuentran algunos jóvenes hispánicos siguiendo el modelo de los jóvenes de los Estados Unidos: tienen sus fiestas libre de la presencia de los mayores; dedican los fines de semana a sus propios intereses con sus amigos, mientras que sus padres van al «club»; salen de la casa, de la ciudad, y hasta del país para estudiar; practican el «consumo conspicuo,» especialmente de los lujos y de los productos extranjeros. Otro factor de la familia hispánica que está cambiando es que la comunicación entre hijos y padres es cada vez menor, como ocurre en los Estados Unidos.

La familia tradicional del mundo hispánico no es tan extraña ni tan diferente de la familia estadounidense de hace algunas décadas. La estructura, las actitudes, los valores y las actividades son muy similares en ambos casos—solo que ahora quedan, aparentemente, menos familias «tradicionales» que «modernas» en los Estados Unidos. Y es posible que con el tiempo la familia tradicional sea la minoría del mundo hispánico también. De nuevo, estamos en presencia del cambio.

para comprender Comente Ud. en frases completas sobre los siguientes temas.

1. La actitud de los padres de las familias hispánicas hacia sus hijos es obligación
2. Lo que hacen los padres por sus hijos Cuidar, proteger y mantener
3. La actitud de los hijos hacia la madre mucho amor
4. La relación entre los hijos y el padre respeto y aprecio familiar
5. La independencia de los hijos no es importante
6. Las actividades de la familia hispánica cosas hacen a
7. Las reuniones familiares
8. Las actitudes, valores y actividades de las familias hispánicas que no son tradicionales reducido de hijos / ambos trabajan / Comprar muchas cosas / al fin de semana con amigos

para conversar Conteste las siguientes preguntas.

1. Describa la actitud de los padres hispánicos hacia sus hijos. Compare y contraste esta actitud con la de los padres estadounidenses.
2. ¿Qué diferencias hay entre el amor hacia la madre y el amor hacia el padre?

3. ¿Por qué cuidan los hijos a sus padres en su vejez?
4. Describa las actividades de la familia hispánica.
5. Describa la familia hispánica moderna que no es tradicional.
6. ¿Pagan sus padres los estudios o trabaja Ud. para pagar la matrícula *(tuition)* y otros gastos?
7. ¿Vive con su familia? Si no, ¿a qué edad salió de casa? ¿Se considera Ud. independiente de su familia? ¿Quiere ser independiente de su familia?
8. ¿Van sus padres a las fiestas que tiene Ud. ahora? ¿Asistían ellos a las fiestas de cumpleaños de sus amigos o a las que tenía Ud. en el colegio?
9. ¿Es Ud. de una familia tradicional o moderna?

SEGUNDO PASO

Para preparar la lectura

_____ Estudie el vocabulario y haga los ejercicios de *Palabras y práctica*.
_____ Estudie las estructuras y haga el ejercicio de *Estructuras y práctica*.
_____ Lea *Vista preliminar*.
_____ Estudie *Claves de comprensión*.

palabras y práctica **Vocabulario para la *Lectura***

acera sidewalk
acomodar to arrange, organize
aguantar to endure
amenazar to threaten
apurar to hurry
asustar to frighten
callar to be silent
crecer to grow, increase

enojarse to become angry
esquina (outside) corner
fijarse en to notice
fingir to pretend, imagine
flojo, –a lax, lazy
fósforo match
el rincón (inside) corner

Haga los siguientes ejercicios.

Diminutives are used quite extensively in Spanish, especially by children. Adults also use them when speaking affectionately, particularly to or about children. Diminutives found in the reading include: *Juanita, Ramoncito, salita (sala), piernecillas (piernas), paquetitos, palitos (palos–sticks), cajitas, abuelito, ramita (rama–branch, limb), ligerito (ligero–quickly, also means lightweight), purgantito (purgante–laxative), hombrecito, cabecita (cabeza).*

A. Complete cada frase con la palabra apropiada entre paréntesis.

1. Cuando su hermano levantó el bastón, la niña sintió *(asustar / asustados / un susto)*.
2. Tu hijo está llorando mucho. ¿No puedes *(callarte / callarlo / callado)*?
3. El candidato político habló con un entusiasmo *(crecer / creciente / creciendo)*.
4. El cliente enojado habló con el gerente de una manera *(amenazante / amenazada / amenazando)*.
5. No tenemos tiempo para hablar. Estamos muy *(apuro / apurar / apurados)*.
6. El hombre tranquilo no *(enojarse / enojado / se enojó)* cuando vio su casa en llamas.
7. Muchos niños tienen amigos *(fingir / fingidos / fingiendo)* con quienes hablan y juegan.
8. Esa persona estudiosa tiene los ojos *(fijos / fijarse / fijándose)* en el libro.
9. Las personas perezosas pasan el tiempo *(flojo / flojeando / flojear)*.

B. Conteste las preguntas usando las palabras entre paréntesis en su respuesta.

1. ¿Puede Ud. poner todos los paquetes en la caja? *(acomodar)*
2. ¿Dónde puedo colocar este cuadro? *(rincón)*
3. ¿Quiere Ud. caminar un poco más? *(aguantar)*
4. ¿Puede Ud. encender las velas *(candles)*? *(fósforos)*
5. ¿Dónde podemos estacionar el coche? *(acera)*
6. ¿Dónde nos encontramos después de clase? *(esquina)*
7. ¿Trabaja mucho la sirvienta? *(floja)*

C. En la columna a la derecha, busque el significado de los verbos en la columna a la izquierda y escriba la letra del significado correcto en el espacio.

1. asustar _____
2. callar _____

a. tener prisa, estar de afán
b. mostrar intento de hacer algún mal a otro

3. crecer _____	c. estar bravo, sentir rabia
4. amenazar _____	d. no decir nada
5. apurar _____	e. dar miedo
6. enojarse _____	f. darse cuenta, mirar, ver
7. fingir _____	g. aumentar
8. fijarse en _____	h. imaginar

estructuras
y práctica   **Commands**

A number of command forms are used in the following story, *Papá y mamá*. Remember that although object pronouns are attached to affirmative commands, they are placed *before* negative commands. Study the following command forms which appear in the story.

tú		Ud.	Uds.	nosotros
Affirmative	*Negative*			
mira	no hables	déjeme	cásense	sigamos
dame *(dar)*	no te quejes	páseme		juguemos
enójate	no los des	eche		veamos
espérate		viva		no juguemos
respeta		anímese		
oye *(oír)*		cásese		
ten *(tener)*				
dime *(decir)*				
dilo *(decir)*				

Nosotros commands are equivalent to "let's . . ."—*let's continue, let's play, let's see, let's not play.*

Conteste Ud. cada pregunta, siguiendo los *Modelos.* Use los sujectos *tú, Ud., Uds.* o *nosotros.*

Modelo ¿Quieres jugar a las compras?
   No. Juega tú a las compras.

1. ¿Quieres mirar las fotos?
2. ¿Vas a esperar en la esquina?
3. ¿Quieres decir la verdad?
4. ¿Va Ud. a dejar una propina?
5. ¿Quiere Ud. pasarse a otra mesa?

6. ¿Puede Ud. echar más carbón al fuego?

7. ¿Quieren Uds. casarse?

8. ¿Pueden Uds. animarse un poco?

9. ¿Van Uds. a tener paciencia?

Modelo ¿Vamos a jugar más?

          No, no juguemos más.

      or, *Sí, juguemos más*

10. ¿Vamos a ver esa película?

11. ¿Vamos a seguir leyendo?

12. ¿Podemos jugar a las compras?

vista preliminar

La actitud del padre hispánico es a veces una de dominancia. Los casos exagerados de esta actitud llegan hasta el extremo del machismo. Pero la mujer reina victoriosa por encima de *(in spite of)* la dominancia del hombre porque la mujer es un ser «espiritual» y el hombre es un ser de «instintos,» y también porque la mujer tiene una arma secreta para calmar la furia del «hombre-bestia», como se verá al fin del cuento.

    Dos niños deciden jugar al papá y a la mamá. Conviene darse cuenta de que a veces los niños se hablan el uno a la otra y otras veces imitan a sus padres.

claves de comprensión

The following questions are keys to the essential information found in the reading. Study them carefully before proceeding to the reading selection.

1. ¿Dónde está la esposa jóven? ¿Cómo es?

2. ¿Cuántos hijos tiene? ¿Cómo se llaman?

3. ¿A qué juegan los niños?

4. ¿Qué quiere «papá»? ¿Cómo se porta?

5. Según «papá», ¿quién es una verdadera ama de casa? ¿Por qué?

6. ¿Por qué se asusta la niña? ¿Cuál es su solución al problema?

pasos de lectura

Check off each item as you complete it.

_____ Read the selection aloud and mark words you are unsure of.

_____ Study the words you marked; look them up in the glossary if necessary.

_____ Review *Claves de comprensión* and read *Para comprender*.

_____ Read the selection again silently. Underline material you remember reading in *Claves de comprensión* or *Para comprender*.

_____ Answer all exercise items, preferably in writing.

LECTURA *Papá y mamá*

por EDUARDO BARRIOS

Eduardo Barrios (1884-1963), escritor chileno, escribió novelas de mucha penetración psicológica como *El hermano asno*. El cuento *Papá y mamá*, escrito en 1920, demuestra que Barrios sabía observar y describir la vida de su época.

humildes *modestos*
farol lamp, lantern
muro wall (exterior)

Es de noche en la paz de una calle de humildes° hogares.
Un farol°, detrás de un árbol, alumbra el muro°. Cerca se abre la ventana de la salita modesta, en cuya sombra se ve a la joven esposa sentada en el balcón, con los ojos como fijos en pensamientos.
¿Qué piensa la esposa todas las noches a esa hora, cuando el marido, después de comer, sale? ¿Qué piensa todas las noches sentada en el balcón, mientras la criada lava dentro los platos y los niños juegan un rato en la acera?...¿Añora?° ¿Sueña?...¿O simplemente escucha el péndulo que en el misterio de la sombra marca el paso al silencioso ejército de las horas?

¿Añora? Does she yearn?

Es plácida, la noche. El cielo, claro, las nubes, transparentes, y, muy blanca y muy redonda, la luna que recuerda viejas estampas° de romanticismo y de amor.

estampas engravings

Dos niños juegan en la acera: Ramón y Juanita. Un tercero, nene que aún no anda, sentado en el umbral de la puerta de calle, escucha sin comprender y mira con ojos maravillados. Ramoncito ha mudado ya los dientes°; es vivo, habla mucho, y sus piernecillas nerviosas están en constante movimiento. Juanita es menor. Sentada como el nene sobre la piedra del umbral, acomoda en un rincón de la puerta paquetitos de tierra, y botones, y cajas de fósforos, y palitos. . .

ha mudado ya los dientes has his permanent teeth

Juegan a la gente grande, porque ellos, como todos los niños, sienten, sobre todo en las noches, una inconsciente° necesidad de imaginar y preparar la edad mayor.

inconsciente unconscious

deteniéndose stopping

RAMONCITO (deteniéndose° frente a su hermana, con las manos en los bolsillos y las piernas abiertas) ¿A qué jugamos, por fin?

JUANITA Ya, ya está el almacén listo. (Y cambia la posición de los botones y las cajitas)

RAMONCITO Pero ¿vamos a jugar otra vez a las compras?

madama storekeeper

JUANITA Es claro, sigamos. Yo soy siempre la madama,° y tú me sigues comprando. ¿No ves que mucha gente de todas estas casas no me ha comprado nada todavía?...

	RAMONCITO	Mira, mejor juguemos a otra cosa. Siempre al almacén, aburre.
palmoteando clapping	JUANITA	(palmoteando°) Al abuelito ¿quieres? A contar cuentos.
	RAMONCITO	Oye ¿para qué le servirán los anteojos al abuelito?
	JUANITA	¡Tonto! Para ver.
	RAMONCITO	Así decía yo; pero ¿no te has fijado que para hablar con uno mira por encima de ellos y para leer se los pone sobre la frente?
	JUANITA	Cierto. ¿Para qué le servirán los anteojos al abuelito?
	RAMONCITO	Bueno, bueno. Juguemos... a...
	JUANITA	¿A la casa?
	RAMONCITO	Sí.
Lo mismo da It's all the same to me	JUANITA	(con creciente entusiasmo) ¿Al papá y a la mamá? Yo soy la mamá o la cocinera...Lo mismo da,° como tú quieras. Las dos, puedo ser las dos.
bastón cane, walking stick	RAMONCITO	(improvisando un bastón° con una ramita seca que recoge del suelo) Yo, el papá. Llego del trabajo, a comer, pidiendo apurado la comida, que tengo que ir al teatro. ¿Te parece?
	JUANITA	Espléndido.
resuenan echo		Y empieza otra vez la animación. La chica da nuevo acomodo a las cajas de fósforos y agrupa los botones. Entre tanto, Ramoncito, a largos pasos que resuenan° en la acera, vuelve otra vez a la esquina.
	RAMONCITO	¿Está lista esa comida, Juana?...Pronto, ligerito, que tengo que salir.
	JUANITA	Voy a ver, Ramón, voy a ver...Esta cocinera trabaja tan despacio. (Se vuelve hacia su fingida cocinera y pregunta:) ¿Mucho le falta, Sabina? ¿Sí?...¡Ave María!
frunce el ceño he frowns		El chico levanta los brazos, asombrado. Luego frunce el ceño,° se ha enojado de repente.
	RAMONCITO	¡Qué! ¿No está lista todavía esa comida?
	JUANITA	Ten paciencia, hijo, por Dios...A ver, mujer, déjeme a mí. Páseme el huevo, la harina...Eche más carbón...¡Viva, anímese!...
¡Habráse visto! Can you beat this?	RAMONCITO	(que ha empezado una serie de furiosos paseos bastón en mano, exasperado) ¡Habráse visto,° hombre! ¡Qué barbaridad! Se mata uno el día entero trabajando, para llegar después a casa y no encontrar ni siquiera la comida lista. ¡Caramba!
	JUANITA	(riendo) Así, así, muy bien.
	RAMONCITO	(en un paréntesis) No hables de otra cosa. Ahora

*Dos niños jugando al papá y
a la mamá.*

eres la mamá y nada más. (De nuevo hablando
como marido furioso:) ¿En qué pasan el día entero
dos mujeres, digo yo?

JUANITA   Cosiendo, hijo, y lavando y...

RAMONCITO   Nada. Mentira. Flojeando. ¡Brrr!

JUANITA   ¡Dame tu santa paciencia, Dios mío!...¡Chss! (Muy
ocupada, finge freír un huevo en un botón.)

RAMONCITO   Paciencia...Me das risa. Tengo hambre y estoy
apurado...apurado ¿oyes? Trabajo como un bruto y
llego muerto de hambre. ¡Ah! Ya esto no se puede
aguantar.

JUANITA   (que finge freír el huevo con loco entusiasmo)
¡Chsss! Y...este aceite.° Dios mío, no sé qué
tiene...¡Chssss!

RAMONCITO   ¡Buena cosa!...Está muy bien, muy bien...¡Ah, y cásese
usted!°

Sus paseos se hacen cada vez más furiosos.

JUANITA   No te quejes así. Y a los niños, a estos demonios

aceite cooking oil

¡Ah, y cásese usted! And
they tell you to get
married!

les cose sews for them	¿quién los lava, quién los viste, quién les cose,° quién?
	RAMONCITO ¡Basta! Lo de siempre. Yo no tengo nada que ver con eso.
	JUANITA Pero es que... ¡Uy, que se me queman las lentejas!...Pero es que, por un lado, estos niños; por otro lado, la calma de esta mujer...
	RAMONCITO (enojado) Si la Sabina es floja, buscas otra criada. ¡Caramba!
	JUANITA Cuidado, Ramón, que cuesta mucho encontrar sirvientes.
	RAMONCITO ¡Qué sé yo! Tú sabrás. Podías aprender de mi madre, ya te lo he dicho. Esa sí que es ama de casa.
	Como Juanita calla, sin saber qué responder, el chico la ayuda.
rezongando grumbling	RAMONCITO Enójate un poco tú también. Dime así, rezongando:° «Ya me tienes loca con lo mucho que sabe mi suegra. Ella será un prodigio; pero yo, hijo ¿qué quieres?...una inútil...»
suelta una carcajada lets out a laugh	La chica suelta una carcajada.°
	JUANITA ¡De veras! No me acordaba.
	RAMONCITO Dilo, pues. No sabes jugar.
entre dientes muttering	JUANITA (entre dientes)° «Ya me tienes loca con lo mucho que sabe mi...»
	RAMONCITO (enojado, sin dejarla concluir) ¿Qué? ¿Rezongas?
	JUANITA Páseme esa cuchara, Sabina.
genio temper	RAMONCITO No, no. Ahora me debías contestar: «Ave María! ¡Qué genio!° Debes estar otra vez enfermo. Es tiempo de que tomes otro purgantito»...No sabes, no sabes jugar.
	JUANITA Espérate. Ahora sí, verás.
	RAMONCITO (más enojado) ¡Enfermo! Siempre la culpa ha de ser mía. ¡A casarse, casarse! Para gastar, para eso se casa uno. Así les digo a mis amigos: Cásense y verán....
la dicha de enviudar good fortune to become a widower **gustazo** great pleasure	JUANITA (con viveza) Se te olvida una cosa: «¡Ah, si yo tuviera la dicha de enviudar°!». Y entonces yo te contesto: «No tendrás ese gustazo°».
	Pero el hombrecito se siente herido en su vanidad por la lección y, levantando el palo, amenazante, grita:
	RAMONCITO ¡¡¡Callarse!!!
	JUANITA Veamos ahora la carne, Sabina... (respondiéndose a sí

	misma) Ya está, señora...
RAMONCITO	¡Ay, ay, ay! ¡Linda vida, ésta!...En la oficina, aguantar al jefe; en la calle, los ingleses; en el tranvía, las conductoras hediondas,° las viejas que han de ir todos los días a misa, nada más que para hacer viajar de pie a los hombres, que vamos al trabajo...o las chicas, que se van a gastar en las tiendas lo que a los padres nos cuesta... nuestro sudor.°
JUANITA	¡Ah, si tuvieras la dicha de enviudar!...
RAMONCITO	¡Imbécil! ¡Celosa!
JUANITA	¿Celosa? Ya no, hijo; ya no soy la tonta de antes.
RAMONCITO	¡Callarse, he dicho!
	Y levanta el palo, amenazante, terrible.
JUANITA	(en un nuevo paréntesis) Oye, los golpes no los des de veras.
RAMONCITO	¡Silencio! ¡¡¡Silencio!!! Estoy ya cansado, aburrido, loco...¡loco!...¡¡Brr!!
	Da un golpe tremendo contra la puerta. La niña se asusta.
JUANITA	(realmente asustada) Espero que no vayas a...
RAMONCITO	(repitiendo el golpe con mayor furia) ¡Chit! ¡Callarse!
JUANITA	(seria) No juguemos más ¿quieres?
RAMONCITO	¡Nada, nada! ¡Pronto, la comida, si no quieres que yo...
	El palo cae repetidas veces sobre la puerta, zumba° alrededor de la cabecita de la niña, que se alarma cada vez más. El chico sigue echando chispas° y gritando. De pronto, con el palo alzado, se queda mirando a la fingida esposa. En sus ojos brilla una llama traviesa:° aquel brazo armado parece que va a caer en serio sobre la cabeza de la niña. Entonces Juanita tiene primero una sonrisa interrogativa, luego un gesto de susto. El nene, asustado también, empieza a llorar; y aquí Juanita, como iluminada de pronto por un recuerdo salvador, coge al nene en brazos, se levanta digna y altiva° y dice:
JUANITA	¡Ramón, respeta a tu hijo!

hediondas foul-smelling

sudor sweat

zumba buzzes

echando chispas fuming

traviesa mischievous

altiva proud

para
comprender   Después de leer cada frase, indique si es cierta o falsa; si es falsa, corríjala.

1. La señora, sentada en el balcón, está pensando.
2. La criada está jugando y los niños están en la cocina.
3. Ramoncito tiene muy poca energía.
4. Al principio los niños están jugando al ajedrez.
5. Deciden jugar a la casa; Juanita va a jugar el papel de la mamá y Ramoncito juega el papel del papá.
6. Papá quiere comer rápido porque quiere acostarse temprano.
7. La comida no está preparada porque la cocinera está sentada en el balcón.
8. Según papá, las mujeres pasan el día flojeando.
9. Papá trabaja mucho y viene a casa con mucha hambre.
10. Papá se encarga de cuidar a los niños.
11. Papá dice que no sabe nada de los problemas de buscar criada porque eso es una responsabilidad de mamá.
12. Cuando papá está muy bravo, mamá cree que está mal y que debe tomar un remedio.
13. Papá quiere tener la alegría de quedarse viudo.
14. Papá tiene que aguantar a su esposa en la oficina.
15. Para calmar a su esposo, mamá dice, «Quiero tener otro hijo.».

para analizar   *Elements of Plot.* Study the definitions of the elements of plot given below. Then match them to the parts of the plot of *Papá y mamá* which follow.

1. *exposition:* background facts and information that allow the story to proceed and that provide the framework necessary for the unfolding of the plot
2. *resolution:* statement or indication of what characters intend to do which leads into development of the plot
3. *development:* series of changes in characters, action, and dialogue, thus increasing "anxiety" or "tension"
4. *turning point:* the final step in the development that leads directly to the climax
5. *climax:* moment of greatest emotional intensity
6. *dénouement:* solution or outcome; relief of tension

_____ A. Papá pide apurado la comida porque quiere salir. Se enoja porque la comida no está lista. Empieza a discutir y pelear con mamá.

_____ B. Mamá calma a papá diciendo, «Respeta a tu hijo.»

_____ C. Papá se pone violento, furioso. Levanta el palo. Da golpes contra la pared. Mamá y el nene se asustan mucho y el nene empieza a llorar. Parece que papá de veras va a dar un golpe a mamá.

_____ D. Ramón y Juanita juegan a la gente grande en la acera. Se aburren de jugar a las compras.

_____ **E.** Los niños deciden jugar al papá y a la mamá.

_____ **F.** Papá se pone más agresivo y enojado.

para
conversar   Conteste las siguientes preguntas.

1. ¿Qué pide papá al llegar a casa? ¿Por qué está tan apurado?
2. ¿Por qué se enoja papá?
3. Según mamá, ¿cómo pasan el día las mujeres? ¿Qué responde papá a esto?
4. Cuando mamá dice que ella cuida a los hijos, ¿qué responde papá?
5. ¿Con quién compara papá a mamá? ¿Qué reacción tiene Mamá a esta comparación?
6. ¿Por qué tienen los hombres que ir al trabajo a pie?
7. Con referencia a las chicas, o hijas, ¿de qué se queja papá?
8. ¿Por qué no quiere la niña seguir jugando?
9. ¿Qué emplea el autor para mostrar las personalidades de papá y mamá—descripción, acción, diálogo?
10. ¿Cómo es papá? ¿Cómo es mamá?
11. ¿Qué piensa Ud. de papá? ¿Tiene algunas calidades positivas? ¿Cree Ud. que el hijo será cómo su papá? ¿Hay alguna evidencia de esto en el cuento?
12. ¿Qué opina Ud. de mamá? ¿La admira? ¿Le tiene lástima? ¿Cómo es la mamá—tímida, obediente, orgullosa, fuerte, digna, altiva? ¿Son semejantes o distintas la descripción de mamá al principio y la representación de mamá que hace la niña?
13. El autor nos presenta una escena familiar por medio de los niños. ¿Cómo sería la presentación de la escena por medio de adultos? ¿Podemos tener confianza en la exactitud de esta presentación? ¿Por qué?
14. ¿Son su mamá y papá como los padres de este cuento?
15. Cuando Ud. era joven, ¿jugaba a la mamá y al papá? ¿A qué jugaba?

TERCER
PASO

Para preparar la lectura

_____ Estudie el vocabulario y haga los ejercicios de *Palabras y práctica*.

_____ Estudie las estructuras y haga el ejercicio de *Estructuras y práctica*.

_____ Lea *Vista preliminar*.

_____ Estudie *Claves de comprensión*.

palabras y práctica **Vocabulario para la *Lectura***

asalto assault, attack
aumento increase
carga burden, chore
confundir to confuse
derrumbar(se) to crumble away, topple over

discutir to discuss
impedir (i) to impede, prevent
optar por *decidir, escoger*
regir (i) to rule, govern
reparto *distribución, división*

estudio de palabras Haga los siguientes ejercicios.

A. De la lista de palabras arriba, escoja un sinónimo para la palabra indicada en cada frase abajo.

1. Hoy en día algunos jóvenes están *desorientados*.
2. Pero los hijos no *hablan de* sus problemas con sus padres.
3. Algunos *deciden* hablar con amigos o guardar silencio.
4. La televisión *estorba* la comunicación entre los miembros de la familia.
5. Debe haber *una distribución* de los quehaceres domésticos entre los miembros de la familia.
6. Las *tareas* del hogar no son las responsabilidades exclusivas de la mujer.

B. Use cada palabra, o cualquier forma apropiada de la palabra, en una frase completa.

1. asalto
2. regir
3. aumento
4. derrumbar(se)

5. impedir
6. discutir
7. carga
8. reparto

The subjunctive with impersonal expressions

The subjunctive is used after impersonal expressions such as those listed below. Compare the impersonal expression followed by an infinitive with that followed by the subjunctive.

es necesario	es probable	es (una) lástima
es preciso	es bueno	es importante
es posible	es malo	es fácil
es imposible	es mejor	es difícil

Entre muchas familias hispánicas los estudios y las carreras profesionales no son sólo para los hombres.

Es necesario **discutir** los problemas.

Es necesario **que Uds. discutan** los problemas.

Use las siguientes frases para hablar de su vida después de terminar sus estudios.

1. Es mejor que mi trabajo. . .
2. Es bueno que mis amigos. . .
3. Es posible que mi casa. . .
4. Es posible que mi novio(a) o esposo(a). . .
5. Es probable que mi novio(a) o esposo(a) y yo. . .
6. Es necesario que él o ella. . .
7. Es importante que yo. . .
8. Es una lástima que. . .

vista preliminar

Muchos cambios están ocurriendo en la sociedad y especialmente con respecto a la familia. Se ven muchos ataques contra los valores tradicionales y algunos de estos valores del pasado merecen ser cambiados. Pero al mismo tiempo hay peligros en esta transformación de la familia actual. Lo importante es que los cambios resulten en una mayor convivencia humana.

claves de comprensión

The following questions are keys to the essential information found in the reading. Study them carefully before proceeding to the reading selection.

1. ¿Cómo está cambiando la sociedad?
2. ¿Cuáles eran los valores familiares tradicionales?
3. ¿Cuáles son unas de las características de la familia no tradicional o moderna?
4. ¿Cuáles son los peligros de los nuevos valores?

pasos de lectura

Check off each item as you complete it.

_____ Read the selection aloud and mark words you are unsure of.

_____ Study the words you marked; look them up in the glossary if necessary.

_____ Review *Claves de comprensión* and read *Para comprender.*

_____ Read the selection again silently. Underline material you remember reading in *Vista preliminar, Claves de comprensión,* or *Para comprender.*

_____ Answer all exercise items, preferably in writing.

LECTURA *Familia: La crisis más profunda*

Selección de *Blanco y Negro* (revista española)

Es ya un tópico decir que el mundo asiste a una crisis de sociedad, que todo—relaciones humanas, sociales, económicas—está en proceso de revisión, que giran° los modos de pensar y de vivir y que el siglo XXI no va a parecerse en nada al XIX y en muy poco al XX.

Pero es probablemente en el mundo de la familia donde antes y más dolorosamente se registra esta sacudida°. Hasta ayer todo era dogma en este campo: que el padre trabajaba y la mujer cuidaba la casa, que los hijos no discutían a su padre, que a las diez había que estar en casa. Hoy, en cambio, todo se ha hecho discutible.

Esto suele producir un doble desgarramiento°: el de los padres que se sienten incapaces de hablar con sus hijos, que sienten que el mundo se les derrumba bajo los pies, que se creen no sólo desfasados° sino, incluso, inútiles. Y el menor desgarramiento de los jóvenes que optan por alejarse sin discutir, que construyen su vida fuera de casa y coexisten con sus padres sin «convivir» con ellos. Pero el problema es mayor cuando—como sucede hoy en España—asistimos a un asalto y a un ataque organizado, sistemático, frontal y radical a «todos» los valores familiares, a la misma familia en cuanto tal°.

¿Quién podría ya hoy dudar que muchos de los antiguos módulos° de convivencia son radicalmente inaceptables? El autoritarismo que reducía a la nada la opinión de los hijos, el machismo que impedía la realización de la mujer en toda su plenitud° humana, el absurdo reparto de cargas, responsabilidades y tareas en el seno del hogar°, la profunda ignorancia sexual que convertía la realización del amor en algo semiprohibido o sólo tolerado, estos y tantos otros fenómenos, que se presentaban como esencia de la familia cuando eran sólo su degradación, son hechos que urge° enviar al trastero° de las cosas muertas.

Bienvenida la «nueva» familia si en ella se multiplica el diálogo, la responsable liberación de los hijos y la mujer, el sentido comunitario abierto y creador. Bien llegada si de ella desaparece el autoritarismo, si la paternidad se rige por la responsabilidad y no por la pura biología, si la mujer consigue en ella la plena° igualdad de derechos, si el sexo se convierte en la forma más alta e intensa de comunicación y de amor entre seres humanos.

Pero es una lástima que el aumento de libertad de los jóvenes no esté llevando consigo una semejante crecida de responsabilidad. Es probable que no sea precisamente el diálogo lo que se multiplica en los

girar turn

sacudida jolt

desgarramiento grief, affliction

desfasados out of step

en cuanto tal as such

módulos *formas, tipos*

plenitud *abundancia*

en el seno del hogar *dentro de la casa*

urge *es urgente*
trastero trash heap

plena *completa*

hogares sino la colectiva adoración del invento televisivo. Es posible que eso que llamamos realización de todos termine siendo un simple avance del egoísmo, con el consiguiente debilitamiento° progresivo del amor familiar.

Es necesario que se reformen las leyes que rigen a la familia de hoy. Es importante que se actualice todo lo que permita unos mayores niveles de convivencia humana. Pero es mejor que no seamos tan ingenuos° o tan hipócritas como para llamar progreso a lo que reconocemos que es un forzado regreso. Es fácil que confundamos la subida a una montaña con formar parte de una civilización que «avanza progresivamente hacia atrás».

ingenuos naïve

para comprender — Lea cada frase. Escriba *sí* en el espacio si es una idea expresada en el editorial; si la idea no está expresada en la lectura escriba *no*. Puesto que la selección es un editorial de opiniones, diga si Ud. está o no está de acuerdo, explicando su respuesta.

1. Hay una crisis social en el mundo y las maneras de pensar y vivir cambian.
2. La economía y la vida social están relacionadas.
3. En el pasado era aceptado que el padre trabajaba y la mujer se encargaba de la casa.
4. En el pasado las hijas no podían salir solas; tenían que salir con un miembro de la familia u otro acompañante.
5. El problema que sufren los padres hoy en día es no sentirse necesarios y no poder comunicarse con sus hijos.
6. Otro problema que se presenta en la familia es que ambos el padre y la madre trabajan.
7. La juventud de hoy pasa su tiempo fuera de casa y no habla con los padres.
8. En el pasado el machismo consistía en conquistas sexuales y también resultaba frecuentemente en violencia.
9. En el pasado los hijos no podían expresarse, las mujeres no podían realizarse y existía una ignorancia sexual.
10. La «nueva» familia es aceptable si incluye la liberación de la mujer y de los hijos.
11. La «nueva» familia es bienvenida si la mujer puede tener el derecho de estudiar, seguir una carrera y tener menos o ningunos hijos.
12. Parece que con más libertad la juventud es menos responsable.
13. La televisión es un invento que contribuye a problemas sociales y económicos.
14. Lo que se llama «realización de todos» puede ser sencillamente un resultado de egoísmo.
15. Hay que cambiar las reglas y las ideas que gobiernan a la familia de hoy— progresando sin regresar.

Conteste las siguientes preguntas.

1. Describa la familia tradicional de los Estados Unidos.
2. ¿Cuáles son algunos cambios que ha observado Ud. en la sociedad estadounidense? ¿Está Ud. de acuerdo con estos cambios?
3. Describa las relaciones entre los padres y los hijos hispánicos. ¿Cree Ud. que es diferente en los Estados Unidos? Explique su opinión.
4. ¿Cree Ud. que este artículo describe la sociedad estadounidense también?
5. ¿Piensa Ud. que en el futuro van a ocurrir muchos cambios en la sociedad de los Estados Unidos? Nombre algunos.
6. ¿Cree Ud. que el antiguo reparto de cargos en la familia era absurdo? ¿Por qué?
7. ¿Tiene Ud. más libertad ahora que la que tuvieron sus padres? ¿más responsabilidad?
8. ¿Cómo define Ud. el progreso? ¿Piensa Ud. que hay más o menos progreso en la sociedad estadounidense que en la española o hispanoamericana? ¿Cree Ud. que la sociedad mundial está progresando o regresando? Explique.

ACTIVIDADES

Para escribir

A. The purpose of this activity is to help you develop composition skills by writing an outline. When writing an essay or commentary on something you have read, one of the keys to effective writing is to first prepare an outline that paraphrases the reading. Read the following poem, *El niño solo,* by Gabriela Mistral, a Chilean author who won the Nobel Prize in 1946. Then complete the outline which follows by paraphrasing the content of the poem. There is one Roman numeral for each of the four stanzas; the fifth Roman numeral is for your reaction to and comments on the poem. Use the outline following *El niño solo* to guide your composition on the poem.

llanto weeping
repecho hillside
lecho *cama*

Como escuchase un llanto,° me paré en el repecho°
y me acerqué a la puerta del rancho del camino.
Un niño de ojos dulces me miró desde el lecho°
¡y una ternura inmensa me embriagó como un vino!

barbecho plowed land
pezón nipple

     La madre se tardó, curvada en el barbecho;°
el niño, al despertar, buscó el pezón° de rosa
y rompió en llanto... Yo lo estreché contra el pecho,
y una canción de cuna me subió, temblorosa...

     Por la ventana abierta la luna nos miraba.
El niño ya dormía, y la canción bañaba,

resplandor splendor

como otro resplandor°, mi pecho enriquecido...

     Y cuando la mujer, trémula, abrió la puerta,

rostro *cara*
ventura *felicidad*

me vería en el rostro° tanta ventura° cierta
¡que me dejó el infante en los brazos dormido!

Gabriela Mistral, *El niño solo.*

I. La situación, la persona, el lugar
   A. La poetisa _____
   B. La poetisa _____
      1. _____ llora
      2. El niño _____
   C. La poetisa _____

II. La condición del niño

    A. _____

        1. busca el pezón de su mamá para comer

        2. no encuentra a su mamá y llora

    B. Su mamá

        1. _____

        2. _____

    C. La poetisa

        1. _____

        2. _____

III. _____

    A. La luna_____

    B. El niño_____

    C. _____

        1. es como la luna

        2. baña el pecho

    D. La poetisa _____

IV. Resolución

    A. La madre abre _____

    B. La madre ve _____

    C. La madre deja _____

V. Comentario personal

    A. El tema del poema es _____

    B. El tono del poema es _____

    C. Mi reacción es _____

B. An alternative or additional possibility for composition is to write an essay on your family which should include the following information:

1. El número de personas en la familia inmediata
2. Los que viven en casa con los padres todavía
3. Los nombres y las edades de los miembros de la familia
4. Los trabajos o las profesiones de los miembros de la familia
5. Las actividades familiares
6. Las actividades individuales o personales
7. Las actitudes de los miembros de la familia, el uno hacia el otro

Para leer

There are two purposes to this activity. First, the selection is given in columns of phrases to help you build reading speed and comprehension. Second, this is the first in a series of readings to check your progress in reading speed and comprehension. The exercise will help you read future selections in Spanish other than those found in textbooks. Since readings in periodicals and in literature do not have the benefit of vocabulary lists, glosses, grammar notes, and other reading aids, you should become accustomed to reading without them. The story included here, *Esa boca* by Mario Benedetti, has not been simplified and words are not glossed for you. Read the selection *twice* and time yourself. Do not look up any words. You will find that you can understand the principal ideas and events even though it contains words unfamiliar to you. Answer the items that follow the story and compare your speed and comprehension to the chart that follows *Prueba de comprensión*.

Su entusiasmo por el circo
se venía arrastrando
desde tiempo atrás.
Dos meses, quizá.
Pero cuando siete años
son toda la vida
y aún se ve
el mundo de los mayores
como una muchedumbre
a través de un vidrio esmerilado,
entonces dos meses representan
un largo, insondable proceso.
Sus hermanos mayores habían ido
dos o tres veces
e imitaban minuciosamente
las graciosas desgracias
de los payasos
y las contorsiones y equilibrios
de los forzudos.
También los compañeros de la escuela
lo habían visto
y se reían con grandes aspavientos
al recordar este golpe
o aquella pirueta.
Sólo que Carlos no sabía
que eran exageraciones
destinadas a él,

a él que no iba al circo
porque el padre entendía
que era muy impresionable
y podía conmoverse demasiado
ante el riesgo inútil
que corrían los trapecistas.
Sin embargo,
Carlos sentía algo
parecido a un dolor en el pecho
siempre que pensaba en los payasos.
Cada día le iba siendo más difícil
soportar su curiosidad.

    Entonces preparó la frase
y en el momento oportuno
se la dijo al padre:
«¿No habría forma de que
yo pudiese ir alguna vez al circo?».
A los siete años,
toda frase larga resulta simpática
y el padre se vio obligado
primero a sonreír,
luego a explicarse:
«No quiero que veas a los trapecistas».
En cuanto oyó esto,
Carlos se sintió verdaderamente a salvo,
porque él no tenía interés en los trapecistas.
«¿Y si me fuera cuando empieza ese número?»
«Bueno», contestó el padre, «así, sí».

    La madre compró dos entradas
y lo llevó el sábado de noche.
Apareció una mujer de malla roja
que hacía equilibrio
sobre un caballo blanco.
El esperaba a los payasos.
Aplaudieron.
Después salieron unos monos
que andaban en bicicleta,
pero él esperaba a los payasos.
Otra vez aplaudieron
y apareció un malabarista.
Carlos miraba con los ojos muy abiertos,
pero de pronto se encontró bostezando.
Aplaudieron de nuevo y salieron—

ahora sí—los payasos.
      Su interés llegó
a la máxima tensión.
Eran cuatro, dos de ellos enanos.
Uno de los grandes
hizo una cabriola,
de aquellos que imitaba
su hermano mayor.
Un enano se le metió
entre las piernas
y el payaso grande
le pegó sonoramente
en el trasero.
Casi todos los espectadores se reían
y algunos muchachitos empezaban
a festejar el chiste mímico
antes aún de que el payaso
emprendiera su gesto.
Los dos enanos se tranzaron
en la milésima versión
de una pelea absurda,
mientras el menos cómico
de los otros dos
los alentaba para que se pegasen.
Entonces el segundo payaso grande,
que era sin lugar a dudas
el más cómico,
se acercó a la baranda
que limitaba la pista,
y Carlos lo vio junto a él,
tan cerca que pudo distinguir
la boca cansada del hombre
bajo la risa pintada y fija
del payaso.
Por un instante el pobre diablo
vio aquella carita asombrada
y le sonrió,
de modo imperceptible,
con sus labios verdaderos.
Pero los otros tres
habían concluido
y el payaso más cómico
se unió a los demás

en los porrazos y saltos finales,
y todos aplaudieron,
aun la madre de Carlos.

    Y como después venían los trapecistas,
de acuerdo a lo convenido
la madre lo tomó de un brazo
y salieron a la calle.
Ahora sí había visto el circo,
como sus hermanos y los compañeros de colegio.
Sentía el pecho vacío
y no le importaba
qué iba a decir mañana.
Serían las once de la noche,
pero la madre sospechaba algo
y lo introdujo en la zona de luz
de una vidriera.
Le pasó despacito,
como si no lo creyera,
una mano por los ojos,
y después le preguntó
si estaba llorando.
El no dijo nada.
«¿Es por los trapecistas?
¿Tenías ganas de verlos?».
Ya era demasiado.
    A él no le interesaban los trapecistas.
Sólo para destruir el malentendido,
explicó que lloraba porque
los payasos no lo hacían reír.

Mario Benedetti, *Esa boca.*

**prueba de
comprensión**   Write **C** for *cierto* or **F** for *falso*. Answers are at the end of the chapter. *Do not* refer
back to the reading while answering each item—this is a test!

_____ **1.** El muchacho del cuento quiere ir al circo.
_____ **2.** El muchacho tiene mucho interés en ver a los payasos.
_____ **3.** Los hermanos y los amigos del muchacho no han visto a los payasos tampoco.
_____ **4.** El padre no quiere que su hijo vaya al circo porque el número de los trapecistas no es apropiado para un niño de su edad.

_____ 5. El padre le permite ir a ver a los payasos pero el niño tiene que salir del circo cuando empieza el número de los trapecistas.

_____ 6. Carlos, el muchacho, estaba un poco aburrido con los primeros números hasta que vio a los payasos.

_____ 7. El payaso más cómico se acercó al muchacho.

_____ 8. Este payaso tenía una cara triste bajo su risa pintada.

_____ 9. Cuando el payaso le sonrió a Carlos, era una sonrisa grande y alegre.

_____ 10. Carlos lloraba porque la risa y la alegría del payaso eran falsas.

SPEED (based on *two* readings)

Less than 10 minutes	Excellent
10–12 minutes	Good
12–15 minutes	Average
More than 15 minutes	Work needed

COMPREHENSION

10 correct items	Excellent
9	Very good
8	Good
7	Average

Para hablar

A. *Teatro:*

1. un(a) joven hispánico(a) de una familia tradicional quiere hacer los estudios universitarios en un país extranjero.

2. una estadounidense, casada con un hispano tradicional, quiere estudiar (o trabajar).

3. un(a) joven hispánico(a) moderno(a) no quiere acompañar a sus padres a una reunión o fiesta familiar.

B. *Debate:* los ancianatos—¿sí o no?

C. *Discusión:* la influencia de los padres sobre los hijos.

D. *Debate:* los cambios en la sociedad—¿progreso o regreso?

E. *Discusión:* los valores de la familia moderna comparados con los de la familia tradicional.

F. *Discusión:* El machismo—¿característica hispánica o universal?

ANSWER KEY: 1-C, 2-C, 3-F, 4-C, 5-C, 6-C, 7-C, 8-C, 9-F, 10-C

TERCERA PARTE

Valores y actitudes de los hispanos

CAPITULO
SEIS   *Actitudes hacia el tiempo y el trabajo*

PRIMER
PASO

Para preparar la lectura

_____ Estudie *Vocabulario temático.*

_____ Haga los ejercicios de *Estudio de palabras.*

_____ Lea *Sugerencia.*

_____ Lea *Vista preliminar.*

_____ Estudie *Claves de comprensión.*

**vocabulario
temático**   Estudie las siguientes palabras.

ahora, ahorita now, soon, later
cita date, appointment
después, más tarde, luego later
entre semana during the week
el fin de semana the weekend
horario schedule
jornada workday
mañana tomorrow
ocho días one week
pasado mañana day after
  tomorrow
quince días two weeks

la semana (mes, año) que viene
  next week (month, year)
la semana (mes, año) que entra
  next week (month, year)
la semana (mes, año) entrante
  next week (month, year)
tardío, -a late, long
tardar, demorar to delay, take time
un rato a while
valores values
ya already, now, soon

The phrase for asking the time most commonly given in Spanish textbooks is
«¿*Qué hora es?*». However, Hispanics use a variety of forms for asking the time;
you should familiarize yourself with them. The word to listen for is *hora*:

¿Qué **horas** son?
¿Me da(s) la **hora,** por favor?
¿Tiene(s) la **hora?** ¿Qué **hora(s)** tiene(s)?
¿Me puede(s) decir la **hora?**

Haga los siguientes ejercicios.

A. Complete el siguiente patrón con la forma española de las palabras inglesas, siguiendo los modelos. Tenga cuidado con los siguientes cambios: y→*i*; ph→*f*; th→*t*; ch→*c*. Ponga el acento (´) en la tercera sílaba del final de la palabra. Fíjese que en algunos casos en español, una sola forma expresa ambos el adjetivo y el sustantivo.

Modelos -cal→ -co: classical→ *clásico*
clinical→ *clínico*

1. cynical   (cynic)
2. economical
3. historical
4. logical
5. mathematical (mathematician)
6. mechanical   (mechanic)
7. medical   (physician)

8. musical   (musician)
9. periodical
10. physical   (physicist)
11. political   (politician)
12. practical
13. technical   (technician)
14. typical

B. Complete el siguiente patrón con los verbos y adjetivos españoles apropiados, siguiendo el modelo.

Modelo abundar→ *abundante*

1. degradar   _____
2. _____   emocionante
3. importar   _____
4. _____   impresionante
5. insultar   _____
6. _____   interesante
7. irritar   _____

8. _____   palpitante
9. refrescar _____
10. _____   repugnante
11. sofocar   _____
12. _____   tolerante
13. triunfar _____
· 14. _____   vigilante

When you encounter fairly long, complex sentences, break them down into phrases and study each part carefully. Due to the nature of Spanish syntax, you may also need to rearrange certain complex sentences, at least mentally if not in writing. Look for the subject and adjectives, verb(s) and adverbs or adverbial clauses, and complement(s). In more complex sentences, it may help to look for answers to the questions *who, what, how, to whom,* and perhaps *why.*

Lea primero todas las frases en letra itálica en la lectura. Estas frases contienen la idea principal de cada párrafo. Trate de comprenderlas antes de empezar a leer toda la selección.

The following questions are keys to the essential information found in the reading. Study them carefully before proceeding to the reading selection.

1. ¿Cuáles son algunas causas de los estereotipos negativos en cuanto a la cultura
   hispánica? Describa el concepto hispánico del tiempo.
2. ¿Cuáles son algunos valores importantes de la cultura hispánica?
3. ¿Cuáles son algunos ejemplos de una demora en el mundo hispánico?
4. ¿Cuál es la reacción típica de un hispano que tiene que hacer cola?
5. ¿Cómo es la vida social entre los hispanos?
6. Explique la actitud de ambos los estadounidenses y los hispanos hacia el
   trabajo.

Check off each item as you complete it.

_____ Read the selection aloud and mark words you are unsure of.

_____ Study the words you marked; look them up in the glossary if necessary.

_____ Review *Claves de comprensión* and read *Para comprender*.

_____ Read the selection again silently. Underline material you remember reading in
Claves de comprensión and *Para comprender*.

_____ Answer all exercise items, preferably in writing.

LECTURA *Conceptos del tiempo*
y del trabajo

*La actitud hacia el tiempo es muy diferente entre los estadounidenses y los
hispanos.* Esta diferencia ha contribuído a muchos conceptos erróneos y
estereotipos negativos en cuanto a la cultura hispana. Lo que le parece a
pereza laziness   un estadounidense ser pereza° por parte de los hispanos es una
equivocación debida a dos cosas: una actitud diferente del tiempo, y una
escala de valores distinta a la de los estadounidenses. *Para el hispano los*

factores individuales, personales y humanos tienen más importancia que la productividad, la eficiencia y la mecanización del ser humano.

La noción hispánica de *mañana* es famosa. La actitud relajada del tiempo viene de la tradición medieval y católica de la temporalidad de la vida. *El tiempo es fluído y temporal en lugar de preciso como lo es para los estadounidenses* que dividen el tiempo en períodos específicos de minutos, cuartos de hora y horas. Las divisiones hispánicas del tiempo son menos específicas y se usan palabras como *mañana*, *después* y *más tarde*. La palabra *ahora* puede significar *más tarde* y la palabra *ya*, que puede indicar *already*, se usa más frecuentemente para expresar *dentro de un rato*. Hay toda una serie de tales términos imprecisos: *ahora, ahora mismo, ahorita, ahorita mismo, ya* y *ya mismo*. ¡Y cada palabra puede indicar desde cinco minutos hasta una hora o más!

Generalmente no le importa al hispano si una demora es larga o corta. Esperar un día es igual a esperar una semana; algo que se tarda un mes es igual a algo que se tarda un año. Períodos de tiempo que le parecen largos al estadounidense no molestan° al hispano. Por lo general, el hispano es paciente en viajes largos e incómodos en trenes y buses. No se impacienta haciendo cola—una ocurrencia común en el mundo hispánico—para algún negocio en el banco, para comprar un boleto, para entrar al cine, para pagar la matrícula de la universidad. Al contrario, hacer cola es igual a «hacer algo», no es «perder el tiempo». Hacer cola da la oportunidad de mirar a la gente—una actividad favorita—y de hablar con amigos—otra actividad preferida.

Esperar algo que puede demorar mucho es parte de la rutina de vida del hispano. Es común encontrar a parejas° de treinta años o mayores que han esperado largos años antes de casarse, generalmente por razones económicas. Puesto que la admisión a la universidad es más selectiva y existe mucha competencia, muchos hispanos esperan meses y hasta años para poder entrar a hacer estudios universitarios. La escasez de teléfonos en muchos países hispánicos quiere decir que frecuentemente se espera meses para tener un teléfono en casa. Y en las ciudades con mucha población se ven colas° largas esperando turno para usar el teléfono público. Como los funcionarios públicos también tienen un sentido relajado del tiempo, es común ver a una persona esperando mucho tiempo para recibir su pasaporte u otro documento importante. Un hispano se sienta tranquilamente en un café o bar esperando al amigo, aun cuando éste llegue una hora después de la hora citada.

Pero hay casos de precisión y exactitud en el tiempo hispánico debido a la vida moderna y la tecnológica. Los horarios de programas de televisión y de radio del mundo hispánico son exactos. En España y en la mayoría de los países hispanoamericanos los medios de transporte—como los aviones, los trenes y los buses—mantienen salidas y llegadas más o menos

molestan bother

parejas couples

colas lines

exactas. Pero en algunos países hispanoamericanos hay excepciones y no sería extraño encontrar el tren o el autobús saliendo treinta minutos después de la hora indicada—¡o no sale!

Es importante comprender el concepto hispánico del tiempo en el nivel social. Cuando un hispano le invita a una persona a una fiesta le dirá una hora para el comienzo de la festividad. Pero va sin decir que empieza más o menos una hora después de la hora señalada. Si llega a tiempo, o sea, a la hora mencionada, ¡encontrará a las personas en medio de los preparativos para la fiesta y todos se sentirán algo incómodos! Si quieren que un invitado llegue a tiempo dirán «en punto» u «hora americana». Los hispanos no se rigen por algo tan mecánico y poco humano como un reloj. Algunos, sobre todo los pobres, no llevan reloj. Y para los campesinos e indios de Hispanoamérica el tiempo se mide° en día y noche, no en minutos y horas.

se mide is measured

El hispano casi siempre tiene tiempo para sus amigos y su vida social. Sus momentos de ocio° son importantes. La famosa siesta por la tarde es una tradición sagrada. Pero hoy en día hay pocos que de veras duermen la siesta. En la mayoría de los casos aprovechan la oportunidad cuando sus tiendas y oficinas están cerradas para pasar el tiempo con la familia, con los amigos tomando café o vino en un bar, o con algún pasatiempo o interés personal. El tiempo que da el hispano a su ocio, a sus intereses personales, a su familia o a sus amigos no es solamente el fin de semana; el hispano tiene una vida social muy activa entre semana también. Contrasta con los estadounidenses que esperan ansiosamente el fin de semana (diciendo, los viernes, *"T.G.I.F."*) para tener una vida social.

ocio leisure

La relación entre el tiempo y el trabajo es el aspecto que posiblemente le da al observador la impresión de que el hispano es perezoso. Esta es precisamente la impresión que lleva un francés al salir de España después de un período largo y desesperante.° Larra describe las aventuras del francés en la siguiente selección, *Vuelva usted mañana.* Y esa impresión no es nada nueva, pues ¡Larra la escribió hace 150 años! *Tal impresión, un tanto exagerada, tiene su base en las diferencias en los conceptos del tiempo y en las escalas de valores distintas.*

desesperante frustrating

Se dice que el estadounidense vive para trabajar mientras el hispano trabaja para vivir. Es decir, el estadounidense trabaja porque es su gusto o quizás su costumbre. Es común oír «No tengo nada que hacer. Me voy a volver loco». Trabajar, si es necesario o no, es una tradición sagrada. En cambio, un hispano trabaja porque *tiene que* trabajar; es una necesidad. El hispano trabaja y cumple lo que tiene que hacer, pero no a expensas de factores sociales o personales imprevistos. Por ejemplo, el matrimonio, la muerte o la visita de un pariente o amigo tiene preferencia sobre el trabajo y las citas profesionales. Claro que estas cosas afectan al estadounidense también pero con la diferencia de que éste no

Aun cuando trabajan, los hispanos casi siempre tienen tiempo para sus amigos y su vida social.

quiere perder ni un minuto de trabajo. ¡¡Cuantas parejas de novios en los Estados Unidos se casan entre semana antes de las cinco de la tarde!?

Para el hispano, el trabajo y el período de descanso son dos aspectos del mismo proceso, la misma actividad. Para comparar esta actitud con la del estadounidense, supongamos° que una persona pasa por el lugar de empleo de un trabajador y lo encuentra sentado, fumando un cigarrillo. Le pregunta, *"What are you doing?"*. El estadounidense responde, *"Just taking it easy—I'm on break."* Pero el hispano responde, «Estoy trabajando.».

El hispano llegará al trabajo o a una cita a tiempo, a menos que se encuentre con un pariente o un amigo en el camino. En este caso es más importante tomar una bebida y charlar que llegar a tiempo. *Las relaciones personales son más importantes que el trabajo.* Una amistad no se pone en segundo lugar. El hispano no quiere ser tan mecanizado como es necesario para trabajar con eficiencia y productividad. No quiere ser tan regimentado y controlado como el estadounidense que tiene períodos específicos de descanso: diez o quince minutos, ni más ni menos, y siempre a la misma

supongamos let's suppose

hora cada día. Para el hispano, eso es equivalente a ser máquina y no humano. En el mundo hispánico, las relaciones con parientes o con amigos tienen más valor que un reloj de oro y un «gracias» después de treinta o cuarenta años de servicio leal, puntual y mecanizado. En fin, son sistemas de valores distintos. Ambos tienen su lugar y su importancia. ¿Quién puede decir cuál es mejor?

para *comprender* Complete las siguientes frases con las palabras apropiadas.

1. Las diferencias entre el concepto hispánico del tiempo y el concepto estadounidense han contribuído a _____ .
2. El tiempo para el hispano es _____ en vez de preciso.
3. _____ no molestan a los hispanos tanto como a los estadounidenses.
4. Lo que hay de preciso en el tiempo hispano es gracias a _____ .
5. Los hispanos no se gobiernan por algo _____ un reloj.
6. Muchas veces el hispano usa el tiempo de la siesta para _____ .
7. La vida social del hispano no ocurre solamente _____ ; tiene una vida social muy activa _____ también.
8. Generalmente, el _____ trabaja porque es necesario para ganarse la vida.
9. Para el hispano _____ son más importantes que el trabajo.

para *conversar* Conteste las siguientes preguntas.

1. ¿Había pensado Ud. que los hispanos eran, por lo general, perezosos? ¿Qué piensa ahora?
2. ¿Es su actitud hacia el tiempo como la del estadounidense o como la del hispano?
3. ¿Le molesta a Ud. un viaje largo? ¿Se pone impaciente esperando mucho tiempo en una cola larga?
4. ¿Lleva Ud. reloj? ¿Cuántos relojes hay en su casa?
5. ¿Tiene Ud. una vida social entre semana o solamente el fin de semana?
6. ¿Si tuviera Ud. un millón de dólares, dejaría de trabajar? ¿Le gusta trabajar? ¿Por qué?
7. ¿En su opinión, cuál es más importante?—trabajar mucho para ganar más dinero que lo necesario, o trabajar solamente lo suficiente para tener tiempo libre pero poco dinero.
8. ¿Qué le gusta hacer durante su tiempo libre?

SEGUNDO PASO

Para preparar la lectura

_____ Estudie el vocabulario y haga los ejercicios de *Palabras y práctica*.

_____ Estudie la estructura y haga el ejercicio de *Estructuras y práctica*.

_____ Lea *Vista preliminar*.

_____ Estudie *Claves de comprensión*.

palabras y práctica   Vocabulario para la *Lectura*

de hecho in fact
desventaja disadvantage
disminuir (y) to diminish
en principio in theory, principle
encender (ie) to turn on
equivocarse to be mistaken
espectáculo show, performance
grave *(adj.)* serious
parecer (zc) to seem

quedarse to remain
recorrer to travel
sabiamente wisely
tardío, -a late, slow
temblar (ie) to tremble
tener ganas de to feel like
tener en cuenta to take into account

A. Complete cada frase con la(s) palabra(s) apropiada(s) de la lista de palabras.

1. Una _____ de este trabajo es que no hay períodos de descanso.
2. Parece que el accidente no es tan _____ como pensábamos.
3. Carla piensa que el espectáculo es aburrido pero a mí me _____ interesante.
4. Parece que va a llover si yo no _____.
5. Tu idea es buena _____ pero _____ no sirve.
6. Este carro es económico porque _____ muchas millas con poca gasolina.
7. Yo no _____ salir esta noche porque estoy cansada.
8. Vamos al Teatro Colón para ver _____.
9. No puedo _____ la luz; no debe haber corriente.
10. Nuestro amigo no nos acompaña porque prefiere _____ aquí en casa.

B. Use Ud. cada palabra, en cualquiera forma apropiada, en una frase completa y original.

1. tardío
2. equivocarse
3. temblar
4. sabiamente

5. grave
6. quedarse
7. tener ganas de
8. tener en cuenta

The impersonal *se* for passive voice

You will notice that in the following reading, *Análisis de los Estados Unidos*, the impersonal reflexive construction (for example, *se pierde el tiempo*) is used frequently. Spanish speakers often replace the true passive (*ser* + past participle) with the *se* construction. The English equivalent would include some form of the verb *to be*.

Se pierde el tiempo.
Se ha señalado que el día
español es largo y tardío.

Time **is lost.**
It **has been pointed out** that
the Spanish day is long and slow.

Su amigo hispánico le cuenta de la vida en su país. Use Ud. la expresión con *se* para indicar si lo mismo se aplica o no a los Estados Unidos. Siga el modelo.

Modelo El almuerzo **es servido** a las dos y media.
*Aquí **se sirve** el almuerzo a las doce.*

1. No pensamos que hacer cola es una pérdida de tiempo.
2. La mañana es extendida hasta las dos de la tarde.
3. El día es terminado a las diez o a las once de la noche.
4. Usamos el tiempo de la siesta para muchas actividades.
5. Visitamos a la familia con frecuencia.
6. La corrida de toros ha sido presentada por mucho tiempo.
7. Es entendido que los amigos son más importantes que el trabajo.
8. Ha sido señalado que el tiempo hispánico es fluído.

*vista
preliminar* El americano de cualquier profesión consigue un nivel de vida bastante alto y, además, tiene horas libres. Sin embargo, el americano es un *commuter* que pierde mucho tiempo libre en el camino entre la casa y el trabajo. El americano termina su día con la cena a las seis pero el día del español tarda hasta las diez cuando cena. El horario español, aunque parece absurdo, tiene sus ventajas.

Durante las horas de trabajo, la gente de negocio hispánica no corre locamente de un lugar a otro dándose úlceras y problemas de corazón.

claves de comprensión

The following questions are keys to the essential information found in the reading. Study them carefully before proceeding to the reading selection.

1. ¿Qué permite la maravillosa productividad de los Estados Unidos?
2. ¿Cómo y dónde pierde el americano el tiempo libre?
3. ¿Qué diferencias hay entre el horario español y el horario americano?
4. ¿Qué hace el americano después de terminar su trabajo?
5. ¿Qué hace el español por la noche antes de cenar?

pasos de lectura

Check off each item as you complete it.

_____ Read the selection aloud and mark words you are unsure of.

_____ Study the words you marked; look them up in the glossary if necessary.

_____ Review *Claves de comprensión* and read *Para comprender*.

_____ Read the selection again silently. Underline material you remember reading in *Vista preliminar*, *Claves de comprensión* and *Para comprender*.

_____ Answer all exercise items, preferably in writing.

LECTURA Selección de *Análisis de los Estados Unidos*

por JULIAN MARIAS

Marías (1914-   ), filósofo de mucha fama, ha escrito numerosos libros de ensayos analizando varios aspectos de la vida y de la cultura. Por su perspectiva personal, ha escrito sobre la cultura de España, la cultura de los Estados Unidos y sobre otros temas.

En cuanto al tiempo, la maravillosa productividad de los Estados Unidos ha permitido que las horas de trabajo disminuyan mucho. El americano de cualquier profesión, con un día de trabajo corto, por lo general

inferior a *menos de*

inferior a° las cuarenta horas por semana, consigue un nivel de vida más alto que en ningún otro país, y con él mayores posibilidades no sólo económicas, sino en general vitales. Pero hay una desventaja: el tiempo de nadie o *no man's time*, el tiempo que se pierde en el camino entre la casa y el trabajo, en esperar los vehículos públicos, en estacionar el coche propio, en esperar la luz verde del tráfico, es una considerable porción del día. Casi todos los americanos son *commuters*, y esto disminuye mucho el tiempo libre, el tiempo propio y personal, el de la holgura o *leisure*, que la admirable organización del trabajo parecía asegurar.

Por otra parte, el horario americano tiene consecuencias más graves de lo que podría esperarse de cosa aparentemente tan trivial. El español está en el extremo opuesto. Se ha señalado que el horario español, tan increíblemente tardío, con un almuerzo a las dos y media o tres de la

perturbaciones inconveniences

tarde y una cena entre las diez y las once, trae no pocas perturbaciones°,

El tiempo y el trabajo   **153**

entre ellas que las horas de trabajo, largamente interrumpidas, se prolongan durante casi todo el día. Pero cada vez me parece más interesante, y más favorable a la felicidad de la vida diaria, esa «mañana» española que llega hasta las dos, y esa interminable «tarde» que se extiende hasta las diez de la noche, y que deja tiempo libre para tanta conversación u otras ocupaciones agradables.

Pero hay en el horario americano, si no me equivoco, una falacia. En principio, se termina de trabajar a las cinco y se cena a las seis o seis y media; se entiende que no termina entonces el día, sino que empieza el tiempo libre o «propio». Después de la comida se hace lo que se *quiere* hacer, no lo que *hay que* hacer. Pero de hecho no occure así. El americano, al salir de su trabajo, busca su coche donde está estacionado, conduce largo rato, por carreteras de intenso tráfico, hasta llegar a casa; o va a la estación, toma el tren suburbano, recorre muchas millas, encuentra su coche en la población o la urbanización donde vive y llega por fin a casa. Toma quizá un *whiskey* o un *cocktail*, cena y... descubre que está cansado. No tiene ganas de volver al automóvil, volver a conducir largo rato por la carretera, hasta el espectáculo, el concierto o la casa de los amigos; y termina por encender la televisión y quedarse en casa. El día, que en principio no termina con la cena, de hecho con ella acaba; la diferencia está en que, en lugar de terminar, como entre nosotros, a las diez o diez y media, termina a las seis. Si se miran bien

inesperadamente
unexpectedly

debilidades weaknesses

las cosas, resulta que el absurdo horario español es inesperadamente°
realista y tiene en cuenta sabiamente las debilidades° de la condición
humana. La experiencia de la vida me hace temblar cuando pienso que
en España podamos volvernos razonables y «europeizar» o americanizar
nuestro horario.

para comprender Complete cada frase con las palabras apropiadas según la lectura.

1. El americano, según Marías,
   A. trabaja de un modo inferior.
   B. obtiene una escala de vida alta.
   C. es económico y vital.

2. Una desventaja para el americano es que gasta tiempo
   A. yendo al trabajo y volviendo a su casa.
   B. esperando al público en la estación.
   C. mirando el tráfico.

3. El horario americano y el horario español
   A. son iguales.
   B. son más o menos lo mismo.
   C. son muy diferentes.

4. En España se toma el almuerzo
   A. dos veces al día.
   B. entre las diez y las once.
   C. a las dos y media o tres de la tarde.

5. La «mañana» española
   A. va hasta las dos de la tarde.
   B. no existe.
   C. es muy corta.

6. Una mañana y una tarde tan largas en España son favorables
   A. para la gente perezosa.
   B. para una charla u otra actividad agradable.
   C. para tanta conversación interminable e incoherente.

7. El americano después de trabajar
   A. conduce el carro, sale del trabajo y toma una cerveza.
   B. va a su casa, toma la cena y vuelve al automóvil.
   C. va a su carro, conduce mucho tiempo hasta llegar a casa y toma la cena.

El tiempo y el trabajo **155**

8. El día americano acaba, de hecho, con la cena porque el americano

    A. enciende la televisión y la casa.

    B. se siente exhausto y prefiere quedarse en casa.

    C. no sabe conducir su carro por la carretera.

9. En el contexto de la lectura, la referencia a «las debilidades de la condición humana» quiere decir que

    A. las personas son débiles.

    B. el humano no está en buenas condiciones.

    C. al hombre le gustan sus horas de ocio para conversar, estar con familia y amigos, etc.

para
conversar   Conteste las siguientes preguntas.

1. ¿Qué le ha dado al americano tanto «tiempo libre», y un alto nivel de vida?

2. ¿Qué le quita al americano una parte de su tiempo libre?

3. Describa el día español y el día americano.

4. ¿Por qué le parece a Marías más favorable el día español?

5. ¿En qué consiste la falacia o equivocación en cuanto al horario americano con su supuesto «tiempo libre»?

6. ¿Qué piensa Ud. de la productividad americana? En su opinión, ¿cuáles son los resultados de esa productividad?

7. ¿Cuánto tiempo gasta Ud. en viajar al trabajo y a la universidad?

8. Describa su día, dando su horario de actividades.

9. ¿Está de acuerdo con Marías cuando dice que el horario español es realista? Explique su respuesta.

10. ¿Cree Ud. que le gustaría el día español o prefiere el día americano?

11. ¿Es verdad que el día americano termina después de la cena?

TERCER PASO

Para preparar la lectura

_____ Estudie el vocabulario y haga los ejercicios de *Palabras y práctica*.

_____ Estudie la estructura y haga el ejercicio de *Estructuras y práctica*.

_____ Lea *Vista preliminar*.

_____ Estudie *Claves de comprensión*.

palabras y práctica **Vocabulario para la *Lectura***

amo master, employer, head of a household
apellido last name
asombrar to astonish
asuntos personal or business affairs
averiguar to find out
carcajada guffaw, loud laugh
convenir (ie, i) to suit, be convenient
el crucigrama crossword puzzle
éxito success

ignorar to not know
invertir (ie) to invest
negar (ie) to deny
ni siquiera not even
preciso necessary
prueba proof
sobrar to be left over
la solicitud application, petition, request
único, -a only

A. Escoja la forma correcta de la palabra entre paréntesis en cada frase.

1. Jandro pidió un aumento de sueldo pero su solicitud fue *(innegable / negada / niega)* y por eso empezó a buscar otro puesto.
2. Debemos volver a casa porque no es *(convenido / conviene / conveniente)* estar en la calle a estas horas.
3. El policía miró el encontronazo de los cuatro carros con *(asombrando / asombro / asombrado)*.
4. Antes de darle su herencia tenemos que hacer ciertas *(averiguaciones / averiguado / averiguar)* sobre su apellido.
5. No podemos admitir su *(solicitante / solicitud / solicitado)* porque falta una firma.

B. Escoja la respuesta más lógica para cada frase.

1. El señor se rie a carcajadas.

   A. Se murió su perro.
   B. Oyó u vió algo muy cómico.
   C. Tuvo que ir al dentista.

2. ¡Rápido! Es preciso correr para llegar a tiempo.

   A. La persona va a llegar tarde.
   B. El ejercicio es bueno.
   C. Hay que hacer las cosas con precisión y exactitud.

3. Puedo pagar la cuenta. Me sobran diez pesos.

   A. No tiene suficiente dinero para pagar.
   B. No está borracho porque le faltan diez pesos.
   C. Tiene diez pesos después de pagar la cuenta.

4. Mi amigo se asombró al ver árboles en el desierto.

   A. Le gusta la sombra de los árboles.
   B. Estuvo muy sorprendido.
   C. Le gusta comer algo dulce después de la cena.

5. Te conoce pero no sabe tu apellido.

   A. No sabe tu nombre de familia.
   B. No sabe en qué trabajas.
   C. No sabe dónde te conoció.

6. Los estudiantes tienen mucho éxito en esta clase.

   A. La clase tiene varias puertas.
   B. Van muy bien en la clase.
   C. Los estudiantes saben donde están las salidas.

7. Tu solicitud está negada.

   A. La petición no está aceptada.
   B. No se puede solicitar aquí.
   C. La aplicación está admitida.

8. No encuentro el crucigrama en el periódico.

   A. Busca el periódico.
   B. No hay diagramas en el periódico.
   C. Quiere entretenerse un poco.

C. Conteste cada pregunta, usando la palabra entre paréntesis en su respuesta.

1. ¿Por qué vas al banco? *(asuntos)*
2. ¿Por qué no mandas un cheque en lugar de ir personalmente? *(convenir)*

3. ¿Cuánto dinero le queda en el banco? *(ni siquiera)*
4. ¿Puedo hablar con el dueño de la casa? *(amo)*
5. ¿Puedes probar que hablas bien el español? *(prueba)*
6. ¿Cómo podemos saber dónde vive un amigo? *(averiguar)*
7. ¿Sabes dónde está Chichén Itzá? *(ignorar)*
8. ¿Qué vas a hacer con ese dinero? *(invertir)*
9. ¿Cómo te resultó tu primera presentación oral en clase? *(éxito)*
10. ¿Por qué no me prestas ese libro? *(único)*
11. ¿Por qué estudias tanto? *(preciso)*

Sólo en los pueblos y en muchas ciudades provinciales cierran los negocios para el almuerzo.

The imperfect subjunctive

A. The imperfect subjunctive is formed by adding the endings shown below to the *ellos* form of the preterite minus the *-ron*:

	HABLAR	**COMER**	**VIVIR**
ellos form of the preterite	*habla*ron	*comie*ron	*vivie*ron
	habla**ra**	comie**ra**	vivie**ra**
	habla**ras**	comie**ras**	vivie**ras**
	habla**ra**	comie**ra**	vivie**ra**
	hablá**ramos**	comié**ramos**	vivié**ramos**
	habla**rais**	comie**rais**	vivie**rais**
	habla**ran**	comie**ran**	vivie**ran**

Note: placement of the accent (´) on the *nosotros* form.

Verbs which have an irregular stem in the preterite will also have the same irregular form in the imperfect subjunctive. Some of the more common verbs of this type are:

INFINITIVE	**PRETERITE**	**IMPERFECT SUBJUNCTIVE**
ir	**fu**eron	**fu**era
ser	**fu**eron	**fu**era
hacer	**hic**ieron	**hic**iera
querer	**quis**ieron	**quis**iera
venir	**vin**ieron	**vin**iera
tener	**tuv**ieron	**tuv**iera
estar	**estuv**ieron	**estuv**iera
haber	**hub**ieron	**hub**iera
poder	**pud**ieron	**pud**iera
poner	**pus**ieron	**pus**iera
saber	**sup**ieron	**sup**iera
dormir	**durm**ieron	**durm**iera
servir	**sirv**ieron	**sirv**iera
decir	**dij**eron	**dij**era
conducir	**conduj**eron	**conduj**era

B. The imperfect subjunctive is generally used after the same subjunctive cues as the present subjunctive when these cues are in the preterite, imperfect, or conditional tenses.

Insistieron en que yo **viniera** a la fiesta.
Queríamos que tú **condujeras** el coche.
Sería importante que nosotros **pidiéramos** la solicitud pronto.

The imperfect subjunctive is also used in *si* clauses with the conditional tense. Note that no change of subject is necessary in these uses.

Si **tuvieran** Uds. dinero, ¿**irían** a Madrid?

Complete cada frase con la forma apropiada del subjuntivo o con el infinitivo del verbo entre paréntesis.

1. Tú me dijiste que yo te _____ en español, ¿verdad? *(escribir)*
2. Sí, yo quería que nosotros _____ el idioma. *(practicar)*
3. Bueno, ¿esperaríamos que nuestros amigos nos _____ en español también? *(hablar)*
4. Pues, mis amigos querían _____ con personas de habla española. *(conversar)*
5. Ud. insistió en que yo _____ el viaje con Uds. *(hacer)*
6. Sí, a Mercedes y a mí nos gustaría que tú _____ el coche. *(conducir)*
7. Tú le pediste a Carlos que _____ también, ¿cierto? *(venir)*
8. Si Uds. _____ el tiempo, podrían acompañarnos. *(tener)*
9. Ayer dudé que nosotros _____ ir pero hoy creo que sí. *(poder)*
10. Las profesoras irían también si _____ de vacaciones. *(estar)*
11. El extranjero esperaba _____ su dinero en algún negocio en España. *(invertir)*
12. Sería necesario que nosotros _____ el costo exacto. *(saber)*
13. Yo estaba alegre de que tú no _____ tanto durante el viaje. *(dormir)*
14. Ella preferiría que yo le _____ la hora exacta de la cita. *(decir)*
15. Sería importante _____ ese punto de vista. *(comprender)*

vista
preliminar Una característica del estilo de Larra, el autor de la siguiente *Lectura*, es su uso de la ironía. La ironía expresa un sentido contrario a lo que dice. Por ejemplo, al hablar de la falta de formalidad y exactitud entre los españoles, Larra dice, «¡Qué formalidad y qué exactitud!» Otro ejemplo es que dice que un extranjero visitando España volvió a su país llevando «noticias excelentes de nuestras costumbres», cuando en realidad el extranjero salió de España con una impresión negativa.

Un día un extranjero llega a la casa del autor. Este hombre viene de Francia para arreglar asuntos de familia. También tiene planes de invertir mucho dinero en proyectos comerciales. El espera hacer todo esto en unos quince días. Creyendo que resolverá sus asuntos en poco tiempo, él hace planes para cada día. El autor trata de explicarle que no podrá arreglar sus asuntos tan rápidamente, pero el extranjero no lo cree. Primero, va a hablar con un genealogista sobre el asunto de su familia, pero tiene que regresar muchas veces porque siempre le dicen, «Vuelva usted mañana». Después, busca un traductor y también tiene que volver muchas veces antes de verlo. Y así pasa con todos los españoles con quienes quiere hablar de sus asuntos. Aun le es muy difícil ver los sitios turísticos. Por fin, el extranjero vuelve a su país maldiciendo de España y sus costumbres.

claves de comprensión The following questions are keys to the essential information found in the reading. Study them carefully before proceeding to the reading selection.

1. ¿Por qué vino el extranjero a España?
2. ¿Cuánto tiempo pensaba quedarse en España? ¿Por qué pensaba así?
3. ¿Por qué buscaba un genealogista?
4. ¿Qué pasó cuando trató de ver al genealogista?
5. ¿Cómo le trataban sus conocidos y amigos?
6. ¿Qué ocurrió con el oficial? Describa el tono de Larra cuando relata este incidente.
7. ¿Cuál es el resultado de la solicitud de monsieur Sans-délai?
8. ¿Qué pasó cuando el francés intentó ver los sitios turísticos de Madrid?
9. ¿Qué hizo el monsieur Sans-délai al fin?

pasos de lectura Check off each item as you complete it.

_____ Read the selection aloud and mark words you are unsure of.

_____ Study the words you marked; look them up in the glossary if necessary.

_____ Review *Claves de comprensión* and read *Para comprender*.

_____ Read the selection again silently. Underline material you remember reading in *Vista preliminar*, *Claves de comprensión*, and *Para comprender*.

_____ Answer all exercise items, preferably in writing.

LECTURA *Vuelva usted mañana*

por MARIANO JOSE DE LARRA

Larra (1809-1837), autor español, escribió muchos artículos de costumbres sobre la cultura de España en el siglo XIX. Los artículos de costumbres son observaciones y opiniones como los ensayos, pero son escritos con humor, sátira, ironía y una buena porción de exageración.

han de *van a*

No hace muchos días se presentó en mi casa un extranjero de estos que, en buena o en mala parte, han de° tener siempre de nuestro país una idea exagerada e hiperbólica. Pero, si entre nosotros hay muchos que ignoran los verdaderos motivos que nos mueven, no tendremos derecho° para estar sorprendidos que los extranjeros no puedan entenderlos tan fácilmente.

derecho the right

provisto de supplied with

El extranjero se presentó en mi casa, provisto de° competentes cartas de recomendación. Asuntos intrincados de familia, reclamaciones futuras, y aun proyectos vastos de invertir aquí mucho dinero en tal cual especulación industrial o mercantil, eran los motivos que a nuestra patria le traían.

Acostumbrado a la actividad en que viven nuestros vecinos, me aseguró formalmente que pensaba quedar aquí muy poco tiempo, sobre todo si no econtraba pronto objeto seguro en que invertir su capital. Me pareció el extranjero digno° de alguna consideración, trabé presto amistad con él,° y lleno de lástima traté de persuadirle a que se volviese a su casa pronto, a menos que su único propósito fuera el de pasearse. Le sorprendió la proposición, y fue preciso explicarme más claro.

digno worthy
trabé presto amistad con él I quickly became friends with him

—Mire—le dije— monsieur Sans-délai*—que así se llamaba—; usted viene decidido a pasar quince días, y a resolver en ellos sus asuntos.

—Ciertamente—me contestó—. Quince días, y es mucho. Mañana por la mañana buscamos un genealogista para mis asuntos de familia; por la tarde revuelve sus libros, busca mis ascendientes,° y por la noche ya sé quién soy. En cuanto a mis reclamaciones, pasado mañana las presento fundadas en los datos que aquél me dé, legalizadas en debida forma: y como será una cosa clara y de justicia innegable° al tercer día se juzga el caso y soy dueño de lo mío. En cuanto a mis especulaciones, en que pienso invertir mi dinero, al cuarto día ya habré presentado mis proposiciones. Serán buenas o malas, y admitidas o negadas inmediatamente, y son cinco días; en el sexto, sépitmo y octavo, veo lo

ascendientes ancestors

innegable undeniable

* Monsieur Sans-délai—French expression meaning Mr. Without Delay

que hay que ver en Madrid; descanso el noveno; el décimo si no me conviene estar más tiempo aquí me vuelvo a mi casa; me sobran cinco de los quince días.

reprimir to stifle

Al decir esto monsieur Sans-délai, traté de reprimir° una carcajada y si mi educación logró sofocar mi inoportuna jovialidad, no fue bastante a impedir que se llegase a mis labios una suave sonrisa de asombro y de lástima.

—Permítame, monsieur Sans-délai—le dije entre socarrón y formal°—permítame que le invite a comer para el día en que lleve quince meses de estancia en Madrid.

entre socarrón y formal half mockingly and half seriously

—¿Cómo?

—Dentro de quince meses está aquí todavía.

—¿Se burla?°

¿Se burla? are you making fun?

—No, por cierto.

—¿No me podré marchar cuando quiera? ¡Cierto que la idea es graciosa!°

graciosa charming

—Usted no está en su país activo y trabajador.

—¡Oh! Los españoles que han viajado por el extranjero han adquirido la costumbre de hablar mal siempre de su país por hacerse superiores a sus compatriotas.

—Le aseguro que en los quince días con que cuenta no habrá podido hablar ni siquiera a una sola de las personas cuya cooperación necesita.

—¡Hipérboles! Yo les comunicaré a todos mi actividad.

—Todos le comunicarán su inercia.

Conocí que no estaba el señor de Sans-délai muy dispuesto a dejarse convencer sino por la experiencia, y callé por el momento, bien seguro de que los hechos no tardarían mucho en hablar por mí.

El día siguiente salimos juntos a buscar un genealogista, lo cual sólo se pudo hacer preguntando de amigo en amigo y de conocido en conocido: le encontramos por fin, y el buen señor, asombrado de ver nuestra impaciencia, declaró francamente que necesitaba tomarse algún tiempo. Nos dijo definitivamente que nos diéramos una vuelta por allí dentro de unos días. Me sonreí y nos marchamos. Pasaron tres días; fuimos.

—Vuelva usted mañana—nos respondió la criada—, porque el señor no se ha levantado todavía.

—Vuelva usted mañana—nos dijo al siguiente día—, porque el amo acaba de salir.

—Vuelva usted mañana—nos respondió al otro—, porque el amo está durmiendo la siesta.

—Vuelva usted mañana—nos respondió el lunes siguiente—, porque hoy ha ido a los toros.

¿Qué día, a qué hora se ve a un español? Le vimos por fin, y vuelva usted mañana—nos dijo—, porque se me ha olvidado. Vuelva usted mañana, porque no está en limpio.°

no está en limpio it isn't completely ready

A los quince días ya estuvo listo; pero mi amigo le había pedido una noticia del apellido Díez, y él había entendido Díaz, y la noticia no servía. Esperando nuevas pruebas, nada dije a mi amigo, desesperado ya de averiguar quienes eran sus abuelos.

Para las proposiciones que pensaba hacer, había sido preciso buscar un traductor; por los mismos pasos que el genealogista nos hizo pasar el traductor; de mañana en mañana nos llevó hasta el fin del mes. Averiguamos que necesitaba dinero diariamente para comer, con la mayor urgencia; sin embargo, nunca encontraba un momento oportuno para trabajar.

Sus conocidos y amigos no le asistían a una sola cita, ni avisaban cuando faltaban, ni respondían a sus cartas. ¡Qué formalidad y qué exactitud!

—¿Qué le parece esta tierra, monsieur Sans-délai?—le dije al llegar a estas pruebas.

—Me parece que son hombres singulares . . .

(Por fin el francés tiene los documentos que necesita y va a la oficina de un oficial del gobierno para solicitar el permiso de invertir dinero en algún proyecto comercial en España.)

A los cuatro días volvimos a saber el éxito de nuestra solicitud.

—Vuelva usted mañana—nos dijo el portero—. El oficial no ha venido hoy.

—Grande causa le habrá detenido—pensaba yo. Nos fuimos a dar un paseo, y nos encontramos, ¡qué casualidad!, al oficial en el Parque del Retiro, ocupadísimo en dar una vuelta con su señora al hermoso sol de los inviernos claros de Madrid.

Martes era el día siguiente, y nos dijo el portero:

—Vuelva usted mañana, porque el señor oficial no da audiencia hoy.

—Grandes negocios habrán cargado sobre él—dije yo.

Como soy el diablo busqué ocasión de echar una ojeada por el agujero de una cerradura.° El oficial estaba fumando un cigarrillo y con un crucigrama del *Correo* entre manos.

echar una ojeada por el agujero de una cerradura to glance through a keyhole

—Es imposible verle hoy—le dije a mi compañero—; el oficial está, en efecto, ocupadísimo.

Por último, después de cerca de medio año de *volver* siempre mañana, la solicitud del francés salió con una notita al margen que decía:

A pesar de la justicia y utilidad del plan del Señor Sans-délai, *negado*.

—¡Ah, ah!, monsieur Sans-délai—exclamé riéndome a carcajadas—; éste es nuestro negocio.

Pero monsieur Sans-délai se puso muy enojado.°

enojado angry

—Me marcho, señor—me dijo. En este país *no hay tiempo* para hacer nada; sólo me limitaré a ver lo que haya en la capital de más notable.

—¡Ay! mi amigo—le dije—; váyase en paz, no pierda la poca paciencia que le queda; mire que la mayor parte de nuestras cosas no se ven.

—¿Es posible?

—¿Nunca me ha de creer? Acuérdese de los quince días . . .

Un gesto de monsieur Sans-délai me indicó que no le había gustado el recuerdo.

—*Vuelva usted mañana*—nos decían en todas partes—, porque hoy no se ve.

Se asombraba mi amigo cada vez más, y cada vez nos comprendía menos. Días y días tardamos en ver los pocos sitios turísticos que tenemos guardados. Finalmente, después de medio año largo, si es que puede haber un medio año más largo que otro, el francés volvió a su patria maldiciendo de° esta tierra, llevando al extranjero noticias excelentes de nuestras costumbres; diciendo sobre todo que en seis meses no había podido hacer otra cosa sino *volver siempre mañana*, y que después de tanto *mañana*, eternamente futuro, lo mejor, o más bien° lo único que había podido hacer bueno, había sido marcharse.

maldiciendo de cursing

más bien rather

Indique si la frase es cierta o falsa. Si es falsa, corríjala.

C **1.** El extranjero llegó a España para invertir dinero.

C **2.** El extranjero pensaba concluir sus negocios en dos semanas.

F **3.** El francés comunicará su actividad y los españoles se comunicarán con el francés por teléfono.

F **4.** El genealogista tenía en tres días los papeles que pidió el señor Sans-délai.

T **5.** El traductor tomó mucho tiempo en cumplir sus deberes.

F? **6.** Ejemplo de la formalidad y de la exactitud de los españoles es que asistían a las citas con el francés y avisaban cuando faltaban a las citas.

T **7.** El francés no tuvo problema alguno viendo las atracciones de Madrid.

F **8.** El francés salió de España llevando noticias favorables de las costumbres españolas.

Escoja la respuesta más lógica para completar cada frase.

1. El argumento de la lectura es
   A. una visita a las atracciones de Madrid.
   B. un extranjero no puede arreglar sus asuntos en poco tiempo.
   C. cómo invertir dinero en España.

2. El tema de esta lectura es
   A. vuelva Ud. mañana.
   B. las actitudes de los españoles hacia el tiempo y el trabajo
   C. las vacaciones de un francés en España.

3. La narración está escrita en
   A. primera persona.
   B. tercera persona, reportero.
   C. tercera persona, omnisciente.

4. La acción ocurre en
   A. el presente.
   B. el pasado.
   C. el futuro.

5. El tono del autor es
   A. serio.
   B. triste.
   C. satírico y humorístico.

6. El propósito de esta selección es
   A. entretener.
   B. informar.
   C. informar y entretener.

7. Larra escribió este artículo para
   A. ganar dinero.
   B. burlarse de los extranjeros.
   C. describir un aspecto de la cultura española.

8. El humor en esta selección se expresa por medio de
   A. la exageración y la ironía.
   B. las carcajadas del autor.
   C. los nombres cómicos.

para conversar Conteste las siguientes preguntas.

1. ¿Por qué no hicieron el genealogista, el traductor y el oficial el trabajo que les pidió el francés?
2. ¿Cuál es la condición del español?—pereza, falta de energía, falta de tiempo, un concepto diferente del tiempo y del trabajo. Discuta.
3. Describa al narrador y al francés. ¿Qué opinión tiene el narrador de los españoles y del francés?
4. ¿Qué concepto tiene el francés de los españoles al salir de España? ¿Está justificada su opinión? Defienda su respuesta.
5. ¿Es exagerada la presentación de Larra? ¿Podemos tener confianza en lo que dice Larra de los españoles?
6. ¿Es Ud. como el narrador (Larra) o como el francés? Explique. (Recuerde la respuesta que dio Ud. en la tercera pregunta arriba.)
7. ¿Qué piensa Ud. del oficial?
8. Si fuera Ud. el francés, ¿qué haría?
9. ¿Qué piensa Ud. de la actitud de Larra? . . . ¿del francés?
10. ¿Le gusta o no le gusta la lectura? ¿Por qué?

ACTIVIDADES

Para escribir

A. The purpose of this activity is to answer the following questions in complete sentences, resulting in a guided composition on your attitudes towards time. The questions may also be answered orally in class.

1. ¿Qué piensa Ud. cuando su novio(a) llega tarde para una cita?
2. ¿Cómo se siente Ud. cuando su novio(a) llega a tiempo y Ud. no está lista(o) para salir?
3. ¿Qué le dice Ud. a su novio(a) si Ud. llega a tiempo y él o ella no está listo(a) para salir?
4. ¿Qué piensa Ud. cuando tiene una cita (*appointment, not date!*) con su profesor(a) y él o ella llega tarde?
5. ¿Qué haría Ud. si su profesor(a) llegara quince o veinte minutos tarde?
6. ¿Qué hace Ud. en la siguiente situación?: Ud. está frente al cine y la película empezó hace quince minutos. La persona con quien va a ver la película no ha llegado todavía.
7. ¿Conoce Ud. a algunos españoles o hispanoamericanos? ¿Ha tenido Ud. algunas experiencias con ellos respecto a conceptos diferentes del tiempo?
8. ¿Puede Ud. adaptarse al concepto fluído que tienen los hispanos del tiempo? Explique su respuesta.
9. ¿Llega Ud. a clase y al trabajo a tiempo? ¿Cree que es importante ser puntual?
10. ¿Cuál es mejor?: la eficiencia y productividad o el interés en el individuo, en otras personas, en factores humanos a expensas del trabajo y de la productividad.

B. The following are additional suggestions for compositions:

1. Write a commentary on the selection from *Análisis de los Estados Unidos* by Marías in which you defend or attack his views. Support your comments with examples.
2. Write a composition on some aspect of Larra's article, *Vuelva usted mañana*, such as his use of humor, irony, customs, or a topic of your own choice.

Para leer

This is the second self-test of reading speed and comprehension. Read the following two-part selection, *Los hispanoamericanos de Nuevo México* by Margaret Mead, twice, timing yourself. Do not look up any words.

Tiempo Los hispanoamericanos no rigen sus vidas con el reloj tanto como los anglosajones. Tanto los campesinos como los habitantes de la ciudad, cuando se les pregunta cuándo van a hacer algo, responden: «ahorita a las dos o cuatro»..

El tiempo para las comidas está regulado por el trabajo con sueldo, el trabajo en el campo o, en el caso de los niños, la asistencia al colegio. Todo el año, menos en el invierno, el desayuno se prepara a las siete. En el invierno en algunos hogares el desayuno se come a las diez y la comida a las cuatro. Los niños pueden ir al colegio sin desayuno y comer su primera comida al mediodía. En la primavera el jefe de la familia puede pedir que la comida se sirva cuando él vuelva del trabajo a las cuatro. Los niños entonces pueden comer al regresar del colegio a eso de las cinco.

La cultura hispanoamericana le da más énfasis al presente. Las cosas son como son porque «son costumbres». El pasado no es venerado pero es lo que le da validez al presente; y se espera que el futuro sea igual al presente. Un observador ha llamado a esto «la configuración de mañana». Pero para traducir mañana a *tomorrow* causa confusiones. El hispanoamericano hace hoy únicamente lo que se puede hacer hoy; no lo pospone para mañana. Pero sí frecuentemente pospone las cosas que lo pueden beneficiar en el futuro, lo cual se puede posponer para mañana o para una fecha en el futuro.

No hay mucha planeación en este modo de vivir. Las reuniones, las celebraciones son cosas que generalmente suceden espontáneamente. Los mayores envían a los niños de casa a casa anunciando la fiesta o el baile o pidiendo prestados utensilios de cocina, pidiendo ayuda. Aunque la forma de vivir de los anglosajones, introducida en el pueblo por los colegios y por el trabajo asalariado, presenta la necesidad de la planeación, la vida privada parece seguir la línea de la vieja espontaneidad.

Trabajo El trabajo es una parte aceptada e inevitable de la vida. Es un inconveniente pero ahí está. No hay necesidad de buscarlo; así se convierte en «mucho trabajo». Los hispanoamericanos son buenos trabajadores cuando ven una razón para trabajar, pero no consideran el trabajo en sí una virtud. No tiene sentido, desde su punto de vista, trabajar únicamente para tener las manos ocupadas ni aún para ganar dinero cuando ya hay suficiente dinero para las necesidades inmediatas de la familia. No hay corrupción moral estar sin oficio o no estar presente en su trabajo. Un trabajador tal vez decide no ir a su lugar de empleo pero quizás gasta el día reparando la puerta de un vecino sin ganar dinero. Esto es trabajo necesario y dentro de una infraestructura de cooperación comunitaria.

Se supone que cada uno hace su parte del trabajo, pero rara vez se menciona explícitamente que es lo que se espera. Los trabajos no se organizan de antemano y pocas direcciones se dan a medida que van trabajando, esto ocurre aún cuando hay numerosas personas trabajando juntas. Los hijos generalmente encuentran algo que hacer o puede que tengan un trabajo pero si no hacen nada nadie los regaña°.

regaña scolds

A pesar de que hay una distinción clara entre el trabajo del hombre y el de la mujer, la mujer hace el trabajo del hombre cuando él no está. Los hombres que están con los rebaños cuidando los animales o trabajando en pueblos lejos de la casa viven juntos, compartiendo las tareas de la cocina y un poco del arreglo de la casa, sin sentirse mal por hacerlo. Los niños (varones) ven trabajar a sus mamás en la cocina y aprenden sus métodos. Los padres cocinan para sus hijos que no tienen mamá, si no hay nadie más que lo haga.

El trabajo es compartido. La gente no quiere estar sola. Es algo común que un grupo de vecinos o parientes se reuna, primero en un lugar, luego en otro, para trabajos importantes y hasta para actividades más cotidianas. Esto es preferido a trabajar separadamente en el mismo oficio. Las herramientas también son compartidas. A veces la cooperación es entre toda la población. «A pesar de que a un hombre se le puede perdonar por una aventura amorosa clandestina, no se le perdona que no preste las herramientas a un vecino o el no ir a la limpieza anual del sistema de irrigación». Trabajar para si mismo en lugar de ser un empleado es lo deseado porque así uno puede trabajar a su propio paso. «A mi me gusta trabajar un poco, descansar un poco». Tradicionalmente, el trabajo y el descanso no fueron opuestos sino comunmente partes del mismo proceso. No había un día de trabajo de ocho horas, ni tiempo especial para una siesta, ni una hora específica para ir a dormir, ni para trabajar ni para descansar. El descanso y el trabajo eran ambos dentro de la naturaleza de las cosas de acuerdo a lo que exigiera el presente.

Margaret Mead, *Cultural Patterns and Technical Change.*

prueba de comprensión

Write **C** for *cierto* or **F** for *falso*. Answers are at the end of the chapter. *Do not* refer back to the reading while answering each item—this is a test!

_____ 1. Entre los hispanoamericanos de Nuevo México hay horas fijas para comer durante todo el año.

_____ 2. El pasado y el futuro tienen más validez que el presente.

_____ 3. El hispanoamericano hace hoy lo de hoy y lo que es para el futuro lo hace mañana o después.

_____ 4. Las actividades son espontáneas en lugar de planeadas.

_____ 5. La vida privada ha perdido la espontaneidad debido a la influencia anglosajona, pero el trabajo y el estudio siguen con la vieja espontaneidad.

_____ 6. El trabajo es tan inconveniente para los hispanoamericanos que ellos no son buenos trabajadores.

_____ 7. No se considera inmoral estar desocupado ni faltar al trabajo.

_____ 8. Cuando un grupo de hispanoamericanos está trabajando en un proyecto familiar o comunitario, si hay uno que no hace su parte los otros le tratan mal y le consideran perezoso.

_____ 9. Los hombres no hacen el trabajo de la mujer, como preparar la comida o arreglar la casa, bajo ningunas circunstancias.

_____ 10. El trabajo y el descanso se consideran dos partes del mismo proceso.

SPEED (based on *two* readings)

Less than 11 minutes	Excellent
11–13 minutes	Good
13–16 minutes	Average
More than 16 minutes	Work needed

COMPREHENSION

10 correct items	Excellent
9	Very good
8	Good
7	Average

Para hablar

A. *Diálogo:* Ud. está en Caracas en una agencia de viajes y tiene que llegar a Bogotá el sábado. El lunes Ud. paga el dinero y necesita el boleto inmediatamente. Pero el jueves no está listo todavía. ¿Puede Ud. conseguir el boleto a última hora *(in the nick of time)* o lo (la) deja atrás el avión? Las siguientes palabras pueden ser útiles:

AGENTE DE VIAJES	**VIAJERO(A)**
ahora	a más tardar (cuando más tarde) *at the latest*
estar ocupado	

faltar *to be lacking* (algo más,
una firma, revisarlo)
(no) atender (ie) *(not) to
serve, wait on*
no está listo *it isn't ready*
mañana
más tarde
pasado mañana
tomar el almuerzo
vuelva Ud.

cumplido *accomplished, for sure*
en punto
necesitar
perder la paciencia
por favor
seguro *for sure, certain*
urgente

B. *Debate:* las ventajas y las desventajas del tiempo estadounidense y del tiempo hispánico

C. *Discusión:* la actitud del hispano y la del estadounidense hacia el trabajo

D. *Debate:* la eficiencia y la productividad son más (menos) importantes que el tiempo para relaciones humanas

Un hispano notable de los Estados Unidos, Joseph Montoya era senador de Nuevo México.

CAPITULO
SIETE   *Valores y creencias*

PRIMER
PASO

Para preparar la lectura

_____ Estudie _Vocabulario temático._

_____ Haga los ejercicios de _Estudio de palabras._

_____ Lea _Sugerencia._

_____ Lea _Vista preliminar._

_____ Estudie _Claves de comprensión._

vocabulario
temático Estudie las siguientes palabras.

el ángel angel
bautismo (bautizo) baptism
el/la bautista baptist
bautizar to baptize
brujo, -a sorcerer, wizard
campana bell
catolicismo Catholicism
católico, -a Catholic
comulgar to take communion
comunión communion
confirmación confirmation
creencia belief
el/la creyente believer
cristianismo Christianity
cristiano, -a Christian
deidad deity
demonio demon
destino destiny (fate, fortune)
enseñanza education
entierro funeral
el espíritu spirit
espiritual _(adj.)_ spiritual
ético, -a ethical

existencia existence
fatalismo fatalism
la fe faith
fortuna fortune (fate, chance)
hechicero, -a witchdoctor
ideología ideology
iglesia church
milagro miracle
misa mass
misionero, -a missionary
la moral moral
obeaham, wintiman sorcerer
  (African)
el papa the Pope
la paz peace
pecado sin
el/la protestante Protestant
religión religion
religiosa, monja nun
rezar to pray
rito rite
rosario rosary, beads
el sacerdote, cura priest

san, santo saint
sobrenatural *(adj.)* supernatural

la suerte luck (chance, fate)
la virtud virtue

estudio de
palabras   Haga los siguientes ejercicios.

A. Complete el patrón con los sustantivos españoles de las palabras inglesas, siguiendo los modelos.

Nota: Las palabras que terminan con *-ista* son masculinas y femeninas: *el economista, la economista.*

Modelos –ist→ –ista: baptist→ *bautista*
methodist→ *metodista*
tourist→ *turista*

1. artist
2. dentist
3. economist
4. feminist

5. Hispanist
6. oculist
7. pianist
8. receptionist

B. Complete las siguientes frases con el sustantivo apropiado que termina en *-ista.*

1. En el circo, la persona del *trapecio* es _____ .
2. Alguien que hace *bromas* (practical jokes) es _____ .
3. En la carrera de *periodismo*, la persona que escribe para el periódico es _____ .
4. Alguien que trabaja en una *oficina* es _____ .
5. La persona que trabaja en la *electricidad* es _____ .
6. Alguien que participa en los *deportes* es _____ .
7. La persona que toca la *guitarra* es _____ .
8. Alguien que toca el *violín* es _____ .

C. Complete el patrón con los sustantivos españoles de las palabras inglesas, siguiendo los modelos.

Modelos –ce→ –cio: announce(ment)→ *anuncio*
prejudice→ *prejuicio*
price→ *precio*

1. renounce(ment)
2. commerce
3. divorce
4. edifice
5. sacrifice

6. palace
7. service
8. silence
9. space
10. vice

sugerenia In addition to underlining the topical phrase or sentence in a paragraph, you should also pay particular attention to topical *words*. For example, in the excerpt from the novel *Miau* by Galdós which deals with religious faith, you should circle words dealing with this theme such as *iglesia, misa,* and *creyente*.

vista preliminar For the past two chapters you have had the benefit of italicized topic sentences in the introductory essays to serve as reading previews. You will now learn how to preview on your own. Read the first paragraph, then read the first and last sentence of each paragraph, and finally read the last paragraph. Remember—previewing is an important key to building reading comprehension.

claves de comprensión The following questions are keys to the essential information found in the reading. Study them carefully before proceeding to the reading selection.

1. ¿Cuánto tiempo estuvieron los árabes en la península ibérica? ¿Por qué España no llegó a ser un país árabe?
2. En general, ¿cómo es la relación entre la religión y el estado en los países hispánicos?
3. ¿Dónde se encuentra el catolicismo en la vida del hispano?
4. Describa el conocimiento y la participación religiosos de los hispanos.
5. ¿Por qué tienen muchos hispanos una actitud fatalista ante la vida? ¿Cuáles son algunos resultados de este fatalismo?
6. Explique cuales cambios están ocurriendo en las actitudes de los hispanos con respecto a las creencias y las normas tradicionales.

pasos de lectura Check off each item as you complete it.

_____ Read the selection aloud and mark words you are unsure of.

_____ Study the words you marked; look them up in the glossary if necessary.

_____ Review *Claves de comprensión* and read *Para comprender*.

_____ Read the selection again silently. Underline material you remember reading in *Claves de comprensión* or *Para comprender*.

_____ Answer all exercise items, preferably in writing.

LECTURA *Religión, fortuna y fatalismo*

En el año 711 los árabes empezaron a entrar en España y estuvieron en la península 800 años. Las contribuciones árabes a la cultura hispánica se notan no sólo en España sino también en Hispanoamérica. Hay una influencia árabe en el idioma, la arquitectura, el arte y otros aspectos culturales del mundo hispánico. Y algunas actitudes hispánicas reflejan la influencia árabe, como las actitudes hacia el tiempo, el trabajo y las mujeres.

invasores invaders

Pero es sorprendente que durante tanto tiempo—800 años—no se perdió completamente la lengua y la cultura española, como suele ocurrir en un lugar dominado por invasores°. Hay varias explicaciones. Los árabes se mezclaron muy poco con los habitantes de la península. No impusieron su cultura sobre los otros. Y quizás una de las razones principales es el fervor religioso del catolicismo en España. Debido a este fervor religioso los españoles reconquistaron su tierra y Granada, el último reino° de los árabes, cayó en 1492.

reino kingdom

desempeñó un papel
played a role

La iglesia católica siempre ha sido una institución importante y poderosa en España y en Hispanoamérica. La iglesia católica desempeñó un papel° predominante en la conquista y colonización de las Américas; en los primeros años más misioneros que conquistadores fueron a las colonias españolas. Todos los países de Latinoamérica son católicos y un tercio de los católicos en el mundo son latinos.

ligados *unidos*

La iglesia y el gobierno en el mundo hispánico siempre han estado estrechamente ligados°, ayudándose mutuamente. Durante muchos siglos la iglesia católica tuvo control completo de la enseñanza, y todavía hoy en día administra muchos colegios y universidades. Es fácil, entonces, comprender el impacto del catolicismo sobre la vida diaria del mundo hispánico. La iglesia, el gobierno, la enseñanza—tres instituciones básicas, todas funcionando bajo la ideología católica.

Gran parte de la realidad hispánica consiste en una vida de campanas, santos, la Virgen, los sacerdotes, las religiosas, la misa, las ceremonias y los ritos. El catolicismo se encuentra en toda la vida del hispano, desde el bautismo, la primera comunión y el matrimonio hasta la muerte y el entierro. Pero la participación del hombre, en muchos casos, está limitada a esas ocasiones especiales y su participación en otras ceremonias religiosas, como la misa, es mínima. Las mujeres, en cambio, participan más activamente y hay un buen número de mujeres—sobre todo las mayores y tradicionales—que van a misa todos los días de la semana. Son las mujeres que se encargan de la educación moral y ética de los hijos.

A pesar de un fuerte catolicismo en el mundo hispánico, hay que comprender que no todos los hispanos son creyentes del catolicismo. En México, por ejemplo, las estadísticas indican que el 25% de los mexicanos no tienen ninguna religión, 30% de los católicos no saben las enseñanzas de la Iglesia, los que van a misa son del 10 al 20%, y muchos practican el culto de un santo local más que el catolicismo oficial. Además, después de la revolución mexicana de 1910 el estado y la iglesia se separaron.

La participación de los hispanos en las ceremonias religiosas varía según las circunstancias. Hay más participación en las provincias que en los centros metropolitanos. La gente mayor participa más que los jóvenes en la vida religiosa. Los pobres, quizás porque tienen menos recursos y más necesidades, participan más que la gente de la clase media y la clase alta. Y en el caso de Hispanoamérica, los blancos participan menos que los indios y negros.

mezcla *combinación*

En Hispanoamérica las prácticas religiosas de los indios revelan una mezcla° de catolicismo con creencias religiosas indias. Algunos indios practican sus religiones primitivas, y muchos profesan el catolicismo sin comprenderlo. Es más que todo la adoración de algún santo que tiene características en común con una deidad indígena.

Las creencias, los ritos y las ceremonias de los negros de Latinoamérica tienen mucha influencia de las ideologías y prácticas religiosas de Africa. El famoso vudú de Haití y del Brasil se encuentra también en otros países latinoamericanos donde hay una población considerable de habitantes negros, como la República Dominicana, Cuba, Puerto Rico y algunas regiones de Centroamérica y Suramérica.

Los indios y los negros son, por lo general, más pobres que los blancos, mestizos y mulatos y quizás necesitan la paz espiritual ya que no tienen la comodidad económica o material. Existe una multitud de motivos para sus actitudes y creencias, pero lo esencial es que los negros mantienen sus tradiciones antiguas y al mismo tiempo adoptan, modifican y combinan aspectos católicos.

Para una gran parte de los latinoamericanos, lo religioso existe en el mismo plano con lo mágico. Junto con los ángeles y santos hay una creencia en espíritus buenos y malos, demonios, brujos y otros aspectos sobrenaturales. Estas creencias están, obviamente, influidas por las creencias y prácticas religiosas de los indios y negros. Ya hemos visto la geografía y la naturaleza del mundo hispánico—a veces hostiles y difíciles de controlar en algunas áreas de Latinoamérica. Si el hombre por sí solo no puede dominar las fuerzas naturales, busca la ayuda de las fuerzas sobrenaturales: va a la iglesia y reza a la Virgen o a un santo; el indio pide la ayuda de un brujo; el negro habla con un *obeahman*, hechicero que manipula a los seres y los objetos, o consulta al *wintiman*, individuo poseído por un *winti* (espíritu).

Interior de una iglesia de Guanajuato, México. El catolicismo es la religión principal del mundo hispánico.

Con tanta separación entre la clase baja y las clases más cómodas, muchos pobres piensan que es imposible obtener una posición económica mejor. Un sentimiento de fatalismo entra en esta actitud. Muchos creen que es inútil tratar de mejorar su condición porque la vida de un individuo depende del destino. Por eso, rezan, aguantan° en silencio y esperan un milagro. O juegan la lotería, esperando hacerse ricos ganando el primer premio. O se conforman con su destino, esperando algo mejor en la otra vida. Existe cierto fatalismo en las actitudes españolas y católicas. También, el fatalismo es una actitud de los indios en la América Hispana. Así, pues, muchos hispanoamericanos tienen una «dosis doble» de fatalismo y resignación al destino o a la muerte. Esto, por supuesto, es un contraste con la actitud de muchos estadounidenses con su «ética protestante de trabajo».

Claro que las cosas son muy diferentes entre los jóvenes, la clase media, la clase alta y en los grandes centros urbanos y metropolitanos. Esto no quiere decir que estos grupos en el mundo hispánico no tienen

aguantan put up with, endure

un sentido religioso, ético y moral sino que sus actitudes, acciones y reacciones no son tan estrictas o tradicionales en el plano religioso. Para algunos individuos de estos grupos la iglesia es solo un edificio, y la virtud y el vicio son asuntos personales. No hay una renuncia completa a la tradición católica pero sí existe mucho cambio de actitudes. Más y más jóvenes se casan «por lo civil». Las películas, las revistas y los libros pornográficos abundan en muchos lugares. Muchos no se sienten bajo la presión de seguir el dogma y la ideología de la iglesia—es un asunto de creer y hacer lo que uno quiere personalmente en lugar de seguir la norma o la tradición. De los aspectos culturales que hemos estudiado, la religión católica es el aspecto que es más típico, característico y universal en el mundo hispánico pero aún así encontramos el cambio. En fin, no son solamente los aspectos visibles o materiales los que cambian sino que cambian también los valores, las actitudes y las creencias.

para
comprender   Haga una frase completa sobre cada uno de los siguientes temas.

1. La influencia árabe sobre España
2. El catolicismo en la conquista y colonización del Nuevo Mundo
3. La iglesia católica, el gobierno y la enseñanza
4. El catolicismo en la vida diaria
5. El catolicismo oficial y los creyentes del catolicismo
6. Niveles de participación en las ceremonias religiosas
7. Las prácticas religiosas de los indios de Hispanoamérica
8. La religión de los negros de Latinoamérica
9. Las creencias indígenas y negras y el catolicismo
10. La religión, la magia y las fuerzas sobrenaturales
11. El fatalismo
12. La religión tradicional y el cambio

para
conversar   Conteste las siguientes preguntas.

1. ¿Por qué no se convirtió España en un país árabe?
2. ¿Qué lugar ocupa Latinoamérica en cuanto al número de católicos?
3. ¿Cuáles son las tres instituciones básicas del mundo hispánico? ¿Cuáles son las instituciones más importantes de los Estados Unidos? ¿Hay una religión específica que tenga influencia en alguna(s) de las instituciones principales de los Estados Unidos?
4. ¿Cómo es parte de la vida diaria de los hispanos?
5. ¿Por qué participan menos hombres que mujeres en las ceremonias religiosas, en su opinión? ¿Es así en los Estados Unidos también?

6. ¿Existe la separación del estado y de la iglesia en los Estados Unidos? ¿Piensa Ud. que esto es bueno o malo? ¿Por qué?

7. ¿Qué grupos de personas en los Estados Unidos participan más en la religión organizada—jóvenes o mayores, provincianos o urbanos, hombres o mujeres?

8. ¿Cómo son las prácticas religiosas de los indios? ¿Cree Ud. que las creencias de los indios son falsas?

9. ¿Cómo es la religión de los negros de Latinoamérica? ¿Piensa Ud. que las creencias de ellos son válidas? ¿Existe el *vudú* en los Estados Unidos?

10. ¿Por qué buscan algunos la ayuda del catolicismo, el brujo o el *obeahman*?

11. ¿Cuál es la diferencia entre el fatalismo hispánico y la ética protestante de trabajo?

SEGUNDO PASO

Para preparar la lectura

_____ Estudie el vocabulario y haga los ejercicios de *Palabras y práctica*.

_____ Lea *Vista preliminar*.

_____ Estudie *Claves de comprensión*.

palabras y práctica **Vocabulario para la *Lectura***

afrentoso, –a ignominious, insulting
ardiente *(adj.)* burning, ardent, passionate
criar to nurse, nourish, rear
el dolor pain, grief, anguish
esconder to hide
llanto weeping, crying
llorar to cry

lloro cry, sobbing
padecer (zc) to suffer
pena pain, grief
rocío dew
seno womb, bosom, chest
vencedor, –a conqueror, winner
verter (ie) to shed, pour
el vinagre vinegar

A. Escoja la palabra que *no* se asocia con las otras.

1. lloro, llanto, lágrimas, llano, llorar
2. pena, dolor, padecer, piña
3. nubes, rocío, solicitud, lluvia, mañana
4. comprar, cuidar, criar, proteger, educar, mantener
5. seno, zapato, pecho, corazón
6. vencedor, conquistador, ganador, vendedor

B. Conteste las preguntas con las palabras entre paréntesis.

1. ¿Es verdad que los hombres no deben llorar? *(verter)*
2. ¿Qué ha pasado al vino? *(vinagre)*
3. ¿Cree Ud. que hay personas más apasionadas que otras? *(ardiente)*
4. ¿Qué hizo el niño con los juguetes *(toys)*? *(esconder)*
5. ¿Cómo estaba el señor después del tropezón? *(afrentoso)*
6. ¿Estaba sufriendo mucho el herido cuando lo llevaron al hospital? *(llorar)*
7. ¿Cree Ud. que todas las personas del mundo sufren? *(padecer)*

C. Use las siguientes palabras, o alguna forma apropiada de ellas, en frases originales y completas.

1. criar
2. dolor
3. llanto
4. pena
5. rocío
6. vencedor

vista
preliminar Lea los siguientes versos del poema de Unamuno. La versión *A* es la original; la versión *B* tiene un orden más semejante al inglés. Al mismo tiempo, ambas son formas de expresión correctas porque el español ofrece una variedad de órdenes posibles para muchas frases.

1. **A.** (él) vierte sobre ella (la vida) santo rocío
   B. (él) vierte santo rocío sobre ella (la vida)
2. **A.** vinagre para su sed de amor ardiente tendrá
   B. tendrá vinagre para su sed de amor ardiente
3. **A.** vencedores de la vida nos hiciste tomando nuestra carne
   B. tomando nuestra carne nos hiciste vencedores de la vida
4. **A.** y vencedores de la muerte, cuando de ella en dolor te despojaste
   B. y cuando en dolor te despojaste de ella (la carne), (nos hiciste) vencedores de la muerte

Este poema de Navidad, escrito por Miguel de Unamuno, presenta la historia de Jesucristo. El niño Jesús, como todos los que nacen, va a sufrir y morir. El poeta lo compara a la rosa que también muere. Las manos del niño Jesús en su día de gloria verterán sangre. El poeta dice que Dios no nace sino que se ha hecho niño, y con la muerte este niño nos dará la vida eterna en el cielo. Así podemos vencer la vida. Por eso, el poeta le da gracias a Dios.

claves de
comprensión

The following questions are keys to the essential information found in the reading. Study them carefully before proceeding to the reading selection.

1. ¿Por qué llora el niño?
2. ¿Qué le pasará después?
3. ¿Qué representa la rosa?
4. ¿Qué le dice el poeta a la madre?

Una española, como muchos católicos devotos, participa en una ceremonia religiosa.

5. ¿Qué nos da el niño? ¿Cómo?
6. ¿Por qué dice el poeta que el niño nos hace dioses?

pasos de lectura Check off each item as you complete it.

_____ Read the poem aloud to get a feel for sounds and rhythm.

_____ Read again silently and mark words you are unsure of.

_____ Study the words you marked; look them up in the glossary if necessary.

_____ Review *Claves de comprensión*, and read *Para comprender*.

_____ Read the selection again. Underline material you remember reading in *Vista preliminar*, *Claves de comprensión*, or *Para comprender*.

_____ Answer all exercise items, preferably in writing.

LECTURA *Cántico de Navidad*

por MIGUEL DE UNAMUNO

Unamuno (1864–1936), escritor español, es uno de los autores más famosos del mundo hispánico. Escribió muchos volúmenes de ensayos, poesía y novelas.

Fecundo Fruitful, fecund	¡Fecundo° misterio!
	¡Dios ha nacido!
	¡Todo el que nace padece y muere!
Curad Take care of, Heal	¡Curad° al niño!
Ved See	¡Ved° como llora lloro de pena,★
	llanto divino!
Gustó He tasted	Gustó° la vida;
	vierte sobre ella santo rocío.
	Todo el que nace padece y muere;
	sufrirá el niño
	pasión y muerte.
	La rosa viva que está buscando
	humana leche,

★ *Curad* and *Ved* are *vosotros* commands.

Valores y creencias **185**

hiel gall	hiel° y vinagre
	para su sed de amor ardiente
al ajarse when it wilts, fades	tendrá al ajarse.°
	Las manecitas° que ahora se esconden
manecitas manos	entre esos pechos de amor caudales,°
de amor caudales llenos de amor	serán un día, día de gloria,
	fuentes de sangre.

hiel° y vinagre
para su sed de amor ardiente
tendrá al ajarse.°
Las manecitas° que ahora se esconden
entre esos pechos de amor caudales,°
serán un día, día de gloria,
fuentes de sangre.
¡Madre amorosa,
para la muerte cría a tu niño;
mira que llora,
llora la vida; tú con la vida
cierra su boca!
¡Todo el que nace padece y muere!
¡Morirá el niño muerte afrentosa!
¡Dios ha nacido!
¡No, Dios no nace!
¡Dios se ha hecho niño!
¡Quien se hace niño padece y muere!
¡Gracias, Dios mio!
Tú con tu muerte
nos das la vida que nunca acaba,
la vida de la vida.
Tú, Señor, vencedores de la vida
nos hiciste tomando nuestra carne°
y en la cruz vencedores de la muerte
cuando de ella en dolor te despojaste.°
¡Gracias, Señor!
Gracias de haber nacido en nuestro seno,
seno de muerte,
pues al hacerte niño
nos haces dioses.
¡Gracias, mi Dios!

carne flesh

cuando de ella en dolor te despojaste when in pain, you cast it (carne) away

---

para comprender

Escoja la respuesta apropiada para completar cada oración.

1. Según el poema las tres etapas de la vida son _____ .
   A. nacer, sufrir y morir
   B. el nacimiento, el presentimiento y la muerte

2. El niño _____ la vida y derrama sobre la vida _____ .
   A. se disgustó con, su rencor
   B. experimentó, lágrimas divinas

3. Para su sed de amor el niño quiere _____ pero va a tener _____ .
  A. vinagre, una rosa
  B. compasión, desilusión

4. Un día _____ del niño tendrán _____ .
  A. las manos, heridas
  B. esos pechos, una fuente

5. La Virgen cría al niño para _____ .
  A. morir
  B. llorar

6. Vencemos la vida porque el Señor se hizo _____ .
  A. vencedor
  B. hombre

7. _____ no nos domina porque el Señor murió en la cruz.
  A. La carne
  B. La muerte

8. Según el poeta la idea de que el Señor se hizo niño nos hace a nosotros
  _____ .
  A. dioses
  B. niños

para analizar Los poetas usan el lenguaje figurado, como las metáforas. Es porque un poema generalmente consiste de pocas palabras, y una palabra o frase metafórica puede sugerir muchos sentimientos. Lea las siguientes metáforas, dando en inglés el significado literal y el significado figurado de cada una. Siga los *Modelos*.

		LITERAL	**FIGURADO**
Modelos	vierte sobre ella santo *rocío*	*dew*	*tears*
	La rosa viva	rose	*Christ child*
1.	humana *leche*	_____	_____
2.	*vinagre* para su sed de amor	_____	_____
3.	*fuentes* de sangre	_____	_____
4.	Gracias de haber nacido en nuestro *seno*	_____	_____

para conversar Conteste las siguientes preguntas.

  1. ¿Cómo llora el niño? ¿Qué sufrirá el niño?
  2. ¿Qué derrama el niño sobre la vida? ¿Qué significa «santo rocío»?

3. ¿Qué busca el niño? ¿Qué encontrará?

4. ¿Con qué fin cría la madre a su niño?

5. ¿Cómo será la muerte del niño?

6. Este poema refleja las creencias cristianas. ¿Por qué dice el poeta que el Señor nos hizo vencedores de la vida? ¿de la muerte?

7. ¿Por qué dice el poeta que Dios nos hizo dioses cuando El se hizo niño?

8. ¿Cuál prefiere Ud. ser—un ser humano, un ángel, un dios, un demonio, un hechicero? ¿Por qué?

9. ¿Celebra Ud. la Navidad? ¿Dónde y cómo?

10. ¿Qué piensa Ud. de las costumbres navideñas de los Estados Unidos?

11. En su opinión, ¿es la Navidad ahora una celebración más secular que religiosa?

12. ¿Conoce Ud. las costumbres navideñas de otros países? ¿Sabe Ud. cuándo se dan regalos en el mundo hispánico? ¿Sabe qué es el día de Reyes?

TERCER PASO

Para preparar la lectura

_____ Estudie el vocabulario y haga los ejercicios de *Palabras y práctica*.

_____ Estudie la estructura y haga los ejercicios de *Estructuras y práctica*.

_____ Lea *Vista preliminar*.

_____ Estudie *Claves de comprensión*.

palabras y práctica **Vocabulario para la Lectura**

acoger to welcome, receive
agarrar to grab
apoyar to support
arrojar to throw
atónito, -a astonished
burlón, -ona sardonic, mocking
catedrático, -a professor

el, la farsante fraud, fake
fijarse en to notice
herir (ie, i) to wound
horrorizar to horrify, terrify
incomodado, -a troubled, upset
pillo rascal, scoundrel
predicador, -a preacher

cuenta account, reckoning
de sobremesa sitting on after a meal
encararse con to face, confront

rabiar to rage, rave, be furious
servilleta napkin
siempre que whenever

A. Escoja el sinónimo correcto y escriba la letra apropiada en el espacio.

1. apoyar _____
2. encararse con _____
3. catedrático _____
4. atónito _____
5. agarrar _____
6. arrojar _____
7. fijarse en _____

a. notar, prestar atención a
b. coger
c. catedral
d. sostener
e. sorprendido
f. atómico
g. enfrentarse con
h. profesor
i. tirar

B. Escoja la palabra o las palabras lógicas para completar cada frase.

1. Bueno, puesto que son miembros de tu familia tenemos que _____ . *(acogerlos en casa / arrojarlos de la casa)*
2. Después de la pelea los dos hombres tuvieron _____ . *(que pedir más paella / varias heridas)*
3. Javier no pudo limpiarse la boca porque el restaurante no tenía _____ . *(la cuenta / servilletas)*
4. No quiero invitarlo porque es un _____ de mal genio que siempre está _____ . *(pillo; rabiando / predicador; atónito)*
5. Después de derramar la sopa en la mesa Pilar se sintió _____ . *(de sobremesa / incomodada)*
6. Nos molesta ese señor porque es bastante bromista y _____ . *(periodista / burlón)*
7. Vamos a la clase de español para escuchar al _____ . *(catedrático / farsante)*
8. Estamos _____ siempre que el predicador explica lo abstracto con tanta claridad. *(horrorizados / atónitos)*

C. Conteste cada pregunta usando la palabra entre paréntesis en su respuesta.

1. ¿Qué piensas de mi teoría sobre la relación entre la cultura egipcia y la maya? *(apoyar)*
2. En su familia, ¿qué hacen Uds. después de comer? *(de sobremesa)*
3. Mañana están dando Frankenstein en el Cine del Estudiante, ¿quieres acompañarme? *(horrorizar)*

4. ¿Vas al cine con frecuencia? *(siempre que)*

5. ¿Qué piensas de ese candidato político? *(farsante)*

6. Después del período de prueba del empleado nuevo, ¿qué hace el gerente? *(cuenta)*

7. ¿Por qué no puedes llevar la maleta? *(agarrar)*

8. Si vemos a una persona que tira basura a la calle, ¿qué le deberíamos decir? *(arrojar)*

estructuras
y práctica   ## The imperfect subjunctive in conditional *si* clauses

As noted in the previous chapter, the imperfect subjunctive is used in *si* clauses when the verb in the other clause is in the conditional tense. Unlike other uses of the subjunctive, the subjects of both verbs may be the same. Also, the *si* + subjunctive clause may be stated first or second.

Si nosotros **tuviéramos** tiempo, (nosotros) **iríamos** a misa.
Me **harías** un favor **si** me **convencieras** de que estoy equivocado.

A. Complete cada frase con la forma apropiada de los verbos entre paréntesis.

1. Si yo no _____ en Dios, no _____ a la iglesia. *(creer / ir)*
2. Abelarda _____ una farsante hipócrita si no lo _____. *(ser / creer)*
3. Si tú me _____ la verdad, yo no _____ equivocado. *(decir / estar)*
4. Si yo _____ lo que tú crees (yo) me _____ en un convento y me _____ todo el resto de mi vida rezando. *(creer / meter / pasar)*
5. Nosotros _____ el viaje con Uds. si (nosotros) _____ el dinero y el tiempo. *(hacer / tener)*

B. Diga lo que Ud. haría en las siguientes situaciones:

1. If you had a lot of money
2. If you had a lot of free time
3. If you needed a vacation
4. If you were sick
5. If you lost your money

C. Pregúntele a un(a) compañero(a) de clase lo siguiente. La respuesta debe ser afirmativa, indicando bajo qué circunstancias haría lo que se le pregunta. Siga el *Modelo.*

Modelo Would go alone to the movies
¿Irías solo(a) al cine?
Sí, iría solo(a) al cine si mis amigos no quisieran ver esa película.

1. Would study all night
2. Would read a novel in Spanish
3. Would live in a foreign country
4. Would change jobs
5. Would accept the opinion of others

vista preliminar

Esta escena corta de la novela *Miau* nos presenta otra actitud hacia la religión en contraste con la actitud de Unamuno expresada en su poema. Mientras que Unamuno refleja el catolicismo tradicional de los creyentes, Galdós nos presenta el hispano que, por su rebeldía e individualismo, desafía *(fear)* la creencia tradicional y no tiene temor *(challenges)* de Dios. A Víctor, él que no cree, le gusta horrorizar a los creyentes diciéndoles que él no cree, no tiene fe y no siente temor.

Cuando empieza la escena que presentamos, algunas personas han estado hablando de las ideas religiosas. Después de la cena Víctor aprovecha la oportunidad para hablar con Abelarda, diciéndole que él no cree en Dios. Abelarda defiende las creencias tradicionales del catolicismo. La actitud de Víctor tiene un impacto muy fuerte en su hijo, Luisito. Doña Pura, la abuela del niño, está de acuerdo con Luisito cuando reacciona contra su padre.

claves de comprensión

The following questions are keys to the essential information found in the reading. Study them carefully before proceeding to the reading selection.

1. ¿Qué dice Víctor con respecto a la fe religiosa? ¿Para qué sirve la religión, según él?
2. ¿Cuál es la opinión o la actitud de Abelarda con respecto a las ideas de Víctor?
3. ¿Qué le pasa al hombre después de la muerte, según Víctor?
4. ¿Por qué le arrojó Luisito un pedazo de pan a su padre?
5. ¿Cómo reaccionan los demás a lo que hace el niño?

pasos de lectura

Check off each item as you complete it.

_____ Read the selection aloud and mark words you are unsure of.

_____ Study the words you marked; look them up in the glossary if necessary.

_____ Review *Claves de comprensión* and read *Para comprender*.

_____ Read the selection again silently. Underline material you remember reading in *Vista preliminar, Claves de comprensión,* or *Para comprender*.

_____ Answer all exercise items, preferably in writing.

LECTURA Selección de *Miau*

por BENITO PEREZ GALDOS

Galdós (1843–1920), escritor español, es famoso por un número extenso de novelas excelentes que describen a la gente, la vida y las costumbres de la España de su época.

Todos apoyaron estas ideas, menos Víctor, que las acogía con sonrisa burlona, y cuando su suegro se retiró y Milagros se fue a la cocina y doña Pura empezó a entrar y salir, encaróse con Abelarda, que continuaba de sobremesa, y le dijo:

—¡Felices los que creen! No sé qué daría por ser como tú, que te vas a la iglesia y te estás allí horas y horas, ilusionada con° el aparato escénico que encubre° la mentira eterna. La religión, entiendo yo, es el ropaje° magnífico con que visten la nada para que no nos horrorice. . . . ¿No crees tú lo mismo?

—¿Cómo he de creer eso?—clamó° Abelarda, ofendida de la tenacidad artera° con que el otro hería sus sentimientos religiosos siempre que encontraba coyuntura° favorable—. Si lo creyera no iría a la iglesia, o sería una farsante hipócrita. A mí no tienes que salirme° por ese registro°. Si no crees, buen provecho te haga°.

—Es que yo no me alegro de ser incrédulo°, fíjate bien; yo lo deploro, y me harías un favor si me convencieras de que estoy equivocado.

—¿Yo? No soy catedrática ni predicadora. El creer nace de dentro. ¿A ti no se te pasa por la cabeza alguna vez que puede haber Dios?

—Antes, sí; hace mucho tiempo que semejante idea voló.

—Pues entonces. . . ,. ¿qué quieres que yo te diga?—tomándolo en serio—. ¿Y piensas tú que cuando nos morimos no nos piden cuenta de nuestras acciones?

—¿Y quién nos la va a pedir? ¿Los gusanitos°? Cuando llega la de *vámonos*°, nos recibe en sus brazos la señora *Materia*, persona muy decente, pero que no tiene cara, ni pensamiento, ni intención, ni conciencia, ni nada. En ella desaparecemos, en ella nos diluímos° totalmente. Yo no admito términos medios°. Si creyese lo que tú crees, es decir, que existe allá por los aires, no sé dónde, un magistrado de barba blanca que perdona o condena y extiende pasaportes para la Gloria o el Infierno, me metería en un convento y me pasaría todo el resto de mi vida rezando.

—Y es lo mejor que podías hacer, tonto—quitándole la servilleta a

---

ilusionada con excited by
encubre hides
el ropaje *la ropa*

clamó *gritó*
artera cunning
coyuntura *oportunidad*
salirme come out at me
por ese registro in that way
buen provecho te haga may it do you a lot of good
incrédulo *uno que no cree*

gusanitos worms
la de *vámonos* *la muerte*

nos diluímos we are diluted
términos medios compromises

ojuelos *ojos*

Estate con cuidado Be careful

dicharachos coarse remarks

salida outburst
azuzándole egging him on
Dale hit him

Luis, que tenía fijos en su padre los atónitos ojuelos°.

—¿Por qué no lo haces tú?

—Y qué sabes si lo haré hoy o mañana? Estate con cuidado°. Dios te va a castigar por no creer en El; te va a sentar la mano, y una mano muy dura; verás.

En este momento, Luisito, muy incomodado con los dicharachos° de su padre, no se pudo contener, y con infantil determinación agarró un pedazo de pan y se lo arrojó a la cara de su padre, gritando:

—¡Bruto!

Todos se echaron a reír de aquella salida° y doña Pura dio muchos besos a su nieto, azuzándole° de este modo:

—Dale°, hijo, dale, que es un pillo. Dice que no cree para hacernos rabiar.

para comprender Lea cada frase indicando si es cierta o falsa; si es falsa, corríjala.

T **1.** La conversación tiene lugar después de comer.

F **2.** Víctor se enfrentó con su abuela que no cree en Dios.

F **3.** Víctor dice que quiere vestirse en ropaje magnífico como Abelarda.

T **4.** Víctor cree que la religión sirve para que no tengamos miedo de la nada.

T **5.** Lo que dice Víctor le molesta a Abelarda porque ataca sus creencias religiosas.

F **6.** Víctor está feliz de ser un creyente.

F **7.** Abelarda es profesora y predicadora.

T **8.** Víctor antes creía en Dios pero hace mucho tiempo que dejó de creer.

9. Víctor cree que nos piden cuenta de las acciones y que un juez perdona o condena y extiende pasaportes.

10. El hijo de Víctor, Luis, se pone turbado con lo que dice su padre y le tira un trozo de pan al rostro.

para analizar   Complete cada frase con la respuesta apropiada.

1. Víctor, que dice que no cree en Dios, es el _____ principal de esta lectura. *(argumento / personaje / autor)*

2. Víctor ataca la fe de Abelarda, otra _____ importante. *(protagonista / predicadora / autora)*

3. Podemos expresar el _____ de la selección de esta manera: después de comer Víctor dice que no cree en Dios, Abelarda defiende su fe y el hijo de Víctor tiene una reacción fuerte por lo que dice su papá. *(sentimiento / tema / argumento)*

4. _____ de la lectura tiene que ver con la fe en Dios. *(El tema / El sistema / El lenguaje)*

5. _____ que emplea el autor es de un narrador en tercera persona que es sólo observador, o sea, no es omnisciente porque no sabe lo que piensan los protagonistas. *(El tono / El protagonista / El punto de vista)*

6. Las frases «a la cocina», «de sobremesa», «la servilleta» y «un pedazo de pan» nos dan una idea general del _____ de la acción. *(punto de vista / tema / tiempo y lugar)*

7. Galdós añade un momento leve y alegre al _____ serio de la selección cuando el niño arroja el pan y todos se ríen. *(protagonista / tono / autor)*

para conversar   Conteste las siguientes preguntas.

1. ¿Cuál es la actitud de Víctor hacia la religión? Explique la diferencia entre él y Abelarda.

2. ¿Con quién está Ud. de acuerdo? ¿Está de acuerdo con Víctor en que la religión sirve para que no nos horrorice la nada?

3. ¿Cree Ud. que Víctor está diciendo la verdad cuando declara que le gustaría ser un creyente como Abelarda?

4. ¿Qué quiere decir *vámonos* en el contexto de este diálogo?

5. ¿Quién es Luis? ¿Está él de acuerdo con lo que ha oído? ¿Cómo reacciona? ¿Apoya Ud. siempre la misma opinión de su papá? ¿Cuándo ha tenido Ud. una opinión opuesta a la de su padre?

6. ¿Cree Ud. que doña Pura se porta bien cuando le azuza a su nieto?

7. ¿Piensa Ud. que Víctor de veras no cree en Dios o solo habla así para hacerlos rabiar, como dice doña Pura?

8. ¿Conoce Ud. a una persona como Víctor?

CUARTO PASO

Para preparar la lectura

_____ Estudie el vocabulario y haga los ejercicios de *Palabras y práctica*.

_____ Estudie las estructuras y haga los ejercicios de *Estructuras y práctica*.

_____ Lea *Vista preliminar*.

_____ Estudie *Claves de comprensión*.

palabras y práctica

Vocabulario para la *Lectura*

alabar to praise
el alba dawn
arroyo stream, small river
asir to hold, grasp with the hand
barranca ravine
cangrejo crab
conseguir to attain, achieve, get
consejo council
cuervo crow
edificar to build
estorbar to hinder, obstruct

floresta forest, shrubbery
el/la gigante giant
huella track, trail
nutrir to nourish, feed
regocijarse to rejoice
relámpago flash of lightning
sostener to sustain
la superficie surface
tiniebla darkness
vacío, –a empty
zorro fox

A. Dé el infinitivo del verbo asociado con estas palabras.

1. consejo
2. edificio
3. nutrición
4. estorbo
5. regocijo
6. sostenimiento

B. Ponga las siguientes palabras en dos grupos de palabras relacionadas.

1. arroyo
2. cangrejo
3. zorro
4. barranca
5. cuervo
6. floresta

Grupo I _____ , _____ , _____
Grupo II _____ , _____ , _____

C. Escoja el antónimo correcto y escriba la letra apropiada en el espacio.

1. vacío _____
2. gigante _____
3. alba _____
4. tiniebla _____
5. alabar _____
6. asir _____
7. edificar _____

a. despreciar, condenar
b. lleno
c. dejar caer
d. enano
e. anochecer, atardecer
f. destruir
g. luz

D. Usando la palabra entre paréntesis, dé la pregunta que va con cada respuesta.

1. Porque no me gusta la luz. *(tiniebla)*
2. No sé. Estaba lleno de gasolina antes. *(vacío)*
3. Pues, no. Son los truenos los que me asustan. *(relámpago)*
4. Sí, papá, llegué a las cuatro de la mañana. *(alba)*
5. ¡Claro que sí! Mido más de dos metros y con frecuencia mi estatura me presenta inconveniencias. *(estorbar)*
6. No, no pude obtener su número de teléfono. *(conseguir)*
7. Porque hay más pescados aquí que en el lago de la barranca. *(arroyo)*
8. Pues, no sé si son de un zorro. *(huella)*

estructuras
y práctica **Review of the preterite and the imperfect**

If necessary, review the formation and the uses of the preterite and the imperfect tenses in the first and second chapters.

A. Cambie los verbos de las siguientes frases al pretérito.

1. Los dioses se reunen y el consejo tiene lugar en el cielo.
2. El consejo se celebra y los dioses dicen «tierra» e inmediatamente se forma la tierra.
3. Así es que se ponen en movimiento las aguas, los arroyos, los ríos.
4. Luego vienen los animales que son creados para alabar los dioses.
5. Pero no tienen voz y no hablan.
6. Entonces los dioses forman al hombre de maíz; el maíz se vuelve la sangre del hombre.
7. Los primeros hombres hablan, oyen, andan, ven.
8. Pero ven demasiado, tienen mucha sabiduría; los dioses rehacen el hombre con menos conocimiento.

B. Dé la tercera persona singular y plural del pretérito de los siguientes verbos.

1. nacer		**7.** asir	
2. buscar		**8.** regocijarse	
3. congregar		**9.** despertarse	
4. discutir		**10.** recibir	
5. deliberar		**11.** existir	
6. encontrar		**12.** acabar de	

C. Hágale a un(a) compañero(a) de clase preguntas usando el imperfecto de los siguientes verbos.

1. estar	**5.** mirar
2. haber	**6.** ver
3. existir	**7.** ser
4. deber	**8.** ir

vista preliminar

El *Popol-vuh*, como la Biblia, narra la prehistoria y la historia de los mayas. Presenta una visión lírica e interesante de la creación del mundo y del hombre. Tiene elementos paralelos con la historia cristiana de la creación y al mismo tiempo hay otros elementos bien diferentes. El estilo, como el de otros libros antiguos, se caracteriza por la repetición: en vez de sólo *crearon* se escribe *crearon, hicieron, formaron*; en lugar de poner sencillamente *los animales*, nombran los animales repetidas veces.

Según el *Popol-vuh*, al comienzo sólo existía el silencio y las tinieblas. Los dioses del Cielo decidieron comenzar el alba de la vida. Los espíritus del Cielo crearon primero la tierra. Luego crearon los animales. Pero los animales no podían pronunciar los nombres de los dioses, no podían alabar a los dioses. Por eso, los dioses dieron a los animales las barrancas y las selvas para sus habitaciones. Después, los dioses crearon al hombre. La carne del hombre es el maíz. Los primeros hombres (cuatro de ellos) conocieron, vieron y comprendieron todo. Los dioses no querían que estos hombres tuvieran tanta sabiduría y así les hicieron a los primeros hombres perder algo de su extraordinario conocimiento. Luego los dioses crearon a las mujeres y los hombres se regocijaron de sus esposas.

claves de comprensión

The following questions are keys to the essential information found in the reading. Study them carefully before proceeding to the reading selection.

1. Describa el comienzo del mundo según el *Popol-vuh*.
2. ¿Cuál era el destino de los animales? ¿Por qué?
3. ¿Cuál fue la sustancia esencial para la creación del hombre?

4. ¿Cómo eran los primeros hombres?

5. ¿Cómo reaccionaron los dioses al ver a los primeros hombres? ¿Qué les hicieron los creadores a estos primeros hombres?

6. Describa la creación de la mujer.

pasos de lectura   Check off each item as you complete it.

———— Read the selection aloud and mark words you are unsure of.

———— Study the words you marked; look them up in the glossary if necessary.

———— Review *Claves de comprensión* and read *Para comprender*.

———— Read the selection again silently. Underline material you remember reading in *Vista preliminar*, *Claves de comprensión*, or *Para comprender*.

———— Answer all exercise items, preferably in writing.

LECTURA Selección del *Popol-vuh*

El *Popol-vuh* es un libro antiguo de los mayas de Yucatán y la América Central. Fue pasado oralmente de una generación a otra hasta que un misionero español lo puso en forma escrita en el siglo XVI. Esta biblia maya también se llama el *Libro del consejo*.

He aquí *here is*
relato *historia, narración*
apacible *peaceful*

faz *superficie*

He aquí° el relato° de cómo todo estaba en suspenso, todo tranquilo, todo inmóvil, todo apacible,° todo silencioso, todo vacío, en el cielo, en la tierra. He aquí, pues, la primera palabra y el primer discurso. No había aún un solo hombre ni un solo animal; no había pájaros, ni pescados, ni cangrejos, ni bosques, ni piedras, ni barrancas, ni hierbas, ni florestas; sólo el cielo existía. La faz° de la tierra no se manifestaba aún; sólo existían el apacible mar y todo el espacio de los cielos. . . . Todo era invisible, todo estaba inmóvil en el cielo. No existía nada edificado. No había más que la inmovilidad y el silencio en las tinieblas, en la noche. . . .

Maestro Gigante Relámpago es el primero, Huella del Relámpago es el segundo, Esplendor del Relámpago es el tercero: estos tres son los Espíritus del Cielo. Entonces se reunieron con ellos los Dominadores, los Poderosos del Cielo. Entonces celebraron consejo sobre el alba de la vida, cómo se haría la germinación, cómo se haría el alba, quién sostendría,

Fecundaos Be fruitful

nutriría. «¡Que así *sea** hecho! Fecundaos.° Que esta agua se retire y deje de estorbar. Que la tierra nazca, se afirme», dijeron, «y presente su superficie para ser asemillada y que brille el día en el cielo y en la tierra». Así fue verdaderamente como tuvo lugar la creación porque la tierra existe. «Tierra», dijeron ellos, y al instante ella se formó. . . .

«Que se acabe nuestra construcción, nuestra formación», fue respondido. Primero nacieron la tierra, los montes, las llanuras; se pusieron en camino las aguas; los arroyos caminaron entre los montes;

puesta en marcha first flow

así tuvo lugar la puesta en marcha° de las aguas cuando aparecieron las grandes montañas. Así fue el nacimiento de la tierra cuando nació por orden de los Espíritus del Cielo, de los Espíritus de la Tierra. . . .

(Popol-vuh explains that the gods first attempted to create man out of earth and later out of wood. Dissatisfied with both versions, the gods changed them to animals—the men of wood became monkeys.)

He aquí el comienzo de cuándo se celebró consejo acerca del hombre, de cuándo se buscó lo que entraría en la carne del hombre. Los

llamados so-called

llamados° Procreadores, Engendradores, Constructores, Formadores, Dominadores poderosos del Cielo . . . se congregaron, llegaron, vinieron a celebrar consejo en las tinieblas, en la noche. Entonces aquí buscaron, discutieron, meditaron, deliberaron. Así vinieron a celebrar Consejo sobre la aparición del alba; consiguieron, encontraron, lo que debía entrar en la carne del hombre. . . . En Casas sobre Pirámides, en

mazorcas ears of corn

Mansión de los Peces, así llamadas nacían las mazorcas° amarillas, las mazorcas blancas. He aquí los nombres de los animales que trajeron el

Cotorra parrot

alimento: Zorro, Coyote, Cotorra,° Cuervo, los cuatro animales anunciadores de la noticia de las mazorcas amarillas, de las mazorcas blancas nacidas en Casas sobre Pirámides, y del camino de Casas sobre Pirámides. He aquí que se conseguía al fin la sustancia que debía entrar en la carne del hombre construido, del hombre formado; esto fue su

se volvió became

sangre; esto se volvió° la sangre del hombre; esta mazorca entró en fin en el hombre por los Procreadores, los Engendradores. . . .

Solamente construidos, solamente formados; no tuvieron madres, no tuvieron padres; nosotros les llamamos simplemente Varones° . . .

Varones *hombres*

Entonces tuvieron apariencia humana, y hombres fueron; hablaron, dijeron, vieron, oyeron, anduvieron, asieron; hombres buenos, hermosos; su apariencia; rostros de Varones. . . . Todo lo vieron, conocieron todo el mundo entero; cuando miraban, en el mismo instante su vista miraba alrededor, lo veía todo, en la bóveda° del cielo, en la superficie de la

bóveda heights

tierra. Veían todo lo escondido sin antes moverse. Cuando miraban el mundo veían, igualmente, todo lo que existe en él. Numerosos eran sus

---

* Note the use of the subjunctive following *que* (*may, let*).

Una pintura del período clásico de los mayas en Guatemala. Hoy en día los descendientes de los mayas mantienen su idioma, sus costumbres y sus creencias.

Acabaron de They ended up by

conocimientos. Su pensamiento iba más allá de la madera, la piedra, los lagos, los mares, los montes, los valles. . . . Acabaron de° conocerlo todo, de mirar a las cuatro esquinas, a los cuatro ángulos, en el cielo, en la tierra. Los de lo Construido, Los de lo Formado, no escucharon esto con placer. «No está bien lo que dicen nuestros construidos, nuestros formados. Lo conocen todo, lo grande, lo pequeño», dijeron. . . . Así hablaron cuando rehicieron el ser de su construcción, de su formación.

veló clouded over
aliento breath
se turbaron became confused
Ciencia Knowledge

Entonces fueron petrificados los ojos de los hombres por los Espíritus del cielo, lo que los veló° como el aliento° sobre la faz de un espejo; los ojos se turbaron;° no vieron más que lo próximo, esto sólo fue claro. Así fue perdida la Sabiduría y toda la Ciencia° de los cuatro hombres, su principio, su comienzo. Así primeramente fueron construidos, fueron formados, nuestros abuelos, nuestros padres, por los Espíritus del Cielo, los Espíritus de la Tierra.

Entonces existieron también sus esposas, vivieron sus mujeres. Los dioses celebraron consejo. Así, durante su sueño, los cuatro hombres recibieron mujeres verdaderamente bellas. . . . Cuando se despertaron, sus mujeres existieron; sus corazones se regocijaron al instante a causa de sus esposas.

para comprender

Las siguientes frases no están en su orden correcto. Póngalas en orden.

_4_ Los dioses crearon los animales.

_1_ Solo existía la inmovilidad y el silencio en la oscuridad, en la noche.

_6_ Los dioses condenaron a los animales a vivir en la selva, los montes, las barrancas.

_5_ Los jaguares, pájaros y otros animales no podían pronunciar los nombres de los dioses no podían alabarlos.

_8_ Los dioses formaron al hombre de maíz.

_2_ Los dioses pronunciaron la palabra «tierra» e inmediatamente se formó la tierra.

_7_ El destino de los animales es servir de alimentación al hombre.

_3_ Aparecieron los ríos y los lagos.

_11_ Las esposas fueron creadas durante el sueño de los hombres.

_9_ Los cuatro hombres construidos al principio poseían mucha sabiduría.

_10_ Los dioses no estaban contentos con el conocimiento superior que tenían los primeros hombres y por eso les quitaron algo de su ciencia.

para conversar

Conteste las siguientes preguntas.

1. ¿Cuáles paralelos hay entre la narrativa maya y la Biblia cristiana? ¿Qué creencias son diferentes?
2. ¿En qué parte del mundo viven los mayas?
3. Según el *Popol-vuh*, ¿qué existía antes de la creación?
4. ¿Cómo se llaman los tres Espíritus del Cielo? ¿Sabe Ud. qué eran los dioses de los Incas del Perú?
5. ¿Cómo crearon los dioses la tierra?
6. ¿Por qué querían los dioses que los animales hablaran?
7. ¿Cuál es el destino de los animales? ¿Por qué?
8. ¿De qué cosa construyeron a los hombres? ¿Puede Ud. explicar esta creencia?
9. El *Popol-vuh* dice que los primeros hombres «no tuvieron madres, no tuvieron padres»—¿puede Ud. explicar esto?

10. ¿Cómo eran los primeros hombres? ¿Qué quiere decir, «su pensamiento iba más allá de la madera, la piedra, los lagos, . . .»? ¿Qué pensaron los dioses de esto y qué hicieron? ¿Cuál fue el pecado de Adán y Eva? ¿Cuál fue el castigo?

11. ¿Qué piensa Ud. de estros cuatro hombres con inteligencia superior? ¿Cree Ud. que vinieron del espacio—visitantes extraterrestres? ¿De otra dimensión? ¿Tendrá esta creencia de los mayas alguna base en alguna realidad histórica o es puro mito?

12. Explique las diferencias entre historia, mito y leyenda. ¿Cuál de estos es el *Popol-vuh*, en su opinión? ¿Cree Ud. que el mito y la leyenda tienen base en la realidad o son solamente imaginación?

13. ¿Cree Ud. que los dioses mayas crearon al hombre de maíz? ¿Cree que Dios hizo al hombre de barro *(clay)* como dice la tradición cristiana?

ACTIVIDADES

Para escribir

A. The objective of this activity is to write a guided composition based on the following points regarding the development of your religious beliefs:

1. Introducción: mis creencias religiosas, morales, éticas
2. La juventud y las primeras influencias y creencias
3. El colegio: las enseñanzas e influencias de mis padres, amigos, profesores y los libros
4. La universidad: cursos, amigos, grupos, compañeros de clase y libros que tuvieron influencia en mis creencias
5. Conclusión: mi relación (o falta de relación) con la religión y por qué

B. Other possibilities for compositions include the following:

1. Write a general composition on some aspect of beliefs and ideologies of a religious nature using the words in *Vocabulario temático*.
2. Write a composition consisting of a paraphrase summary and your personal reaction to the poem *Cántico de Navidad* by Unamuno.
3. Write a composition based on the discussion of Víctor and Abelarda in the selection from *Miau* by Galdós.
4. Write a composition based on the selection from the *Popol-vuh*, such as a comparison of the story of creation according to the Bible and the *Popol-vuh*.

Para leer

The following story, *Vudú* by Enrique Anderson Imbert, is another self-test of reading speed and comprehension. Read it twice without stopping to look up words. Time yourself.

Creyéndose abandonada por su hombre, Diansola mandó llamar al Brujo. Sólo ella, que con su fama tenía embrujada a toda la isla Barbuda, pudo haber conseguido que el Brujo dejara el bosque y caminara una legua para visitarla. Lo hizo pasar a la habitación del rancho y le explicó:

—Hace meses que no veo a Bondó. El canalla ha de andar por las otras islas, con otra mujer. Quiero que muera.

—¿Estás segura de que anda lejos?

—Sí.

—Y lo que quieres es matarlo desde aquí, por lejos que esté?

—Sí.

Sacó el Brujo un pedazo de cera, modeló un muñeco que representaba a Bondó y por el ojo le clavó un alfiler.

Se oyó, en la habitación, un rugido de dolor. Era Bondó, a quien esa tarde habían soltado de la cárcel y acababa de entrar. Dio un paso, con las manos sobre el ojo reventado, y cayó muerto a los pies de Diansola.

—¡Me dijiste que estaba lejos!—protestó el Brujo; y mascullando un insulto—amargo como una semilla—huyó del rancho.

El camino, que a la ida se había estirado, ahora se acortaba; la luz, que a la ida había sido del sol, ahora era de la luna; los tambores, que a la ida habían murmurado a su espalda, ahora le hablaban de frente; y la semilla de insulto que al salir del rancho se había puesto en la boca, ahora, en el bosque, era un árbol sonoro:

—¡Estúpida, más que estúpida! Me aseguraste que Bondó estaba lejos y ahí no más estaba. Para matarlo de tan cerca no se necesitaba de mi Poder. Cualquier negro te hubiese ayudado. ¡Estúpida!, me has hecho invocar el Poder en vano. A lo mejor, por tu culpa, el Poder se me ha estropeado y ya no me sirve más.

Para probar si todavía le servía, apenas llegó a su choza miró hacia atrás—una legua de noche—, encendió la vela, modeló con cera una muñeca que representaba a Diansola y le clavó un alfiler en el ojo.

Enrique Anderson Imbert, *Vudú.*

prueba de comprensión

Write **C** for *cierto* or **F** for *falso*. Answers are at the end of the chapter. *Do not* refer back to the reading while answering each item—this is a test!

_____ **1.** Diansola pensaba que su hombre la había dejado y por eso llamó al Brujo.

_____ **2.** Diansola quiería morir porque creía que su hombre, Bondó, estaba en otra isla aprendiendo a ser brujo.

_____ **3.** El Brujo formó una figura que representaba a Bondó y le metió un alfiler en el ojo del muñeco.

_____ **4.** Se oyó un ruido en el rancho y era Bondó que acababa de entrar cubriendo el ojo con las manos.

_____ **5.** Diansola mató a Bondó dándole golpes con los pies.

_____ **6.** Bondó había estado en la cárcel.

_____ **7.** El Brujo se quedó en el rancho porque no le gusta estar lejos de noche.

_____ **8.** El Brujo se puso furioso con Diansola porque Bondó de hecho no estaba lejos.

_____ **9.** El Brujo estaba preocupado de que había perdido el Poder porque lo usó en vano.

_____ **10.** Cuando llegó a su rancho el Brujo se metió un alfiler en el ojo y murió.

SPEED (based on *two* readings)

Less than 5 minutes	Excellent
5-7 minutes	Good
7-9 minutes	Average
More than 9 minutes	Work needed

COMPREHENSION

10 correct items	Excellent
9	Very good
8	Good
7	Average

Para hablar

A. *Debate:* La separación de iglesia y gobierno—¿sí o no?

B. *Discusión:* El vudú y los poderes sobrenaturales.

C. *Debate:* Los curanderos y brujos indios de Hispanoamérica—¿charlatanes o no?

D. *Debate:* Las ceremonias religiosas—¿cubren la nada o tienen valor?

E. *Discusión:* La fe religiosa.

ANSWER KEY: 1-C, 2-F, 3-C, 4-C, 5-F, 6-C, 7-F, 8-C, 9-C, 10-F

CAPITULO OCHO

Actitudes idealistas y realistas

PRIMER PASO

Para preparar la lectura

_____ Estudie *Vocabulario temático.*

_____ Haga los ejercicios de *Estudio de palabras.*

_____ Lea *Sugerencia.*

_____ Lea *Vista preliminar.*

_____ Estudie *Claves de comprensión.*

vocabulario temático   Estudie las siguientes palabras.

caballeresco chivalresque
caballería chivalry
caballero gentleman (knight)
cortés *(adj.)* courteous
cortesía courtesy
dama lady
destacarse to stand out, distinguish oneself
destreza skill, dexterity
ensuciar to soil, dirty
licenciado licentiate (university degree)

luchar to struggle, fight
los modales manners
nobleza nobility
palanca, el enchufe "connections"
picardía roguishness, knavery
picaresco, -a picaresque
pícaro, -a rogue
la plebe common people
sencillo, -a simple
la torre de marfil ivory tower

estudio de palabras   Haga los siguientes ejercicios.

A. Complete el patrón con el adjetivo español del adjetivo inglés, siguiendo el modelo.

Nota: Algunas palabras con el sufijo *-tic* tienen un equivalente en español.

Modelo -tic→ -tico: artistic→ *artístico*

1. fantastic
2. *tou*ristic
3. es*th*etic

4. *sch*olastic
5. *ch*aracteristic
6. humanistic

B. Complete el patrón con la palabra española, siguiendo el modelo.

Nota: En algunos casos una sola forma española expresa ambos el adjetivo y el sustantivo ingleses.

Modelo materialistic, materialist ⟶ *materialista*

1. pessimistic, pessimist
2. optimistic, optimist
3. idealistic, idealist
4. realistic, realist
5. formalistic, formalist
6. capitalistic, capitalist
7. imperialistic, imperialist
8. socialistic, socialist

sugerencia In addition to topical key words, you should also pay close attention to words that are important to comprehension and deal with comparison, contrast, result, or summary. Such words include *pero, en cambio, al contrario, sino (que), porque, por eso, por ejemplo, como, en resumen, es decir, en otras palabras, puesto que,* and *dado que.*

vista preliminar Read the first paragraph, then read the first and last sentence of each paragraph, and finally read the last paragraph.

claves de comprensión The following questions are keys to the essential information found in the reading. Study them carefully before proceeding to the reading selection.

1. ¿Cuáles son los orígenes de las características hispánicas de idealismo?
2. ¿Cómo afecta el idealismo a la actitud hispánica hacia el trabajo?
3. ¿Cómo es la mayoría de la literatura y el arte hispánicos?
4. ¿Cuáles son unas preocupaciones predominantes entre algunos hispanos afectados por actitudes idealistas?
5. Describa la actitud realista que reflejan algunos hispanos.
6. Describa el equivalente del contraste entre el idealismo y el realismo en la historia cultural de los Estados Unidos.

pasos de lectura Check off each item as you complete it.

_____ Read the selection aloud and mark words you are unsure of.

_____ Study the words you marked; look them up in the glossary if necessary.

_____ Review *Claves de comprensión* and read *Para comprender.*

_____ Read the selection again silently. Underline material you remember reading in *Claves de comprensión* and *Para comprender.*

_____ Answer all exercise items, preferably in writing.

LECTURA *Idealismo y realismo*

Al pensar en el aspecto idealista de la cultura hispánica debemos
recordar el pasado de España y de Europa en general. Fue un mundo de
castillos y palacios, de nobles y cortesanos, de caballeros y damas y amor
cortés—el *courtly love*. La nobleza cultivó un sistema complejo de modales
y etiqueta bastante refinados. Fue el período del caballero cortés y culto,
de palabras y acciones caballerescas y de toda la pompa de la caballería
en general.

También tuvo su influencia la tradición grecorromana. Los griegos,
a pesar de su democracia, tuvieron poco interés en el hombre común.
Las personas inferiores tenían que hacer el trabajo manual mientras que
la clase privilegiada cultivó su interés en lo transcendental. Gozando de
ocio casi completo se interesaron en la belleza y la armonía en la
arquitectura y en el arte. La filosofía y las artes fueron muy importantes.

Aún después de las revoluciones del siglo XVIII y del siglo XIX
que intentaron igualar la sociedad, muchos aspectos y actitudes idealistas
siguen formando hoy en día parte del carácter y de la cultura
hispánicos. Casi la única diferencia es que los nobles de antes se llaman
hoy en día la clase alta—la aristocracia. Podemos llamar a este grupo *los
idealistas.*

Las características del idealismo se encuentran también entre
muchas personas de la clase media que intentan imitar a los de arriba.
Los idealistas ya no son nobles con palacios, pero imitan las actitudes de
la época gloriosa. Muchos hispanos todavía cultivan la tradición
grecorromana y la formalidad de la época de caballería. El hispano
prefiere lo estético a lo práctico, lo espiritual a lo material y lo
metafísico a lo físico. Esta preferencia se nota en la enseñanza
universitaria donde la filosofía y las letras—«las humanidades»—
predominaban hasta muy recientemente sobre las ciencias, los negocios,
la arquitectura y la ingeniería. En la mayoría de los colegios las
humanidades siguen predominando. Pocos colegios enseñan *home
economics, typing, shop* u otros cursos considerados prácticos por la gente
utilitarista. Se puede recibir este tipo de instrucción en institutos
especializados, no en los colegios. Es interesante notar que, en la mayoría
de los casos, el especialista hispánico (médico, abogado, ingeniero) se
interesa en la cultura, la literatura, el arte, la música y puede discutir
estos temas con otros. Y se siente tan cómodo con un escritor, músico o
artista como con otro especialista de la misma profesión. En cambio, en
los Estados Unidos muchos especialistas tienen poco en común con
alguien fuera de su profesión.

Los factores del idealismo se notan también en el arte y en la literatura hispánicos. Hasta hace poco tiempo la mayoría del arte y de la literatura hispánicos puso énfasis en lo estético, escolástico y religioso. Se describió un mundo fantástico, maravilloso, «irreal». Fue un mundo idealizado visto desde una torre de marfil. Hay una corriente literaria hispánica que se llama *el modernismo*. Los escritores modernistas describieron cisnes,° princesas orientales y países lejanos y exóticos. Los modernistas evitaron el mundo real, despreciando lo mundano.

Los hispanos que demuestran características del idealismo también desprecian lo mundano. Crean un mundo personal tan idealizado como la visión perfecta presentada en la literatura y en el arte. No es apropiado criticar al hispano porque esto se considera un ataque personal contra la visión idealizada que tiene de sí mismo.

Hay una preocupación por la calidad y el linaje. La «sangre» y la posición social son de mucha importancia. La frase «gente bien» es común. Se oye a menudo, «Ayer conocí a los Gómez. Es *gente bien* de la capital, ¿sabes?».

La formalidad, el refinamiento, los modales y la etiqueta de tiempos feudales siguen formando parte de la cultura hispánica. La formalidad se ve en todo, hasta en el idioma que usa *tú* en casos familiares y *usted* en casos formales. Otro aspecto de esto es la idea de «quedar bien» o «quedar mal»°. El hispano no quiere quedar mal nunca. No quiere admitir ningún error. Como sugiere un cuento de Mario Benedetti llamado *Los bomberos*°, el hispano a veces prefiere sufrir consecuencias desagradables en lugar de quedar mal admitiendo que estuvo equivocado.° El caso del cuento de Benedetti es extremo— exagerado para tener un efecto humorístico.

Otro aspecto del idealismo es el esfuerzo° de vestirse bien, hasta elegante, aun en ocasiones informales. Por eso, muchos hispanos miran sorprendidos a los turistas, especialmente los estadounidenses, que se visten de *shorts* o de pantalones poliéster de cuadros de muchos colores, sobre todo si esto se ve en el centro de la ciudad, en el cine o en un museo.

La preocupación con la posición social puede explicar el deseo de vestirse bien. Los que se visten mal se consideran de la plebe, labradores o trabajadores. La ropa es un símbolo de posición, tanto así que un hombre con una camisa limpia es automáticamente llamado a veces «don» o «doctor». A los hispanos les encantan los títulos como *profesor* o *doctor* porque un título es una manera de destacarse de los demás; y este individualismo es un aspecto básico de muchos hispanos. Usan sus títulos en todas las ocasiones, formales e informales. En efecto, el título reemplaza la palabra *señor*. Se oye con frecuencia: «¿Puedo hablar con el *ingeniero* Robles?»—«Lo siento. No está aquí. Pero, siéntese un momento y llamaré al *licenciado* Mora.»

cisnes swans

«quedar bien» o «quedar mal» to look (seem) good, bad
bomberos firefighters
equivocado mistaken

esfuerzo effort

Otro factor del idealismo es la dignidad y el status. Las personas profesionales requieren *el trato debido* y el respeto en todas sus relaciones profesionales y sociales. Un puesto de dignidad y status donde uno puede vestirse bien y tener un título como *señor, don* o *doctor* es de primera consideración; el sueldo es de importancia secundaria. Lo importante es evitar el trabajo manual y no ensuciarse las manos.

En contraste bastante marcado con este grupo de *grandes señores* tenemos el grupo *realista* del mundo hispánico. Este consistía antes en los *serfs* y artesanos que trabajaban mientras que los nobles bailaban, se sonreían y se decían el uno al otro palabras corteses. Este grupo que representa el realismo sigue existiendo pero hoy en día se llaman campesinos, pobres, la clase baja, la plebe. La vida, los valores y las actitudes de esta gente han cambiado poco desde tiempos feudales. También se encuentra el realismo entre la gente de las otras clases sociales, especialmente entre los que se interesan en los problemas y los derechos de los de abajo.

El mundo del caballero, lo caballeresco y la caballería presenta un contraste con el pícaro, lo picaresco y la picardía que a veces caracterizan el realismo. La actitud realista de esta gente viene de su lucha constante por la vida. Tienen que luchar contra el hambre y la miseria con el músculo y la destreza física mientras que el idealista usa su conocimiento, su posición social y la palanca (el enchufe).

Mientras que la «gente bien» vive con su formalidad, refinamiento y pompa, la gente sencilla tiene que enfrentar la realidad de una vida que no es siempre de color de rosa. Viviendo en un mundo real, se burlan de° los de arriba que viven en un mundo idealizado que los realistas consideran falso. La gente sencilla piensa que los otros viven en una hipocresía que fingen la formalidad y que su preocupación con la dignidad y el status es artificial.

Antes de la revolución industrial del siglo XIX y antes de la industrialización y transculturación que están afectando el mundo hispánico, era fácil clasificar a los idealistas según su posición socio-económica privilegiada y a los realistas según su pobreza. Pero ahora con una clase media que más y más está creciendo y predominando es más difícil relacionar las corrientes de idealismo y realismo con clase social. Ahora el idealismo o el realismo puede caracterizar a un hispano de cualquier clase social.

El contraste entre el idealismo y el realismo tiene su equivalente en la historia cultural de los Estados Unidos. El refinamiento de Boston o de Williamsburg en la época colonial fue un contraste con el mundo realista de Davy Crockett y Daniel Boone. El mundo del *southern gentleman,* el caballero de las plantaciones del sur, con sus modales, etiqueta y honor y un *mint julep* en la mano fue muy diferente de la realidad mundana de Huckleberry Finn o de los *vaqueros* del oeste. También ha existido la división entre los *rednecks* o *hicks* y los *city slickers* o *dudes* como muestra de las diferencias entre el realismo y el idealismo.

Pero hoy en día en los Estados Unidos existe menos distinción entre el idealismo y el realismo. Ya casi no se ve un *frac.* Y en las puertas de los baños en los restaurantes dicen *guys* y *dolls* cuando antes ponían «damas» y «caballeros». Ya no se ven las puertas de baño con el dibujo del *top hat* y *cane.* Hay alguna evidencia que ha ocurrido recientemente una fusión de los aspectos idealistas y realistas: la popularidad de *country music* en todo el país; un presidente que era granjero del sur; y el *urban cowboy*—el habitante de la ciudad que se viste de botas y sombrero aunque no ha montado a caballo nunca en su vida. Pero parece que algunos no estuvieron contentos con esta fusión y hubo intentos de volver a la división antigua—la elegancia de las discotecas (*"no jeans allowed"*), el refinamiento y elegancia de la inauguración presidencial en 1980, el movimiento o *fad* de los *preppies*—todo esto sugiere que todavía hay personas que no quieren identificarse con los de abajo, la plebe.

En el mundo hispánico la situación es muy diferente. No se ha visto ninguna fusión de los dos polos opuestos de idealismo y realismo. Los que se creen «gente bien» siguen con su formalidad, con su interés en la dignidad y el status, con sus modales y etiqueta, con su personalismo e individualismo y con todas las otras características del idealismo. Y la otra gente sigue luchando.

Escoja la respuesta apropiada para completar cada frase.

1. En el pasado la nobleza cultivó _____ . *(un jardín en el palacio / los modales y la etiqueta)*

2. El interés del hispano en lo transcendental viene de _____ . *(la tradición grecorromana / la meditación durante sus períodos de ocio)*

3. La gente que antes era de la nobleza se llama ahora _____ . *(aristócratas / don o doctor)*

4. Las características de la tendencia idealista se encuentran _____ . *(sólo entre las personas ricas / entre los de la clase media tanto como la alta)*

5. Los estudios humanísticos _____ en el mundo hispánico hasta hace poco tiempo. *(eran preferidos / solo predominaban en institutos especializados)*

6. El énfasis de la mayoría del arte y de la literatura hispánicos es _____ . *(religioso, estético y escolástico / modernista)*

7. En el mundo hispánico _____ y la posición social tienen importancia. *(la sangría / la sangre)*

8. Los modales refinados y la formalidad _____ la cultura hispánica. *(ya no existen en / todavía son aspectos de)*

9. Bajo el idealismo es importante evitar _____ y no _____ las manos. *(el trabajo físico; ensuciarse / un manual de trabajo; lavarse)*

10. Los de la actitud realista tienen que luchar _____ . *(el uno contra el otro / contra las adversidades de la vida)*

11. Las corrientes de idealismo y realismo _____ en la cultura estadounidense. *(han existido / no tienen un equivalente)*

12. Entre los hispanos _____ existen las características del idealismo y del realismo. *(ya no / todavía)*

Conteste las siguientes preguntas.

1. ¿Cómo era el período de la caballería en Europa?
2. ¿Qué tipo de intereses vienen de la tradición grecorromana?
3. ¿Dónde se nota la preferencia de los hispanos por la filosofía y letras?
4. ¿Cómo es el mundo descrito en mucha literatura hispánica?
5. ¿Cuáles son algunos ejemplos de la formalidad?
6. En el mundo hispánico, ¿cuál es más importante—el dinero o la dignidad y el status que ofrecen un trabajo? ¿Cuál es más importante entre la mayoría de las personas de los Estados Unidos?
7. ¿Quiénes reflejan o pertenecen a la corriente de realismo?
8. ¿Qué piensan los realistas de los idealistas?
9. ¿Puede Ud. dar otros ejemplos no mencionados en el texto del contraste entre idealismo y realismo en los Estados Unidos? ¿Cree que hay más o menos distinción entre estas dos corrientes en los Estados Unidos? ¿Por qué?

Actitudes idealistas y realistas   **213**

10. ¿Es Ud. realista o idealista? ¿Es Ud. materialista o humanista? ¿Optimista o pesimista? ¿Cuál prefiere Ud.—las humanidades, las ciencias o los negocios? ¿Le gustan a Ud. la literatura, la música y el arte?

SEGUNDO
PASO

Para preparar la lectura

_____ Estudie el vocabulario y haga los ejercicios de *Palabras y práctica*.
_____ Lea *Vista preliminar*.
_____ Estudie *Claves de comprensión*.

palabras y práctica   Vocabulario para la *Lectura*

el albañil mason, bricklayer
aludir to allude, refer to
banquero, -a banker
cáscara rind, peel
cojo, -a cripple
escupir to spit
extraer to extract, remove
falsear to falsify
fango mud, mire

el fusil rifle, gun
gramo gram
hombro shoulder
hueso bone
ingresar to enter
peso weight
rascarse to scratch oneself
sollozar to sob
toser to cough

A. Dé otras palabras asociadas con cada palabra a continuación. Siga el modelo.

Modelo fango—*tierra, ensuciarse, lluvia, río, agua*

1. hombro
2. escupir
3. cáscara

4. banquero
5. sollozar
6. fusil

B. Complete cada frase con una palabra apropiada de la lista de palabras.

1. Los arqueólogos encontraron _____ de un animal desconocido.
2. El hueso estaba muy sucio porque lo encontraron en _____ de la selva.
3. Por eso el hueso es difícil de identificar pero los expertos _____ a una posible relación entre este animal y los primeros hombres.
4. Pero otros expertos dicen que han intentado _____ la información para ganar fama.
5. Además, dicen que el descubrimiento es tan pequeño, apenas pesa _____, que no se puede llegar a una conclusión concreta.
6. Mientras tanto no se puede seguir con la construcción del edificio sobre el sitio del descubrimiento y por eso _____ salieron en huelga.

C. Conteste las preguntas usando las palabras entre paréntesis.

1. ¿Tienes comezón *(itch)? (rascarse)*
2. ¿Qué te va a hacer el dentista? *(extraer)*
3. ¿Por qué camina así ese señor? *(cojo)*
4. ¿Estás fumando mucho? *(toser)*
5. ¿Puedes llevar este paquete? *(peso)*
6. ¿Por qué comes manzanas pero no comes naranjas? *(cáscara)*
7. ¿Cuándo entraste a la universidad? *(ingresar)*
8. ¿Qué vas a hacer con eso? ¿Vas a cazar *(hunt)? (fusil)*

vista
preliminar
Al leer en español, especialmente ciertos estilos como la poesía, hay que abrir la imaginación. Como hemos dicho, no se puede leer palabra por palabra porque las palabras y frases no aparecen en el mismo orden que en inglés. Además, hay palabras y frases que solo se sugieren y no se expresan. Por ejemplo, «¿Hablar, después, de cuarta dimensión?», un verso del poema que sigue, es más fácil de comprender si el lector cambia y añade: «¿(Cómo puede uno) hablar de (la) cuarta dimensión después (de ver algo como) el comerciante (que) roba al cliente?»

El siguiente poema por Vallejo es un buen ejemplo de algunos aspectos del contraste que existe entre el realismo y el idealismo. El primer verso de cada estrofa hace referencia a la realidad mundana que incluye la miseria, la pobreza, el sufrimiento, el hambre, la injusticia. El segundo verso de cada estrofa plantea la pregunta, ¿cómo puede uno preocuparse con trivialidades cuando el mundo está lleno de problemas?

claves de
comprensión
The following questions are keys to the essential information found in the reading. Study them carefully before proceeding to the reading selection.

1. ¿Cómo expresa el poeta el contraste entre la pobreza y el hambre y el interés en el psicoanálisis y el doble?
2. ¿Cómo contrasta el poeta la enfermedad y la deformidad con los intereses del idealismo?
3. ¿Qué dice el poeta de los comerciantes y los banqueros?
4. ¿Qué dice Vallejo de la ignorancia y la muerte?

pasos de lectura Check off each item as you complete it.

_____ Read the poem aloud to get a feel for sounds and rhythm.

_____ Read it again silently and mark words you are unsure of.

_____ Study the words you marked; look them up in the glossary if necessary.

_____ Review *Claves de comprensión* and read *Para comprender*.

_____ Read the selection again. Underline material you remember reading in *Vista preliminar*, *Claves de comprensión*, and *Para comprender*.

_____ Answer all exercise items, preferably in writing.

LECTURA *Un hombre pasa . . .*

por CESAR VALLEJO

Vallejo (1892–1938), del Perú, escribió varios libros de poesía. Sus poemas reflejan frecuentemente el sufrimiento del hombre que Vallejo observó en muchas partes del mundo. Algunos de sus libros sobresalientes son *Trilce*, *Los heraldos negros* y *Poemas humanos*. Este último incluye el poema *Un hombre pasa*.

Un hombre pasa con un pan al hombro
¿Voy a escribir, después, sobre mi doble?°

doble double, alter ego

Otro se sienta, ráscase, extrae un piojo° de su axila,° mátalo
¿Con qué valor hablar de psicoanálisis?

piojo louse
axila armpit

Otro ha entrado a mi pecho con un palo en la mano
¿Hablar luego de Sócrates al médico?

Un cojo pasa dando el brazo a un niño
¿Voy, después, a leer a André Breton?°

Otro tiembla de frío, tose, escupe sangre
¿Cabrá aludir jamás al Yo profundo?°

Otro busca en el fango huesos, cáscaras
¿Cómo escribir, después, del infinito?

André Breton *escritor*
surrealista francés

¿Cabrá aludir jamás al
Yo profundo? Can it
ever be proper to allude
to the depths of the ego?

México: un hombre pasa
mientras los pobres esperan...

	Un albañil cae de un techo, muere, y ya no almuerza
tropo figure of speech	¿Innovar, luego, el tropo,° la metáfora?

Un comerciante roba un gramo en el peso a un cliente
¿Hablar, después, de cuarta dimensión?

Un banquero falsea su balance
¿Con qué cara llorar en el teatro?

paria outcast   Un paria° duerme con el pie a la espalda
¿Hablar, después, a nadie de Picasso?

Alguien va en un entierro sollozando
¿Cómo luego ingresar a la Academia?

Alguien limpia un fusil en su cocina

del más allá of the great beyond   ¿Con qué valor hablar del más alla?°

Alguien pasa contando con sus dedos

no-yo non-ego   ¿Cómo hablar del no-yo° sin dar un grito?

para comprender Lea cada frase, luego diga si refleja el idealismo o el realismo.

1. Esa persona no tiene nada de comer sino un pedazo de pan viejo.
2. ¿No crees que la reincarnación sea una explicación del doble? O ¿quizás es la explicación de la presencia de dos o más personalidades en una sola persona?
3. Estoy de acuerdo con lo que dices del arte de Picasso pero yo creo que además del nivel estético su obra contiene un mensaje profundo, pues expresa las angustias existencialistas del no-yo y de la nada.
4. Ese cojo se cayó y nadie se ofreció a ayudarlo.
5. Según las teorías de Berkeley, el gran filósofo, nada existe si no hay una mente para percebir *(perceive)* la cosa.
6. En muchas partes del mundo los niños carecen de las necesidades básicas para vivir.

para analizar Conteste las siguientes preguntas.

1. Lea las siguientes definiciones de las palabras *concreto* y *abstracto*.
   Concreto: real, cierto, específico, palabras que designan un ser o un objeto perceptible por los sentidos.

Ejemplos del poema: *pan, hombro, piojo, sangre, fango*
Abstracto: imaginario, intangible, una cualidad con exclusión de sujeto, lo que no se percibe.
Ejemplos del poema: *infinito, valor, el yo, cuarta dimensión*

2. Ahora subraye las palabras concretas del poema y ponga un círculo alrededor de las abstractas.
3. ¿Cuál refleja el primer verso de cada estrofa—el idealismo o el realismo?
4. ¿Refleja el segundo verso de cada estrofa el idealismo o el realismo?
5. ¿Cuáles versos tienen más palabras concretas—los primeros o los segundos?
6. ¿Cuáles versos tienen más palabras abstractas?
7. ¿Puede Ud. comentar sobre la relación entre lo concreto y lo abstracto y el realismo y el idealismo?

***para
conversar*** Conteste las siguientes preguntas.

1. ¿Tiene Ud. más interés en cuestiones metafísicas o asuntos prácticos?
2. El poema tiene una serie de contrastes. ¿Por qué emplea el poeta esta técnica?
3. ¿Cree Ud. que lo que describe el poeta es común en el mundo entero? ¿en el mundo hispánico? ¿en los Estados Unidos? ¿Cuáles de las situaciones que describe son comunes en los Estados Unidos y cuáles son menos comunes?
4. ¿Cree Ud. que es importante estudiar o conversar sobre el psicoanálisis, la filosofía, la literatura? ¿Por qué?
5. ¿Qué implica el verso «Otro busca en el fango huesos, cáscaras»?
6. ¿Qué implica el verso «Alguien limpia un fusil en su cocina»?
7. ¿Cree Ud. que las reacciones del poeta a los eventos que él observa son exageradas? ¿Es indiferente la mayoría de la gente a tales eventos?
8. ¿Cómo reaccionaría Ud. si viera a alguien contando con los dedos, a un banquero falsificando su balance, a alguien buscando huesos y cáscaras en la basura *(trash)*, a un niño durmiendo en la calle?

TERCER PASO

Para preparar la lectura

____ Estudie el vocabulario y haga los ejercicios de *Palabras y práctica.*

____ Estudie la estructura y haga el ejercicio de *Estructuras y práctica.*

____ Lea *Vista preliminar.*

____ Estudie *Claves de comprensión.*

palabras y práctica

Vocabulario para la *Lectura*

cálculo calculation, computation
cargar to load, carry
colina hill
derrotar to defeat
dirigir to lead, direct
ejército army
envidioso, -a envious
oveja sheep
pastor, -a shepherd
rayo lightning flash

rebaño flock
recoger to gather
sentido sense
suceder to happen
el tambor drum
tocar to play (a musical instrument)
turbar to disturb
venganza vengeance
volver a + *infinitive* again

A. Escoja la definición correcta y escriba su letra en el espacio.

1. derrotar _____
2. tambor _____
3. oveja _____
4. turbar _____
5. rayo _____
6. pastor _____
7. cargar _____
8. suceder _____
9. ejército _____
10. rebaño _____

a. instrumento musical
b. molestar
c. electricidad que se produce en el cielo
d. tener éxito
e. grupo de soldados
f. conquistar, vencer
g. ocurrir, pasar
h. grupo de animales, ovejas, por ejemplo
i. persona que cuida las ovejas
j. llevar, transportar
k. animal del cual viene la lana

B. Forme Ud. frases originales usando las palabras a continuación.

1. cálculo
2. volver a + *infinitive*
3. dirigir
4. tocar
5. turbar

6. sentido
7. colina
8. venganza
9. recoger
10. envidioso

Comparatives of adjectives, nouns, and adverbs

Adjectives

Algunas personas son **más** materialistas **que** otras.
Algunos estadounidenses son **menos** idealistas **que** muchos hispanos.

Nouns

Pedro tiene **más** libros **que** su hermano.

Yo tengo **menos** hermanos **que** mi primo.

Adverbs

Algunas culturas cambian **más** rápido **que** otras.
Los panameños hablan **menos** despacio **que** los mexicanos.

Más de is used with *numbers* in *affirmative* sentences.

Me pagó **más de** veinte pesos.
Más que is used with *numbers* in *negative* sentences.

No tenemos **más que** diez lápices.

The comparative of equality (as ... as) with adjectives is expressed with **tan...como**.

Barcelona es **tan** moderna **como** otras ciudades.
Colombia es **tan** grande **como** Alaska.

The comparative of equality with nouns is expressed with **tanto...como**.
Note: **tanto** agrees with the noun it modifies.

Francisco toma **tantos** cursos **como** yo.
El señor bebe **tanta** cerveza **como** su hermana.

Superlative of adjectives

The superlative of adjectives is expressed by the definite article
+ **más** or **menos** + adjective.
Note: **de** is used for the English *in.*

Comparative: Ignacio es **más alto que** Patricia.
Superlative: Gustavo es **el más** alto **de** la familia.
Comparative: Josefina es **más optimista que** Carlos.
Superlative: Guadalupe es **la más** optimista **del** grupo.

Irregular comparatives and superlatives

Adjective	Comparative	Superlative
bueno	mejor	el, la, los, las mejor(es)
malo	peor	el, la, los, las peor(es)
grande	mayor *(age, not size)*	el, la, los, las mayor(es)
pequeño	menor *(age, not size)*	el, la, los, las menor(es)

Aquel libro es **bueno.** Ese libro es **mejor.** Este libro que estás leyendo es **el mejor** de todos.

To refer to size, **grande** and **pequeño** are used with **más** or **menos.**

Esa casa es **grande.** La otra casa es **más grande.** La casa nueva es **la más grande.**

Usando su imaginación y su opinión personal, complete las siguientes frases de una manera original.

1. Las universidades hispánicas ofrecen _____ cursos prácticos.
2. Los hispanos son _____ los estadounidenses.
3. La cultura hispánica es _____ la cultura estadounidense.
4. Los idealistas son _____ los realistas.
5. Los caballeros son _____ los pícaros.
6. La clase baja tiene _____ la clase alta.
7. La literatura hispánica es _____ la literatura americana o inglesa.
8. Para el hispano la dignidad del trabajo es _____ el salario que recibe.
9. Los realistas piensan en _____ en cuestiones filosóficas, artísticas o estéticas.
10. Hoy en día, el español es _____ el estudio principal.

La famosa novela de Cervantes es otro buen ejemplo del idealismo y el realismo. Don Quijote, leyendo muchos libros de caballería, quiere volver a esa época de caballeros andantes, duelos, damas, cortesía, honor y justicia. Su escudero *(squire)*, Sancho Panza, lo acompaña en una serie de aventuras. Sancho, el realista, ve las cosas como son. Don Quijote, el idealista, ve todo como lo quiere ver, no como es en realidad. Cuando las fantasías idealizadas de don Quijote salen mal, no admite su error—echa la culpa a los encantadores *(wizards, sorcerers)*, diciendo que ellos cambian las cosas para turbarlo.

claves de
comprensión The following questions are keys to the essential information found in the reading. Study them carefully before proceeding to the reading selection.

1. ¿Qué piensa don Quijote cuando ve la polvareda?
2. ¿Qué quiere hacer don Quijote?
3. ¿Qué oye Sancho?
4. ¿Qué hace don Quijote?
5. ¿Cómo reaccionan los pastores?
6. ¿Cómo le explica don Quijote a Sancho lo que pasó?

pasos de
lectura Check off each item as you complete it.

_____ Read the selection aloud and mark words you are unsure of.

_____ Study the words you marked; look them up in the glossary if necessary.

_____ Review *Claves de comprensión* and read *Para comprender.*

_____ Read the selection again silently. Underline material you remember reading in *Vista preliminar, Claves de comprensión,* and *Para comprender.*

_____ Answer all exercise items, preferably in writing.

ECTURA *Don Quijote derrota dos ejércitos*

por MIGUEL DE CERVANTES

Cervantes (1547–1616) escribió *Don Quijote* en dos partes (1605–1615). *Don Quijote* es la obra maestra de la literatura hispánica. Es una novela divertida y profunda a la vez.

espesa *densa*
polvareda dust storm

Don Quijote y Sancho Panza iban conversando cuando vio Don Quijote que venía hacia ellos una grande y espesa° polvareda°. Al verla se volvió a Sancho y le dijo:

—Este es el día, Sancho, en el cual se ha de mostrar* el valor de mi brazo y en el que he de hacer obras que queden escritas en el libro de la Fama por todos los venideros° siglos. ¿Ves aquella polvareda que allí se levanta? Pues es un grandísimo ejército que viene marchando por allí.

venideros *futuros*

—Según esos cálculos, dos ejércitos deben ser—dijo Sancho;—porque de la otra parte se levanta asimismo° otra semejante polvareda.

asimismo *de la misma*
manera

Volvió a mirarlo don Quijote, y vio que así era la verdad; y alegrándose mucho, pensó, sin duda alguna, que eran dos ejércitos que venían a atacarse en mitad de aquella espaciosa llanura. Y la polvareda que había visto la levantaban dos grandes rebaños de ovejas que por aquel mismo camino de dos diferentes partes venían, los cuales, con el polvo, no podían verse hasta que llegaron cerca. Y con tanta vehemencia afirmaba don Quijote que eran ejércitos, que Sancho vino a creerlo y a decirle:

—Señor, ¿Qué hemos de hacer nosotros?

—¿Qué?—dijo don Quijote.—Servir y ayudar a los necesitados y débiles. Y has de saber, Sancho, que éste que viene por nuestro frente le dirige el gran emperador Alifanfarón, este otro que a mis espaldas marcha es el de su enemigo el rey Pentapolín.**

—Pues, ¿por qué se odian estos dos señores?—preguntó Sancho.

—Se odian—respondió don Quijote—porque este Alifanfarón es un furioso pagano, y está enamorado de la hija de Pentapolín, que es una señora muy hermosa, y es cristiana, y su padre no quiere entregársela° al rey pagano si no abandona primero la ley de su falso profeta Mahoma y

entregársela *dársela*

---

* *se ha de mostrar*—is to be shown (*haber de* + infinitive—to be to: *¿Qué hemos de hacer?*—What are we to do?)

** Don Quijote customarily draws humorous names from the books of chivalry or from his imagination.

se convierte a la suya. Pero escúchame porque quiero describirte a los caballeros más importantes de estos dos ejércitos.

Sancho estaba escuchando atentamente, sin decir nada, y de tiempo en tiempo volvía la cabeza a ver si veía a los caballeros y gigantes que su amo nombraba; y como no descubría a ninguno, le dijo:

—Señor, ni gigante, ni caballero de los que vuestra merced° dice parece por allá; por lo menos, yo no los veo. Quizás todo debe ser encantamiento.°

—¿Cómo dices eso?—respondió don Quijote.—¿No oyes el relinchar° de los caballos, el tocar de los clarines, el ruido de los tambores?

—No oigo otra cosa—respondió Sancho—sino muchos balidos° de ovejas.

Y así era la verdad, porque ya llegaban cerca los dos rebaños.

—El temor que tienes—dijo don Quijote—te hace, Sancho, que ni veas ni oigas bien; porque uno de los efectos del temor es turbar los sentidos y hacer que las cosas no parezcan lo que son; y si es que tanto temes, retírate y déjame solo; que solo basto a dar la victoria a la parte a la cual yo dé mi ayuda.

Y diciendo esto, puso las espuelas° a Rocinante* y bajó de la colina como un rayo. Sancho le gritó:

—Vuélvase vuestra merced, señor don Quijote; que juro a Dios que son ovejas las que va a atacar. Vuélvase.

Ni por eso volvió don Quijote; antes° iba gritando:

—Ea, caballeros, los que servís de soldados bajo las banderas del valeroso emperador Pentapolín, seguidme; veréis cuán fácilmente le doy venganza de su enemigo Alifanfarón.

Diciendo esto, entró por medio del escuadrón de las ovejas, y comenzó a alancearlas°, con tanta violencia y valor como si en verdad alancease a sus mortales enemigos. Los pastores que con el rebaño venían le gritaban que no hiciese aquello; pero viendo que no desistía, comenzaron a echarle piedras. Tal fue el golpe de una piedra que el pobre caballero se cayó del caballo. Llegaron a él los pastores, y creyeron que le habían matado. Por eso recogieron sus ovejas con mucha prisa, y cargaron los animales muertos, que eran más de siete, y se fueron.

Sancho estaba todo este tiempo sobre la colina, mirando las locuras que su amo hacía. Viéndole caído en el suelo, bajó de la colina, llegó a él, y le dijo:

vuestra merced *usted*

encantamiento magic, sorcery

relinchar neighing

balidos bleating

espuelas spurs

antes rather

alancearlas to spear them

* nombre del caballo de don Quijote (*rocín* significa *nag* en inglés)

—¿No le decía yo, señor don Quijote, que se volviese, que los que iba a atacar no eran ejércitos, sino rebaños de ovejas?

—Como eso puede falsificar aquel **encantador**° enemigo mío. Les es muy fácil a esos encantadores hacer tales cosas, y .este **malvado**° que me persigue, envidioso de la gloria que yo había de obtener de esta batalla, ha vuelto los escuadrones de enemigos en rebaños de ovejas. Si no, haz una cosa, Sancho, para que veas la verdad de lo que te digo. Sube en tu asno y síguelos, y verás cómo, dejando de ser pastores, se vuelven en hombres de carne y hueso, como yo te los describí primero. Pero no vayas ahora, que necesito tu ayuda. Ven y mira cuántos dientes me faltan, que me parece que no me ha quedado ninguno en la boca.

Sancho llegó y ayudó al caballero herido. Al fin don Quijote se levantó con la mano izquierda en la boca para que no se le saliesen los dientes, y asió con la otra mano las **riendas**° de Rocinante, y dijo:

—Sancho, sabe que no es un hombre más que otro si no hace más que otro. Todas estas **desgracias**° que nos suceden son **señales**° de que pronto han de suceder bien las cosas porque no es posible que el mal ni el bien sean **durables**°, y de aquí se sigue que, habiendo durado mucho el mal, el bien está ya cerca.

encantador sorcerer
malvado *persona mala*

riendas reins

desgracias *cosas malas*
señales signs
durables lasting

para comprender Termina las frases incompletas en la página 227.

1. Al ver la polvareda, don Quijote imagina . *que son dos ejércitos*
2. Al contrario Sancho dice . . . *no, son ovejas*
3. Don Quijote va a ayudar a . . . *los necesitados y los débiles*
4. Los sonidos que Sancho oye. . . *son balidos de ovejas*
5. Don Quijote le explica a Sancho que lo que oye. . . *los afectos del temor*
6. *D.Q.* . . . puso las espuelas. . . *a su caballo Rocinante*
7. . . . comenzó a alancear. *las ovejas*
8. *Los pastores* echaron piedras. *a DQ*
9. Don Quijote le dice a Sancho que su enemigo, el encantador, *sustituye las*
10. Han de suceder bien las cosas porque. . . *no es posible* ovejas por los ejércitos
   que el mal se el bien sean durables . . .

para analizar

Hay varias técnicas novelísticas para crear una obra realista—el tema o los personajes *(characters)*, por ejemplo. Por eso, notamos una gran diferencia entre la ciencia ficción y una novela de Hemingway. Para la mayoría de los lectores, el mundo creado por Hemingway es más real que el mundo de la ciencia ficción. Don Quijote lee libros de caballería, que son libros de fantasía. Pero don Quijote cree que son verdaderas historias y quiere imitar a los héroes de esa literatura.

1. ¿Qué técnicas emplea Cervantes para que el lector crea que el mundo de la novela es «real»?
2. ¿Es realista el lenguaje de los personajes?

Actitudes idealistas y realistas **227**

3. ¿Son los personajes realistas o idealistas?
4. ¿Son realistas las acciones y reacciones de don Quijote?
5. ¿Es realista Sancho Panza?
6. ¿Cree Ud. que es necesario que el novelista desarrolle *(develop)* el argumento *(plot)* según la «ley» de causa y efecto? ¿Cree que en estos episodios Cervantes ha obedecido esta «ley»?

para conversar   Conteste las siguientes preguntas.

1. ¿Cómo piensa don Quijote entrar en el libro de la Fama? ¿Quiere Ud. ser famoso(a)? ¿Cómo piensa llegar a ser famoso(a)? ¿Conoce a una persona famosa?
2. ¿Cómo luchaban los ejércitos en la época de don Quijote? ¿Cómo luchan hoy en día?
3. Si don Quijote viviera hoy, ¿sería caballero andante?
4. En la Edad Media *(Middle Ages)* los reyes y otros líderes participaban en las batallas. ¿Cree Ud. que en nuestra época los líderes (los presidentes y los primeros ministros) deben luchar como en la antigüedad?
5. ¿Le gustaría haber vivido en la época de los caballeros andantes? ¿Por qué? ¿Le gustaría haber vivido en alguna otra época? ¿Cuál? ¿Por qué?
6. ¿Por qué están atacándose los ejércitos según don Quijote? ¿Sabe Ud. de otro incidente semejante que ha causado una guerra?
7. ¿Qué oye Sancho? ¿Cómo explica esto don Quijote? ¿Cree Ud. que su explicación es lógica? ¿Alguna vez oyó Ud. ruidos extraños porque tuvo miedo?
8. ¿Por qué quiso luchar don Quijote? ¿Piensa Ud. que es un caballero generoso? ¿Qué haría Ud. si viera a una persona débil que necesitaba ayuda?
9. ¿Cree Ud. en el encantamiento? ¿Conoce a alguien que crea en la brujería? ¿Cuál es la diferencia entre la brujería y la magia? ¿Le gusta la magia?
10. ¿Le parece divertido este episodio? ¿Cuáles son las partes más cómicas? ¿Hay una parte seria y profunda? ¿Está Ud. de acuerdo con lo que dice don Quijote al final del episodio?

CUARTO PASO

Para preparar la lectura

_____   Estudie el vocabulario y haga los ejericios de *Palabras y práctica*.

_____ Lea *Vista preliminar.*

_____ Estudie *Claves de comprensión.*

*palabras
y práctica* **Vocabulario para la *Lectura***

acogerse to take refuge
alojarse to lodge
la bondad goodness
celoso, -a jealous
desengañar to set right, free from
 error
forcejar to struggle

muñeca wrist
pasear to take a walk
procurar to try to, intend to
tender (ie) to stretch out
tirar to pull
toparse con to meet with by chance
la voluntad will

A. Escoja de la columna a la derecha la palabra que corresponde a la palabra apropiada de la columna a la izquierda. Escriba la letra apropiada en el primer espacio. En el segundo espacio escriba *A* si es antónimo y *S* si es sinónimo.

1. desengañar _____ _____
2. tirar _____ _____
3. acogerse _____ _____
4. bondad _____ _____
5. pasear _____ _____
6. forcejar _____ _____
7. toparse con _____ _____
8. procurar _____ _____

a. refugiarse
b. luchar
c. intentar
d. engañar
e. citarse con
f. empujar
g. maldad
h. andar

B. Complete las frases con las palabras apropiadas de la lista de *Palabras.*

1. Voy a _____ el cable para ver qué tan largo es.
2. Después de la comida vamos a _____ por la plaza.
3. Tenemos que _____ en una pensión (hostal) porque los hoteles están llenos.
4. Cuando empezó el aguacero los labradores _____ a sus casas.
5. Parece que a ella le gustan las joyas porque tiene _____ llena de brazaletes.
6. Al pasar por el banco del centro yo _____ un buen amigo.
7. La gente buena _____ hacer todo con buena _____ y trata a todos con _____ .
8. Empuja tú desde atrás y yo _____ de enfrente para ver si podemos llevar así el carro a la gasolinera.

C. Conteste las preguntas usando las palabras entre paréntesis.

1. Pero, operadora, ¿no puedo tratar de comunicarme con ellos? *(procurar)*
2. Si te gusta tanto a Marta, ¿por qué no vas al cine con ella y Gustavo? *(celoso)*
3. ¿Por qué no dejas de fumar? *(voluntad)*
4. ¿Dónde nos quedamos esta noche? *(alojarse)*
5. ¿Te encontraste con alguien en el camino? *(toparse con)*
6. ¿Quieres empujar? *(tirar)*
7. ¿Vamos a caminar por la plaza? *(pasear)*
8. Está lloviendo. ¿Qué hacemos? *(acogerse)*

vista
preliminar   En esta aventura don Quijote, herido y golpeado, está con Sancho en una venta *(inn)* y están en una habitación con un harriero *(mule driver)*. Maritornes, una campesina que trabaja en la venta, quiere encontrarse por la noche con el harriero, su amante. Al entrar en el cuarto, se cae en la cama de don Quijote. El caballero andante cree que Maritornes viene a estar con él. La imagen que tiene don Quijote de Maritornes queda muy distante de cómo es ella en realidad—otro buen ejemplo del contraste entre el idealismo y el realismo. Este episodio es típico del humor de Cervantes.

claves de
comprensión   The following questions are keys to the essential information found in the reading. Study them carefully before proceeding to the reading selection.

1. ¿Por qué va Maritornes al cuarto de don Quijote?
2. ¿Qué hizo don Quijote?
3. ¿Cómo se imagina don Quijote a Maritornes?
4. ¿Cómo es ella en realidad?
5. ¿Qué hace el harriero?
6. ¿Dónde se esconde Maritornes? ¿Por qué?

pasos de
lectura   Check off each item as you complete it.

_____   Read the selection aloud and mark words you are unsure of.

_____   Study the words you marked; look them up in the glossary if necessary.

_____   Review *Claves de comprensión* and read *Para comprender*.

_____   Read the selection again silently. Underline material you remember reading in *Vista preliminar*, *Claves de comprensión*, and *Para comprender*.

_____   Answer all exercise items, preferably in writing.

LECTURA *Don Quijote y la aventura en la venta*

por MIGUEL DE CERVANTES

camisa woman's undergarment (usually means *shirt*)
descalza *sin zapatos*

doncella maiden

osase dare
harpillera gunnysack
vidrio glass beads
vislumbres glimmering light
tiraban a crines bore a resemblance to horsehair
hebras threads
aliento breath
ensalada fiambre y trasnochada cold, stale salad
traza apariencia
ceguedad blindness
tacto touch

merced mercy, kindness

yazco tan molido I lie so beaten up
sin par peerless
de por medio in the middle
pasar en blanco pass by
congojadísima afflicted
trasudando sweating

. . . llegó la hora de la venida de Maritornes, la cual, en camisa° y descalza,° sin hacer ruido y con mucha prudencia, entró en el cuarto donde los tres, don Quijote, Sancho y el harriero° alojaban, en busca del harriero. Pero, apenas llegó a la puerta cuando don Quijote la oyó, y, sentándose en la cama, tendió los brazos para recibir a su hermosa doncella.° Maritornes, que, muy silenciosamente y con mucho cuidado, iba con las manos delante, buscando a su querido, topó con los brazos de don Quijote, el cual la asió fuertemente de una muñeca, y tirándola hacia sí, sin que ella osase° hablar palabra, la hizo sentar sobre la cama. Tocó luego la camisa y aunque era de harpillera,° a él le pareció ser de tela muy fina. Traía en las muñecas unas cuentas de vidrio;° pero a él le dieron vislumbres° de preciosas perlas. Los cabellos, que en alguna manera tiraban a crines,° él los consideró hebras° de oro de Arabia, cuyo resplandor oscurecía al del mismo sol. Y el aliento°, que, sin duda alguna, olía a ensalada fiambre y trasnochada,° a él le pareció que arrojaba de su boca un olor suave y aromático; y, finalmente, él la pintó en su imaginación de la misma traza° y modo que lo había leído en sus libros de la otra princesa que vino a ver el mal herido caballero, Amadís de Gaula, vencida de sus amores. Y era tanta la ceguedad° del pobre hidalgo, que el tacto,° ni el aliento, ni otras cosas que traía en sí la buena doncella, no le desengañaban, las cuales pudieran hacer vomitar a otro que no fuera harriero; antes le parecía que tenía entre sus brazos a la diosa de la hermosura. Y, teniéndola bien asida, con voz amorosa y baja le comenzó a decir:

—Quisiera, oh hermosa y alta señora, poder pagar tanta merced° como la que con la vista de vuestra gran hermosura me habéis hecho; pero ha querido la fortuna, que no se cansa de perseguir a los buenos, ponerme en esta cama, donde yazco tan molido,° que, aunque de mi voluntad quisiera satisfacer a la vuestra, fuera imposible. Y más, que se añade a esta imposibilidad otra mayor, que es la fidelidad que prometí a la sin par° Dulcinea del Toboso, única señora de mis más escondidos pensamientos; que si esto no hubiera de por medio,° no dejaría pasar en blanco° la feliz ocasión en que vuestra gran bondad me ha puesto.

Maritornes estaba congojadísima° y trasudando,° de verse tan asida de don Quijote, y, sin entender ni estar atenta a las palabras que le decía, procuraba, sin hablar palabra, desasirse.° El harriero, que le tenían despierto sus malos deseos, desde el punto que entró su manceba° por la puerta, la oyó, estuvo atentamente escuchando todo lo que don Quijote decía, y, celoso de que la asturiana (Maritornes) le hubiese faltado la palabra por otro, se fue llegando más al lecho° de don Quijote y estuvo quieto hasta ver en que paraban aquellas palabras de don Quijote que no podía entender. Pero como vio que la moza forcejaba por desasirse y don Quijote trabajaba por tenerla, pareciéndole mal la burla,° enarboló el brazo en alto° y descargó tan terrible puñada° sobre las quijadas° del enamorado caballero, que le bañó toda la boca en sangre; y, no contento con esto, se le subió encima de las costillas y se las paseó todas de cabo a cabo.°

El lecho, que era un poco endeble° y de no firmes fundamentos, no pudiendo sufrir el peso del harriero, cayó al suelo causando tanto ruido que se despertó el ventero.° Este imaginó que debían de ser pendencias° de Maritornes, porque, habiéndola llamado a voces, no respondía. Con esta sospecha se levantó, y, encendiendo un candil, se fue hacia donde había oido la refriega.° La moza, viendo que su amo venía, y que era de mal humor, toda medrosa° y alborotada,° se acogió a la cama de Sancho Panza, que aún dormía, y allí se acurrucó.° El ventero entró, diciendo:

—¿Dónde estás, puta?° A buen seguro que son tus cosas éstas.

para comprender Lea cada frase indicando cuál personaje la diría—don Quijote o Sancho Panza. (Some of the sentences are *not* from the selections that you have read, so make your decisions based on what you know about the two characters' personalities.)

SP **1.** No oigo otra cosa sino muchos balidos de ovejas.

DQ **2.** Quisiera, oh hermosa y alta señora, poder pagar tanta merced como la que con la vista de vuestra gran hermosura me habéis hecho...

SP **3.** ...ni gigante, ni caballero de los que vuestra merced dice parece por allá; por lo menos, yo no los veo.

DQ **4.** Todo el mundo se detenga, si todo el mundo no confiesa que no hay en todo el mundo doncella *(maiden)* más hermosa que...la sin par Dulcinea.

SP **5.** Mire, vuestra merced, que aquéllos que allí se parecen no son gigantes, sino molinos de viento *(windmills)*, y lo que en ellos parecen brazos son las aspas *(vanes of a windmill)*,...

DQ **6.** ...no estás versado en las aventuras: ellos son gigantes; y si tienes miedo, quítate de ahí porque yo voy a entrar con ellos en feroz batalla.

DQ **7.** Hermosa señora mía, ya la soberbia *(arrogance)* de vuestros robadores está en el suelo, postrada por este fuerte brazo mío; sabed que yo me llamo..., caballero andante y aventurero...

DQ **8.** ...se añade a esta imposibilidad otra mayor, que es la fidelidad que prometí a Dulcinea del Toboso, única señora de mis escondidos pensamientos...

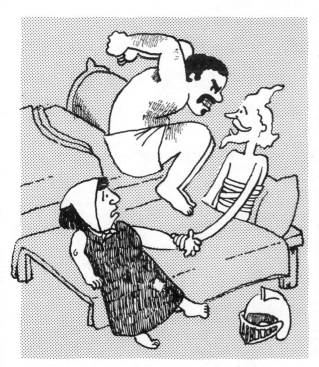 

Conteste las siguientes preguntas.

1. Describa a Maritornes como la presenta Cervantes.
2. Describa a Maritornes como la ve don Quijote.
3. ¿Cuáles son las dos razones que don Quijote le da a Maritornes para explicarle que no puede ser su novio?
4. ¿Qué hace el harriero?
5. ¿Qué le despierta al ventero, el amo de Maritornes?
6. ¿Qué hace Maritornes?
7. En su opinión, ¿qué va a suceder al entrar el ventero?
8. ¿Tiene Ud. una visión idealista o realista hacia el sexo opuesto? ¿Hacia el amor?
9. ¿Cree Ud. que el amor es capaz de hacerle a uno «ciego», es decir, no ver los defectos en otra persona?
10. ¿Piensa Ud. que los estadounidenses son más o menos realistas que los hispanos en cuanto al amor?

QUINTO PASO

Para preparar la lectura

_____ Estudie el vocabulario y haga los ejercicios de *Palabras y práctica*.

_____ Lea *Vista preliminar*.

_____ Estudie *Claves de comprensión*.

palabras
y práctica **Vocabulario para la *Lectura***

el alma soul
ansia longing, anxiety
brindar to toast, offer
dicha *felicidad*
el fantasma vision, ghost

la frente forehead
el goce enjoyment
niebla fog, mist
ternura tenderness
trenza braid

A. Complete cada frase con la palabra o palabras apropiadas de la lista de palabras.

1. No puedo expresar _____ que sentí al encontrar mi amor ideal.
2. Hace tanto tiempo que no salgo que siento _____ de estar con amigos, de bailar, de divertirme un poco.
3. Cuando te digo «te quiero» viene de dentro, del _____ .
4. ¡Qué miedo! Creo que vi _____ pero con esta _____ no se ve bien.
5. Señores, vamos a _____ por la salud de Mercedes que siempre trata a su familia con _____ y cariño.

B. Conteste las siguientes preguntas usando las palabras entre paréntesis.

1. ¿Por qué tienen esas personas las copas de vino alzadas en la mano? *(brindar)*
2. ¿Por qué dices que esa persona debe estar siempre preocupada? *(la frente)*
3. ¿Es bueno o malo buscar los placeres de la vida? *(los goces)*
4. ¿En qué consiste la felicidad? *(dicha)*
5. ¿Te gusta el pelo lacio *(straight)*? *(trenzas)*
6. ¿Por qué tienes miedo de aquella casa vieja? *(fantasma)*
7. ¿Por qué no puede aterrizar el avión? *(niebla)*
8. ¿Cómo trata la mamá al bebé? *(ternura)*

vista preliminar

En el siguiente poema de Bécquer dos mujeres, una morena y ardiente y la otra rubia y cariñosa, se ofrecen al poeta. Pero Bécquer no las quiere. Una tercera mujer que es un fantasma intangible que no puede amar al poeta es la mujer que busca Bécquer. El poema es un buen ejemplo de algunos aspectos del idealismo porque fue escrito durante el período de romanticismo. Las características de la corriente romántica tienen mucho en común con las actitudes idealistas de algunos hispanos. Algunos de los aspectos del romanticismo reflejados en el poema son énfasis en: el individuo, la experiencia propia, la emoción y la intuición, los sentidos (en lugar de la razón), la imaginación, lo subjetivo, lo subconsciente, lo amoral, lo misterioso y lo metafísico.

claves de comprensión

The following questions are keys to the essential information found in the reading. Study them carefully before proceeding to the reading selection.

1. ¿Cómo es la primera mujer?
2. ¿La quiere Bécquer?
3. ¿Cómo es la segunda mujer? ¿Qué le puede ofrecer al poeta?
4. ¿La llama Bécquer?
5. ¿Cómo es la mujer que quiere el poeta?

Check off each item as you complete it.

_____ Read the poem aloud to get a feel for sounds and rhythm.

_____ Read it again silently and mark words you are unsure of.

_____ Study the words you marked; look them up in the glossary if necessary.

_____ Review *Claves de comprensión* and read *Para comprender.*

_____ Read the selection again. Underline material you remember reading in *Vista preliminar, Claves de comprensión,* and *Para comprender.*

_____ Answer all exercise items, preferably in writing.

LECTURA *Rima XI*

por GUSTAVO ADOLFO BECQUER

Bécquer (1836–1870), autor español, es uno de los más famosos poetas románticos del mundo hispánico. Su poesía, *Rimas,* y su prosa, *Leyendas,* son muy emocionales, sentimentales e íntimas.

«Yo soy ardiente, yo soy morena,
yo soy el símbolo de la pasión;
de ansia de goces mi alma está llena.
¿A mí me buscas?» «No es a ti, no.»

«Mi frente es pálida; mis trenzas, de oro;
puedo brindarte dichas sin fin;
yo de ternura guardo un tesoro.
¿A mí me llamas?» «No; no es a ti.»

«Yo soy un sueño, un imposible,
vano fantasma de niebla y luz;
soy incorpórea, soy intangible;
no puedo amarte.» «¡Oh, ven; ven tú!»

para
comprender Seleccione el mejor resumen del poema.

A. La morena y apasionada le pregunta al poeta si la busca pero él responde, «No es a ti, no.» La segunda es pálida y de pelo rubio, pero el poeta tampoco la busca a ella. La tercera es un sueño y el poeta quiere a esta clase de mujer porque ella podrá amarlo mucho.

B. El poeta habla con tres mujeres. La primera es una mujer de mucha pasión, la segunda es cariñosa, la tercera es intangible, un fantasma. De las tres el poeta quiere que la incorpórea le venga a él porque está obsesionado por un ideal imposible.

C. Al poeta no le interesa la primera que es morena y apasionada. Tampoco quiere a la segunda, una mujer rubia y muy tierna. Tampoco le gusta la tercera porque será imposible amar un fantasma.

para
analizar El realismo es el movimiento literario que siguió el romanticismo. La «escuela realista» fue, en parte, una reacción contra los excesos sentimentales y el egocentrismo del romanticismo. Una meta principal de la literatura realista del siglo XIX fue presentar un retrato fiel de la sociedad contemporánea. Los realistas trataron de mantener un punto de vista objetivo al describir a la gente y las costumbres ordinarias o diarias. Por eso, hay gran diferencia entre el realista y el romántico quien buscó su inspiración en lo exótico, lo emocional y lo ideal.

Lea las frases y los versos que siguen, indicando si el trozo es típico del romanticismo o del realismo.

1. Que es mi barco mi tesoro,
   Que es mi Dios la libertad,
   Mi ley la fuerza y el viento,
   Mi única patria la mar. (Espronceda)

2. El cuarto era angosto, bajo de techo y triste de luz; negreaban a partes las paredes, que habían sido blancas, y un espeso tapiz° de roña,° empedernida° casi cubría las carcomidas° tablas del suelo. (Pereda)

tapiz rug, tapestry
de roña dirty
empedernida hardened
  with dirt
carcomidas worm-eaten

3. Por dondequiera que fui,
   la razón atropellé,°
   la virtud escarnecí,°
   a la justicia burlé,
   y a las mujeres vendí. (Zorrilla)

atropellé I trampled on
escarnecí I scorned

4. Amaba la soledad porque en su seno, dando rienda suelta a la imaginación,

ensueños dreams
faz *rostro*

forjaba un mundo fantástico, habitado por extrañas creaciones, hijas de sus delirios y sus ensueños° de poeta, porque Manrique era poeta...(Bécquer)

5. En las chozas de los campesinos el hambre asomaba su pálida faz° a través de los rostros...de sus habitantes, ...en perpetua lucha contra las adversidades de la suerte, abandonados de todos...(Baldomero Lillo)

enjambre crowd
basurero garbage dump
mugrientos grimy
forros linings
ruanas Colombian ponchos

6. Aquel enjambre° humano debía presentar...el aspecto de un basurero.° Los sombreros mugrientos,° los forros° de las ruanas,° ...Animadísima estaba la feria: era primer domingo de mes, y el vecindario todo había acudido...(Tomás Carrasquilla)

para conversar Conteste las siguientes preguntas.

1. ¿Qué tipo de mujer o hombre le gusta a Ud. más?
2. ¿Prefiere Ud. una persona inteligente o hermoso(-a)?
3. ¿A veces tiene Ud. ganas de obtener algo inalcanzable? ¿Qué?
4. ¿Cree Ud. que el amor que expresa Bécquer en esto caso es parecido al de don Quijote?
5. ¿Cuál es más romántico—Bécquer o don Quijote? ¿Cuál le gusta a Ud. más? ¿Le gusta a la gente romántica e idealista? ¿Por qué?
6. ¿Cree Ud. que Bécquer es un caballero como don Quijote?
7. ¿Qué opina Ud. de la actitud de Bécquer hacia el amor y hacia las mujeres? ¿Conoce Ud. a alguien con la misma actitud?

ACTIVIDADES

Para escribir

A. The objective of this activity is to write a composition based on something you have read. Read the following poems and then write an essay comparing and contrasting the presentations of the *serranas,* mountain girls of Spain, by two different Spanish poets. Use what you have learned about *idealismo* and *realismo* in this chapter. The first selection, *Las serranas,* is from *El libro de buen amor,* written in the fourteenth century by Juan Ruiz. The second poem is by the Marqués de Santillana, written in the sixteenth century.

Juan Ruiz, el Arcipreste de Hita, describe a una serrana de esta manera: cabeza muy grande; cabellos cortos; ojos hundidos° rojos; los pies más grandes que los de un oso°; orejas más grandes que las de un burro; la nariz muy gorda, larga; la boca de grandes labios muy gordos; y los dientes anchos y largos como los de un caballo... Su poema sigue:

hundidos sunken
oso bear

> «Vamos a mi cabaña, sin que lo sepa Herroso,°
> te enseñaré el camino, comerás en reposo.»
> Llegamos a la choza, no hallamos a ninguno;
> me propuso jugar el juego por mal de uno.

Herroso *el esposo de la serrana*

> —«¡Pardiez!°—dije yo—, amiga, más quisiera almorzar;
> en ayunas° y helado no me puedo alegrar,
> si antes no comiese no podría jugar.»
> No le gustó ese dicho, me quiso amenazar.°

¡Pardiez! exclamation
ayunas *sin comer*

amenazar to threaten

> Rogóme que pasase con ella aquella tarde
> (es mala de apagar la estopa cuando arde).°

apagar la estopa cuando arde to put out the fire when it burns

Con otra serrana Juan Ruiz tuvo la siguiente experiencia:

> La serrana me dijo:—«¡Hadeduro!,°
> comamos de este pan duro,
> luego haremos una lucha.»°

Hadeduro archaic exclamation

haremos una lucha we'll "wrestle"

> Cuando el tiempo fue pasando,
> me fui desentumeciendo;°
> como me iba calentando

desentumeciendo restoring motion to numbed limbs (of the body)

pastora female shepherd

traviesa naughty

hato clothes
muñeca wrist
priso *cogió* (old Spanish)

así me iba sonriendo.
Me observó la pastora;°
dijo:—«Compañero, ahora
creo que voy entendiendo».

La serrana, traviesa,°
dijo: «Luchemos un rato,
levántate ya, de prisa;
quítate de encima el hato».°
Por la muñeca° me priso,°
tuve que hacer cuanto quiso,
¡creo que me fue barato!

La Sierra de Baza, España, unas montañas donde viven las serranas.

El Marqués de Santillana escribió de las serranas, o vaqueras, de esta manera en su poema, *Serranillas:*

Desde que nací
no vi tal serrana
como esta mañana.
Tan pronto que la vi
gana desire sentí mucha gana°
por la fruta temprana.

moza lass Moza° tan hermosa
nunca vi en la frontera
como una vaquera
de la Finojosa.

En un verde prado
de rosas y flores,
ganado stock, cattle guardando ganado°
con otros pastores,
la vi tan graciosa
que apenas creyera
que fuese vaquera
de la Finojosa.

No creo que las rosas
de la primavera
sean tan hermosas
como aquella vaquera
de la Finojosa.

Riéndose de mi
dijo: «ya entiendo
lo que demandas;
no es desoesa
de amar, ni lo espera,
esta vaquera
de la Finojosa.»

Here are some questions to guide your composition:

1. How does each author describe the *serranas*?
2. What is the attitude of each toward the *serranas*?
3. What are the attitudes of the *serranas* toward the poets?

4. What is your opinion of each attitude expressed? Discuss the contrasts presented in the poems.

B. The following are additional suggestions for compositions:

1. Write a composition contrasting aspects of idealism and realism in the United States such as those mentioned in the introductory essay.
2. Write a brief commentary on the peom by César Vallejo, *Un hombre pasa.*
3. Write a composition on idealism exemplified in don Quijote and realism exemplified in Sancho Panza. Conclude by stating which character you are most like and why.
4. Write a brief analysis of the poem by Bécquer.

Para leer

This is your final reading speed and comprehension self-test. Read the following story, *Los bomberos* by Mario Benedetti, twice. Time yourself. Do not look up any words. *Note: Bomberos* means *firefighters.*

Olegario no sólo fue un as *(ace)* del presentimiento, sino que además siempre estuvo orgulloso de su poder. A veces se quedaba absorto por un instante, y luego decía: «Mañana va a llover». Y llovía. Otras veces se rascaba la nuca y anunciaba: «El martes saldrá el 57 a la cabeza». Y el martes salía el 57 a la cabeza. Entre sus amigos gozaba de una admiración sin límites.

Algunos de ellos recuerdan el más famoso de sus aciertos. Caminaban con él frente a la Universidad, cuando de pronto el aire matutino fue atravesado por el sonido y la furia de los bomberos. Olegario sonrió de modo casi imperceptible, y dijo: «Es posible que mi casa se esté quemando».

Llamaron un taxi y encargaron al chofer que siguiera de cerca a los bomberos. Estos tomaron por Rivera, y Olegario dijo: «Es casi seguro que mi casa se esté quemando». Los amigos guardaron un respetuoso y afable silencio; tanto lo admiraban.

Los bomberos siguieron por Pereyra y la nerviosidad llegó a su colmo. Cuando doblaron por la calle en que vivía Olegario, los amigos se pusieron tiesos de expectativa. Por fin, frente mismo a la llameante casa de Olegario, el carro de bomberos se detuvo y los hombres comenzaron rápida y serenamente los preparativos de rigor. De vez en cuando, desde las ventanas de la planta alta, alguna astilla volaba por los aires.

Con toda parsimonia, Olegario bajó del taxi. Se acomodó el nudo de la corbata, y luego, con un aire de humilde vencedor, se aprestó a recibir las felicitaciones y los abrazos de sus buenos amigos.

Mario Benedetti, *Los bomberos*.

prueba de comprensión

Write **C** for *cierto* and **F** for *falso*. Answers are at the end of the chapter. *Do not* refer back to the reading while answering each item—this is a test!

_____ **1.** Olegario tuvo mucha capacidad para presentir los eventos.

_____ **2.** El podría decir que al día siguiente iba a llover y estaría equivocado.

_____ **3.** También podría predecir que cierto número saldría a la cabeza, ganando, y así sería.

_____ **4.** Los amigos de Olegario lo estimaban mucho.

_____ **5.** Pero sus amigos no recuerdan ninguna predicción famosa de Olegario.

_____ **6.** Olegario y sus amigos oyeron el sonido de sirenas y Olegario dijo que su casa podría estar en llamas.

_____ **7.** No podían ir detrás de los bomberos porque el taxista no quería seguirlos de cerca.

_____ **8.** Puesto que los bomberos no tomaron el camino a la casa de Olegario, la calma les volvió a los señores y se sintieron menos nerviosos.

_____ **9.** A pesar de que su casa estaba en llamas, Olegario se sintió orgulloso de haber tenido razón en otro de sus presentimientos.

_____ **10.** Sus amigos lo abrazaron y lo felicitaron porque él perdió su casa en el fuego.

SPEED (based on *two* readings)

less than 4 minutes	Excellent
4–5 minutes	Good
5–7 minutes	Average
More than 7 minutes	Worked needed

COMPREHENSION

10 correct items	Excellent
9	Very good
8	Good
7	Average

Para hablar

A. *Debate:* La actitud idealista es mejor (peor) que la realista.

B. *Discusión:* ¿Existe el contraste entre el idealismo y el realismo en los Estados Unidos?

C. *Discusión:* No debemos preocuparnos con asuntos idealistas como la filosofía y las letras, la cortesía, la dignidad y el status hasta que primero acabemos con el sufrimiento y la miseria en el mundo.

D. *Debates:* Don Quijote fue (no fue) un loco.
No necesitamos los idealistas y los soñadores como don Quijote.

E. *Debate:* El amor idealista es mejor (peor) que el amor realista.

F. *Discusión:* La actitud de Olegario en *Los bomberos,* ¿es ridícula y estúpida o vive él bajo un sistema de valores y actitudes diferente del sistema de los estadounidenses?

VOCABULARIO

The following have been omitted from this vocabulary: articles, pronouns, regular adverbs (those ending in -*mente*), easily recognizable cognates, proper names, ordinal and cardinal numbers, days of the week, months of the year, low-frequency words that are glossed in the margins, common interrogative words, and the more common prepositions. Verbs are listed in the infinitive form and, where appropriate, are followed by an indication of spelling or stem change. The gender is indicated for nouns with endings other than -*o*, -*a*, -*ción*, -*dad*, and -*tad*. Idioms are listed under the key word(s) in the phrase.

Abbreviations

adj	adjective		*adv*	adverb
f	feminine noun		*inf*	infinitive
lit	literature		*m*	masculine noun
n	noun		*pl*	plural
sing	singular			

A

abajo down; below
abarcar to include
abierto, -a open
abogacía law (subject or profession)
abogado, -a lawyer
abordar to board (a vehicle)
aborigen *adj m & f* native
abrazar to hug, embrace
abrazo hug
abrir to open
absorto, -a absorbed
abstraído, -a engrossed, absorbed (in ideas)
abundar to abound
aburrido, -a boring, bored
aburrir(se) to bore, get bored
acá here
acabar to end
   acabar de + *inf* to have just + *past participle*

acaso perhaps, maybe
acera sidewalk
acercar to bring near or nearer
   acercarse to approach
acierto success; coincidence; good idea
acogerse a to take refuge in
acomodar to accommodate, find a place for; to arrange, put in order
acompañante *m & f* companion, attendant, escort
acordarse (ue) to remember
acortar to shorten
acostarse to go to bed
actitud *f* attitude, outlook
actividad activity
actual *adj* present, current
actualizar to bring up to date; put into effect
acudir to attend, to be present; to respond

acuerdo agreement
   estar de acuerdo to be in agreement
   de acuerdo (a; con) in agreement with; according to
además also, in addition
   además de in addition to
adolorido, -a aching
adorno ornament, decoration, adornment
aduana customs
aeropuerto airport
afán *m* eagerness, zeal; anxiety
   tener (estar de) afán to be in a hurry
afanoso, -a hardworking, eager; laborious
afeitar to shave
afuera outside
agradable pleasant
agradecer (zc) to thank; to be grateful for

agradecimiento gratitude, thankfulness

agregar to add

agrícola agricultural, agrarian

agrupar to group, assemble

agua water

aguacero shower, downpour

aguantar to endure, tolerate

ahora now

    ahora mismo, ahorita, ahorita mismo right now

aire *m* air

    al aire libre in the outdoors, in the open air

aislado, -a isolated

ajedrez *m* chess

alcanzar to reach

alegre *adj* happy

alegría happiness, pleasure

alejarse to withdraw, go away, leave; to move

alentar to breathe; to encourage, cheer, inspire

alfiler *m* pin

algo something

algo *adv* somewhat

alguien someone

alguno, -a any, some

almacén *m* department store; store

almorzar (ue) to eat lunch

almuerzo lunch

alojar to lodge

alpinista *m & f* mountain climber

alrededor de around

    los alrededores the outskirts, the surrounding areas

altivo, -a haughty, proud, arrogant

alto, -a high, upper; loud; tall

    a altas horas de la noche late at night

altura height

alumbrar to illuminate

alzar to raise

allá there

    más allá de beyond

allí there

amable *adj* kind, amiable

ama owner; housekeeper

    ama de casa housewife

amante *m & f* lover

amar to love

amargo, -a bitter

amarillo, -a yellow

ambiente *m* atmosphere, environment, ambiance

ambos both

amenazar to threaten

amigo, -a friend

amistad friendship

amo master

amor *m* love

ancho, -a wide

andante *adj* walking; errant

    caballero andante knight–errant

andar to walk; to go, move

andar *m* walk, pace, gait; behavior; manner

anglosajón, anglosajona *n & adj* Anglo–Saxon

angosto, -a narrow

ángulo angle

angustia anguish

animar(se) to cheer up, enliven

anoche last night

anónimo, -a anonymous

ansioso, -a anxious, worried; eager

antemano (de) beforehand

anteojos eyeglasses

anterior previous

antes before; rather

anticuado, -a antiquated

antigüedad antiquity, ancient times

antropólogo, -a anthropologist

anunciar to announce, advertise

añadido addition

añadir to add

año year

apacible *adj* mild, placid, gentle

apagar to put out, turn off (a light, etc.)

aparato apparatus

aparecer (zc) to appear

aparición appearance, vision

apariencia (physical) appearance

apasionado, -a passionate

apenas barely, hardly

aplicar to apply

aprecio appreciation

aprender to learn

aprestarse to prepare oneself; to get ready

apropiado, -a appropriate

aprovechar to take advantage of

apurado, -a hurried

    estar apurado to be in a hurry

árabe Arab

arar to plow

árbol *m* tree

ardiente *adj* burning, passionate

arma *m* weapon

armonía harmony

arreglar to arrange, fix; to order

arreglo arrangement, order

arrendar (ie) to rent, lease

arriba up, above, upstairs

arrojar to fling, hurl, throw

artesanalmente constructed by non-professionals

artesanía craftsmanship

asalariado, -a salaried

ascensor *m* elevator

asegurar to assure

así so, thus, in this way, in this manner, like this

   asimismo thus; also

   así, pues so, then

asir to grasp, seize

asistir (a) to attend

asno donkey, jackass

asomar to stick out, begin to show; to put out

asombrar to surprise

asombrarse to be surprised

astilla splinter, fragment

astucia shrewdness, cunning

asunto subject, topic, matter, affair

asustar to frighten

atacar to attack

ataque *m* attack

atento, -a attentive

aterrizar to land

atraer to attract

atrás back, backward; behind

atraso delay, setback

atravesar to cross

aumentar to increase

aumento increase

aun even, although

aún still, yet

aunque even though, although

autobús *m* bus

auto-servicio self-service

autoridad authority

auto-servicio self-service

ave *f* bird

avenida avenue

averiguación investigation, inquiry

averiguar to ascertain, find out, inquire into

avión *m* airplane

avisar to advise, warn; to inform

ayer yesterday

ayuda help

ayudante *m & f* helper, assistant

ayudar to help

azúcar *m* sugar

azul blue

B

bailar to dance

baile *m* dance

bajar to go down, descend; to get out of (a vehicle)

bajo, -a low, short; under, underneath

balcón *m* balcony

banco bank, bench

bandera flag

banquero, -a banker

bañar to bathe

bañarse to bathe oneself

baño bathroom, bath

baranda railing, banister

barato, -a inexpensive, cheap

barba beard

barbaridad barbarity, atrocity

   ¡Qué barbaridad! How awful!; What nonsense!

bárbaro, -a barbarian

barbecho fallow, plowed land

barco boat, ship

barrio neighborhood, section of city

barro clay, mud

base *f* base, foundation; basis

bastante rather

bastar to be enough, sufficient

bastón *m* cane

basura garbage

batalla battle

batido milkshake

batir to heat, whip

bautizo baptism

bebé *m* baby

beber to drink

bebida drink

belleza beauty

bello, -a beautiful

beneficiar to benefit

biblia Bible

bicicleta bicycle

bien well; very

   bien por poco very nearly

   no bien just

bienestar *m* well-being

bigote *m* moustache

bilingüe *adj* bilingual

bobo, -a stupid, fool

boca mouth

bocina horn

boleto ticket

bolsillo pocket

bombero, -a firefighter

bondad goodness, kindness
borde *m* side, edge
bordear to border
borracho, -a drunk
bosque *m* forest
bostezar to yawn
bota boot
botón *m* button
botones *m sing* bellhop
bravo, -a angry
brazalete *m* bracelet
brazo arm
breve *adj* brief, short
brillo shine, brilliance, brightness
brindar to offer; to invite
brotar to bud, spring forth
bueno, -a good
burla joke, hoax
    burlarse de to make fun of
burlón, burlona *adj* mocking
buscar to look for, seek
    en busca de in search of

C

caballo horse
cabello hair
caber to fit
cabeza head
cabo end
cabriola jump; skip; pirouette
cada each, every
cadena chain
cadera hip
caer to fill
café *m* coffee; café (coffeehouse)
caja box
calidad quality

calma *n* calm, serenity; laziness
calmado, -a *adj* calm
calmar to calm
calor *m* heat
    hacer calor to be hot (weather)
callado, -a silent, quiet
calle *f* street
cama bed
cambiar to change
cambio change
    en cambio on the other hand
caminar to walk
camino road, path
camisa shirt
campana bell
campesino, -a farmer, peasant; person from the country
campo field; country, countryside
    campo de recreo playground
canalla *m & f* scoundrel, despicable person
canasta basket
canción song
    canción de cuna lullaby
candil *m* oil lamp
cansado, -a tired
cansar(se) to (become) tire(d)
cantador, cantadora singer, especially of flamenco
cantante *m & f* singer
cántico song, canticle
cantidad quantity, amount
cantina bar, saloon, tavern
capaz *adj* capable
carabela caravel (ship)

Tres Carabelas Columbus's three ships
¡Caramba! Wow!; Darn it!
carbón *m* coal
cárcel *f* jail
carecer (zc) to lack
carencia lack, shortage
carga task, duty
cargar to weigh down, burden
cariño affection
cariñoso, -a affectionate, caring
carne *f* meat, flesh
    de carne y hueso of flesh and blood (*literally*: of flesh and bone)
caro, -a expensive
carrera career, profession
carretera highway; public road
cartel *m* poster
casa house, home
    en casa at home
casar to marry
    casarse to get married
casi almost
caso case
castañuelas castanets
castigar to punish
castigo punishment
castillo castle
casto, -a chaste
casualidad coincidence
católico, -a Catholic
causar to cause
    a causa de because of
celoso, -a jealous
cena dinner, supper
cenar to eat dinner or supper
cera wax

cerca(de) (a) close to
  de cerca closely
cercano, -a close, nearby
cerrar (ie) to close
cerveza beer
ciego, -a blind
cielo sky; heaven
ciento one hundred
  por ciento per cent
cierto, -a certain, clear
cigarrillo cigarette
cine *m* cinema, movie
  theater
cintura waist
cinturón *m* belt
circo circus
círculo circle
citar to make an
  appointment or date; to
  quote, cite, refer to
ciudad city
ciudadanía citizenship
ciudadano, -a citizen
civil (por lo) in a civil
  ceremony
claridad clarity
clarín *m* clarion, bugle
claro, -a clear; of course
clase alta upper class
clase media middle class
clavar to nail; to pierce
clave *f* key, clue
clima *m* climate
cobrar to collect, charge
  cobrar caro to charge a
    lot
cocina kitchen
cocinar to cook
cocinero, cocinera cook
coctel *m* cocktail (drink)
coche *m* car
coger to catch; to grasp; to
  take; to pick; to gather

coger en brazos to hug;
  to hold; to take into
  one's arms
cola tail
  hacer cola to stand in
    line
colegio school
colina hill
colmo culmination, limit,
  height
colocar to place, put, situate
collar *m* necklace
combinar to combine
comedia play, theatrical
  production
comenzar (ie) to begin
comer to eat
comerciante *m & f*
  merchant, trader, dealer,
  businessperson
comerciar to trade, to deal
  with; to converse with
comida food, meal
comienzo beginning
como like, as
comodidad convenience,
  comfort
cómodo, -a comfortable
compañero, -a companion,
  friend
comparación comparison
comparar to compare
compartir to share
competencia competition
complejo, -a complex
componer to compose,
  make up
comprar to buy
  compra purchase
  hacer las compras to do
    shopping
comprender to understand;
  to include

común *adj* common,
  shared
concierto concert
concluir to conclude,
  deduce; to finish, end
condenar to condemn
conducir (zc) to drive
conductor conductor,
  driver
confianza confidence, trust
confiar to confide, entrust
conformarse con to resign
  oneself to; to be in
  agreement with
confundir to confuse
congestionado, -a
  congested
conmoverse to be moved
  to pity, be touched
conocer (zc) to know
conocido, -a acquaintance
conocimiento knowledge
conquista conquest
consejo counsel, advice;
  council; council house
conservar to preserve,
  maintain, conserve
consiguiente consequent,
  resulting
construir (y) to construct,
  build, form
contar (ue) to count; to tell
  contar con to count on,
    rely on
contemporáneo, -a
  contemporary
contener(se) to contain
  (oneself)
continuación continuation
  a continuación that
    follow(s)
contra against
contrario, -a opposite

al contrario on the other hand
contraste *m* contrast
contribuir (y) to contribute
control de la natalidad birth control
convencer to convince
conveniente *adj* convenient; advantageous
convenir (ie) to agree, concur
   convenido, -a agreed upon
copa drink, wineglass
corazón *m* heart
corbata tie
cordillera mountain range
corregir (i,j) to correct
correo mail
correr to run
   correr el riesgo to run the risk
corrida de toros bullfight
corriente *f* current
cortaúñas *m sing* nail clipper
cortés *adj* polite
cortesía courtesy
corto, -a short
cosechar to harvest
coser to sew
costa coast
costar to cost
   costar trabajo to be difficult
costilla rib
costumbre *f* custom, habit
cotidiano, -a everyday, daily
creador, creadora *n & adj* creator; creative
crear to create

crecer to grow
crecida increase
creencia belief
creer to believe
criado, -a servant
criar to raise; to breed
crítica criticism
cruz *f* cross
cruzar to cross
cuadrado, -a square
cuadro square; painting; block
   (a) (de) cuadros checkered, plaid
cual which, who; **¿cuál?** which? what?
   por lo (la) cual for which
cualquier, cualquiera any, whatever; anyone
cuando when; **¿cuándo?** when?
   de vez en cuando from time to time
cuanto, -a as much as, as many as; **¿cuánto, -a?** how much? **¿cuántos, -as?** how many?
   en cuanto a as for, with respect to
   en cuanto tal as such
cuarto quarter (fourth); room
cubrir to cover
cuchara spoon
cuenta bill; account; responsibility
   darse cuenta de to realize
cuento short story
cuero leather
cuidado care
   con cuidado carefully

cuidar to take care of, care for
culpa fault, blame
cultivar to cultivate
culto, -a educated; cultured
cumpleaños *m sing* birthday
cumplir to carry out, perform, execute (orders, instructions); to fulfill, keep (a promise, wish, etc.)
   cumplir años to have a birthday
   cumplir ... años to be ... years old
cuna cradle
cuñado brother-in-law
curvado, -a curved, bent
curvar to curve, bend
cuyo, -a whose

CH

charla chat
charlar to chat
cheque *m* check
chico, chica *n & adj* boy or girl; child; small
chispa spark, flash
chiste *m* joke; amusing remark or incident
chocar to collide, crash, hit
chofer *m & f* driver
choza hovel, shanty, cabin

D

dar to give
   dar la mano to shake hands
   darse cuenta de to realize
dato fact, datum

deber to have to (should, ought, must); to owe

debido a due to

débil *adj* weak, feeble; vulnerable

debilidad weakness, debility

década decade

decenas tens

decir to say, tell; to call
  es decir that is to say, in other words

dedicarse a to dedicate or devote oneself to

dedo finger

deformidad deformity

dejar to leave behind; to let, permit, allow
  dejar de + *inf* to stop + *present participle*

delicia delight

delictivo, -a criminal, delinquent

demás (los, las) the others

demasiado too, too much

demonio demon

demora delay

demorar to delay, retard

demostrar (ue) to demonstrate, show

dentro de within
  dentro de un rato in a while

depender de to depend on

deporte *m* sport

derecho right

derramar to spread; to spill

derrotar to defeat

derrumbarse to fall down, to cave in, to collapse

desaparecer to disappear

desarrollo development

desayunar to have breakfast

desayuno breakfast

descansar to rest

descanso rest

desconocido -a unknown

descortés *adj* impolite

describir to describe

descubrimiento discovery

descubrir to discover

desde (que) since
  desde ... hasta from ... to

desear to desire, want

desempeñar to carry out

desempleo unemployment

deseo desire

desesperante *adj* maddening, infuriating, causing despair

desgracia misfortune; disgrace

desierto desert

desigualdad inequality, injustice

desocupado, -a unoccupied; not busy

despacio slow; slowly

despedirse (i) to say goodbye; to take leave of

despertar(se) (ie) to wake up, awaken

despojarse to give away, give up, relinquish, forsake

despreciar to despise, scorn

desprecio contempt, scorn

después afterwards

destinar to destine; to allot

destino destiny

destreza dexterity

destruir (y) to destroy

desventaja disadvantage

detener(se) to stop, pause

deteriorado, -a deteriorated

detrás de behind

día *m* day

diablo devil

diario, -a daily

dibujar to draw

dibujo drawing

dicha happiness, good fortune

diente *m* tooth

diferencia difference
  a diferencia de unlike

difícil *adj* difficult

digno, -a dignified, worthy

dinero money

Dios God

dirigir (j) to direct

dirigirse (j) to go to; to make one's way to

discurso speech

discutir to discuss; to argue

disminuir (y) to diminish

dispuesto, -a disposed, inclined
  estar dispuesto a to be ready to; to be prepared to

distar to be distant; to be different

distinguir to distinguish, tell the difference between

distinto, -a different, distinct

distribuir (y) to distribute

divertido, -a amusing

divertirse (ie, i) to amuse oneself, to have a good time

doblar to turn; to fold

doble *m* double

doler (ue) to ache, hurt

dolor *m* pain, grief

doloroso, -a painful

dominar to dominate

doncella maiden, virgin
dondequiera wherever
dorado, -a golden, gilded
dormir (ue, u) to sleep
dosis *f* dose
duda doubt
  sin duda alguna without a doubt
dudar to doubt
duelo duel
duelos troubles, tribulations
dueño, -a owner
dulce *adj* sweet
dulce *m* candy, sweet
dúo *m* duo, duet
  a dúo in duet, at the same time
durante during, for the duration of
durar to last, remain
duro, -a hard, firm

E

echar to throw, toss; to throw out
  echar la culpa to put the blame on
edad age
  Edad Media Middle Ages
edificio building
educación education; good manners, good breeding
educado, -a well-mannered, polite
ejemplo example
  por ejemplo for example
ejercer to exercise, practice
ejército army
embargo (sin) nevertheless, however
embriagar to intoxicate, make drunk; to enrapture

emperador, emperadora emperor, empress
empezar (ie) to begin
empleado, -a employee
emplear to employ
empleo employment
emprender to begin, undertake
empujar to push
enamorado, -a beloved
  estar enamorado, -a de to be in love with
enano, -a dwarf
encantador, encantadora *adj* charming
encantar to delight, charm, enchant
encargarse de to take charge of, take responsibility for
encender (ie) to light; to turn on
encima *adv* above
  por encima de on top of
encontrar (ue) to find
encontrarse (ue) to meet
encontronazo crash, collision
encuentro encounter, meeting; collision
enemigo, -a enemy
enfermedad illness, sickness, disease
enfermo, -a sick
engañar to trick, deceive
enojado, -a angry
enorme enormous
enriquecer to enrich
ensayo essay
enseñar to teach, show
ensuciar(se) to (get) dirty
entender (ie) to understand
entero, -a entire
entierro burial
entonces then, in that case

entrada entrance; admission ticket
entrañas guts, insides
entrar to enter
entre between
entregar to give, deliver
entretener to entertain (conj. like *tener*)
entusiasmar(se) to enthuse, become enthusiastic
enviar to send
equipo equipment; team
equivocación mistake, blunder
equivocarse to be mistaken, to make a mistake
escala scale
  escala de valores scale of values
escalera stairway; ladder
escasez *f* scarcity
escena scene
esclavo, -a slave
escoger to choose
escribir to write
escritor, escritora writer
escuchar to listen to
esencia essence
esfuerzo effort
esmerilar to polish with emery; to grind
eso that
  a eso de about, approximately
  por eso therefore
espacio space
espalda back
especie *f* type, species
espectador, espectadora spectator
espejo mirror
esperar to wait, to wait for; to hope

espeso, -a thick, dense
espíritu *m* spirit
esposo, -a husband, wife
establecer(se) to establish
estación season; station
estadística statistic
estado state
estadounidense *m & f* from, of, or pertaining to the United States
estancia stay
estar to be
estatal *adj* state
estatura stature
este *m* east
estereotipo stereotype
estilo style
estimar to esteem, respect
estirar(se) to stretch
esto, -a this; this thing
estorbar to disrupt; to interfere with
estrechar to hug, embrace
estrecho narrow; close–knit
estrofa stanza, strophe
estropear to spoil, ruin
estudiar to study
estudio study
estudios education, schooling
etapa stage, step, era
etiqueta etiquette
étnico, -a ethnic
evitar to avoid
exigir to demand
experimentar to experience, undergo
explicar to explain
extender (ie) to extend
extranjero, -a *n & adj* foreigner, foreign
extraño, -a strange

F
fábrica factory
fabricar to build
fácil easy
factura invoice
falacia fallacy
falsear to falsify
falta lack
hacer falta to need
faltar to lack; to be missing, absent
fama fame
familia family
familiar pertaining to the family; domestic
famoso, -a famous
fantasía fantasy
fastidioso, -a annoying, irritating
favor (por) please
fe *f* faith
fecha date
felicidad happiness
felicitación congratulations, compliments
felicitar to congratulate
feliz *adj* happy
fenómeno phenomenon
feo, -a ugly
feria holiday, festival
feroz *adj* ferocious, fierce
festejar to entertain, feast, celebrate
fidelidad fidelity
fiel *adj* faithful
fiesta party
figurado, -a figurative
figurar to figure
figurarse to imagine
fijarse to pay attention, notice
fijo, -a fixed; set, definite
fila row
filósofo, -a philosopher

fin *m* end
en fin in short
fin de semana weekend
finanzas finances
fingir to pretend
firma signature
físico, -a physical
flojear to idle, work carelessly
flojo, -a lazy, idle, weak
flor *f* flower
fluído, -a fluid; fluent
folleto brochure, pamphlet
fondo bottom, depth
en el fondo basically
forjar to forge; to make, form
forzado, -a forced
forzudo, -a strong, powerful, brawny
fósforo match
frac *m* tails, swallow-tailed coat
frase *f* phrase, sentence
freír to fry
frente *f* forehead, brow, front
frente a in front of
fresco, -a fresh
frío, -a cold
tener frío to be cold
hacer frío to be cold (weather)
frontera border, frontier
fuego fire
fuente *f* fountain; source
fuera de outside
fuerte *adj* strong, hard
fuerza force, strength
fumar to smoke
funcionar to work, function

funcionario, -a official, functionary

fundar to found, establish

furia fury, frenzy

fútbol *m* soccer

G

ganar to earn, win

  ganarse la vida to earn a living

gansa goose; slow, silly person

gastar to spend

gasto expense, expenditure, waste

general (por lo) generally

genio temperament, disposition

gente *f* people

gentileza kindness

gerente *m* manager

gesto gesture

gitano, -a gypsy

gloria glory

gobernación town hall

gobernador, gobernadora governor

gobernar to govern

gobierno government

goces pleasures

golpe *m* blow, knock, hit

  golpe de estado coup d'état

gozar de to enjoy

gracias thanks, thank you

gracioso, -a amusing, charming

grande large

granja farm

grasa grease

gritar to shout

grito shout, cry

guardar to keep; to guard

guardar silencio to keep silent

guerra war

guía *m & f* guide

gustar to please; to taste

gusto pleasure; wish; taste

  estar a gusto to feel at home, at ease

H

haber to have *(auxiliary verb)*

  haber de to have to

hábil *adj* able, skillful

habitación room

habitado, -a inhabited

habitante *m & f* inhabitant

habitar to inhabit

hablar to speak

  al hablar de when speaking about

hacer to make; to do

  hacer falta to be necessary; to lack

hacerse to become

hacia toward

hambre *m* hunger

  tener hambre to be hungry

harina flour

hasta up to, until

hay there is, there are

  hay que it is necessary to

hecho, -a de made of

hecho act, fact, event

  de hecho in fact, really, actually

helar to freeze

heraldo herald

herencia inheritance, heritage, heredity

herido *n & adj* wound, wounded

herir (ie) to wound, hurt

hermano brother

hermoso, -a beautiful

herramienta tool

hidalgo, -a person of noble descent

hijo, -a son; child; daughter

historia history, story

hogar *m* home

hoja leaf; piece; sheet

holgura ease, comfort, enjoyment

hombre *m* man

hombro shoulder

hora hour; time

  a la misma hora at the same time

horario schedule

huelga strike (of workers)

huevo egg

huir (y) to flee

humedad humidity

humilde *adj* humble

humor *m* humor, mood

  estar de mal (buen) humor to be in a good (bad) mood

I

ida going, departure

identidad identity

idioma *m* language

iglesia church

igual equal, the same

igualdad equality

imagen *f* image

imitar to imitate

impacientar to make impatient, irritate

  impacientarse to become impatient, lose one's patience

implicar to imply

imponer to impose
importar to matter, be important
impresionar to impress
imprevisto, -a unforeseen, unexpected
impuesto tax
inalcanzable *adj* unreachable
incapaz *adj* incapable
inclemencia harshness
incluir (y) to include
incómodo, -a uncomfortable
increíble *adj* incredible
inculto, -a uncultured, uneducated
indio, -a *n & adj* Indian
inesperado, -a unexpected
infierno hell
influir (y) to influence
ingeniería engineering
inglés, -a *n & adj* English
innegable *adj* undeniable
insondable *adj* fathomless; inscrutable
intentar to try, attempt
intento intention
interés *m* interest
interrumpir to interrupt, pause
íntimo, -a intimate
inundación flood
inútil *adj* useless, unnecessary
invierno winter
invitado, -a invited; guest
invitar to invite
ir to go
ironía irony
irse to leave, to go away
isla island
izquierdo, -a left

J

jamás never, ever
jardín *m* garden
jefe *m* boss
joven *adj (m & f)* young
joven *n (m & f)* young person
jovialidad joviality, merriment
joya jewel, piece of jewelry
juez *m & f* judge
jugar (ue) to play
jugo juice
juntar to join, meet
junto, -a together; next to
jurar to swear
justicia justice
justificar to justify
juventud *f* youth
juzgar to judge

L

labio lip
labrador, labradora farmer
labrantío, -a tillable
lado side
   al lado de beside
   por un lado on one hand
lago lake
lágrima tear
lana wool
largo long
   a lo largo the entire length
lástima pity
   tener lástima to pity, to feel sorry for
lavar to wash
leal *adj* loyal
lección lesson
lector, lectora reader
lectura reading

leche *f* milk
lecho bed
leer to read
legua league *(meas.)*
lejos far
   lejos de far from
lengua language; tongue
lenteja lentil
lento, -a slow
letras literature; letters
levantar to raise, lift
levantarse to get up, arise
leve *adj* lightweight
ley *f* law
leyenda legend
libertad *f* liberty, freedom
libre *adj* free
libro book
líder *m* leader
lima lime; file
limpiar to clean
limpio, -a clean
lindo, -a pretty, beautiful, lovely
linea line
listo, -a ready; smart, intelligent
loco, -a crazy
locura craziness, insanity
lógico, -a logical
lograr + *inf* to manage to + *inf*.
   to + *inf*.
loro parrot
lucha struggle, fight
luchar to fight; to struggle
luego then; later
lugar *m* place
   en lugar de in place of, instead of
lujo luxury
luna moon
luz *f* light

LL

llama flame
llameante *adj* flaming, burning, ablaze
llamar to call
llamarse to call oneself, to be called
llano plain, prairie, level ground
llanto weeping, crying
llanura plain
llave *f* key
llegada arrival
llegar to arrive
  llegar a ser to become
llenar to fill
lleno, -a full
llevar to carry, take; to wear
llorar to weep, cry
llover (ue) to rain
lluvia rain

M

machismo male chauvinism
macho *m & adj* male
madera wood
madrileño, -a of, from, or pertaining to Madrid
madrugar to get up early
maestro, -a master, teacher
maíz *m* maize, corn
majestuoso, -a majestic
mal bad, badly; ill
  estar mal to be ill; to be bad
malabarista *m & f* juggler
maldad wickedness, evil
maldecir to curse, damn
maleante *m* hoodlum, thug
maleducado, -a impolite, uncouth

malentendido, *n* misunderstanding
maleta suitcase
malo, -a bad
malla tights (of dancers and acrobats)
mampostería masonry
mandar to send
manejar to drive (a vehicle); to manage
manera manner, way
manipular to manipulate
mano *f* hand
  mano de obra manual labor
mantener (conj. like *tener*) to maintan, keep
manzana apple
mañana tomorrow
  pasado mañana the day after tomorrow
  por la mañana in the morning
máquina machine
maquinaria machinery
mar *m* sea
maravillar to amaze, astound
maravilloso, -a marvelous
marcharse to leave
mas but
más more, most
  más allá de beyond
  más bien rather
  más...que more . . . than
mascullar to mumble, mutter
matar to kill
matrícula registration, enrollment; tuition
matrimonio marriage, matrimony; married couple

matutino, -a pertaining to the morning
mayor *adj* greater, larger; older
mayoría majority
mecánico, -a mechanical
mecánico, -a *n* mechanic
a mediados de in the middle of
  a medida que while
medio middle, medium
  los medios means; media
  por medio de through, by means of
medir (i) to measure
mejor better
  a lo mejor possibly; probably
mejorar to improve, better
menor *adj* younger, smaller
menos less; minus
  al menos, por lo menos at least
mensaje *m* message
mente *f* mind
mentira lie
menudo (a) often
mercado market
merecer (zc) to deserve, merit
mero, -a mere
mes *m* month
mesero, -a waitperson
mestizo, -a person of mixed Spanish and Indian ancestry
meta goal
meterse to get mixed up or entangled
metro meter; subway
mezcla mixture
mezclar to mix

miedo fear

  tener miedo to be afraid

miel *f* honey

miembro member

mientras (que) while

milésimo, -a thousandth

milla mile

minoría minority

minucioso, -a meticulous, thorough, detailed

mirada look, glance

mirar to look at

misa mass

miseria misery

mismo same; self

  sí mismo oneself

mitad middle

  en mitad de in the middle of

mito myth

moda style, fashion

modales manners; ways; behavior

modificar to modify

modo manner, way

  de todos modos at any rate, anyway

molestar to bother, irritate

molusco shellfish

mono monkey

montaña mountain

montar a caballo to ride a horse

monte *m* mountain

moreno, -a dark, dark-skinned; brunette

morir (ue, u) to die

mostrar (ue) to show

mover (ue) to move

movilidad mobility

movimiento movement

moza young girl; servant; waitress

muchacho, -a boy; girl; child

muchedumbre *f* crowd, multitude

mucho, -a much, a lot of

muchos, -as many

muelle *m* dock

muerte *f* death

mujer *f* woman

mundano, -a worldly

mundial *adj* worldwide

mundo world

muñeco doll

músculo muscle

museo museum

mutuo, -a mutual

muy very

N

nacer (zc) to be born

nada nothing; nothingness

nadie nobody, no one

naranja orange

nariz *f* nose

narrador, narradora narrator

narrar to narrate

naturaleza nature

Navidad *f* Christmas

necesidad need

necesitar to need

negocio business

negrear to turn black

nene child

nerviosidad nervousness

netamente clearly, distinctly, exactly

ni ... ni neither ... nor

  ni siquiera not even

niebla fog, mist

ningún, ninguno, -a no, none; (not) any

niñez *f* childhood

niño, -a child; boy; girl

nivel *m* level

nobleza nobility

noche *f* night

  de noche, por la noche at night

  esta noche tonight

nombrar to name

nombre *m* name

norte *m* north

noticia(s) news

novia girlfriend, fiancée, bride

novio boyfriend, fiancé, bridegroom

nube *f* cloud

nuca nape of the neck

nudo knot

nuevo, -a new

  de nuevo again

número number

nunca never

O

obedecer (zc) to obey

obra work

  obra maestra masterpiece

o(b)scurecer to darken; to cloud, obscure

observador, observadora observer

obsesionado, -a obsessed

obsesionar to obsess

obtener to obtain, acquire (conj. like *tener*)

obvio, -a obvious

ocasionar to cause

ocio leisure, spare time

oculto, -a hidden, concealed; occult
ocupado, -a busy
ocupar to occupy
ocurrir to occur, happen
odiar to hate
oeste *m* west
oficio occupation
ofrecer (zc) to offer
oír (y) to hear
ojo eye
oler (huele) to smell
oler a to smell of (like)
olfato sense of smell
olor *m* smell, scent
olvidarse to forget
opinar to be of the opinion; to think, judge
oportunidad opportunity, chance
opuesto, -a opposite
oración sentence, prayer
orden *m* order
ordenar to order
oreja ear
orgulloso, -a proud
orilla riverbank, shore; edge
oro gold
otro, -a other, another

P

paciencia patience
paella rice dish of meat, fish or seafood, and vegetables
pagano, -a pagan
pagar to pay; to pay for
página page
país *m* country
paja straw
palabra word
  palabra por palabra word for word

palacio palace
pálido, -a pale, pallid
palito small stick
palmera palm tree
palo stick, staff, pole
pampa prairie, plain
pan *m* bread
pandereta tambourine
papel *m* paper; role
paquete *m* package
par *m* pair
  sin par peerless, without equal
para for; in order to
  para que so that
parar(se) to stop; to end up
parcela plot, lot, parcel (of land)
parecer (zc) to appear, seem, look
  ¿Te parece? What do you think?
parecerse to be like, look like
pared *f* wall
pareja couple
parque *m* park
párrafo paragraph
parte *f* part
  por parte de on the part of
  por todas partes everywhere, all over
pasado, -a *n & adj* the past; last
pasaje *m* passage
pasajero, -a *n & adj* passenger; passing
pasaporte *m* passport
pasar to spend (time); to pass by; to happen, occur
pasarse to transfer oneself; to move oneself

pasatiempo pastime, hobby, amusement
pasear to take a walk, stroll
paseo walk, ride
paso step
pastor, pastora shepherd
patria country, native land
patrón *m* pattern; boss
payaso clown
paz *f* peace
peatón *m* pedestrian, walker
pecho breast, chest
pedazo piece
pedido request, order
pedir (i) to ask for, request
  pedir prestado to borrow
pegar to hit
pelea fight, quarrel
pelear to fight, quarrel
película film, movie
peligro danger
peligroso, -a dangerous
pelo hair
pensamiento thought
pensar (ie) to think; to plan
peor worse
  peor que worse than
pequeño, -a small, little
perder (ie) to lose
perdonar to pardon, forgive
pereza laziness
perezoso, -a lazy
periódico newspaper
período period, space of time
perla pearl
pero but
perro dog
personaje *m & f* character (*lit.*)

pertenecer (zc) to belong
perturbación inconvenience
peruano, -a Peruvian
pesar to weigh, cause grief
  a pesar de in spite of
pescado fish (that has been caught)
peso weight
pez *m* (*pl* **peces**) fish
pezón *m* nipple
picante *adj* spicy, hot
picardía roguishness, craftiness
picaresco, -a roguish, cunning
pícaro, -a rogue, rascal
pie *m* foot
  estar de pie to be standing
piedra stone
pierna leg
pieza piece; play
pintar to paint
pintoresco, -a picturesque
piña pineapple
piso floor
pista rink; surface
placer *m* pleasure
planeación planning
plano, -a *n & adj* plane; flat
planta floor, level (of a building)
plata silver
plátano falso sycamore, maple
plateado, -a silver-plated; silvery
plato plate, dish
playa beach
plebe *f* common people, populace
población population
poblar to populate

pobre *adj* poor; unfortunate
pobreza poverty
poco, -a little
  poco a poco little by little
  pocos, -as few
poder (ue, u) to be able; can
poder *m* power
poema *m* poem
poesía poetry
poeta *m* poet
poetisa *f* poet
política *f sing* politics
polo pole
polvo dust
pollo chicken
poner (g) to put, to place
ponerse to become
populoso, -a populated
por for; by; through; over; via
  por lo menos at least
porcentaje *m* percentage
porque because
¿por qué? why
porrazo blow, bump, knock
portal *m* porch; vestibule, entrance hall
portarse to behave
portero, -a doorperson; porter, janitor
poseer to possess
posponer (g) to postpone
postrar to prostrate, humiliate
postre *m* dessert
práctico, -a practical
preciso, -a necessary; precise, exact
predicador, predicadora preacher

predicar to preach
preferido, -a preferred, favorite
preferir (ie, i) to prefer
pregunta question
preguntar to ask
premio prize
prender to switch on, to start
preocupar to concern
preocuparse (de) to worry (about)
preparativo preparation
presentar to introduce, present
presentimiento premonition
presentir (ie, i) to have a hunch, presentiment of
presión pressure
prestar to loan
primavera spring
primero, -a first
principio beginning
  al principio at the beginning, at first
prisa hurry, haste
  tener prisa to be in a hurry
privado, -a private
probar (ue) to prove; to try out
problema *m* problem
proceder de to come from
proclamar proclaim
prodigio prodigy
prohibir to prohibit
prolongar to prolong, extend
prolongarse to be extended; to linger
prometer to promise
pronto soon

de pronto   suddenly

tan pronto como   as soon as

propio, -a   typical, characteristic; (one's) own

  a su propio paso   at one's own pace

propósito   purpose, intention

proteger (j)   to protect

provecho   profit, benefit

proveedor, proveedora   provider

proveer   to provide

prueba   proof; test

  período de prueba   trial period

pueblo   town, village; people (of a nation)

puede que   it's possible that

puerta   door

puerto   port

puesto   job, position

puesto que   because, inasmuch as, since

punto   point

  en punto   on the dot, exactly (on time)

  punto de vista   point of view

Q

que   that

  lo que   what, that which

quedar(se)   to remain, stay

quehacer *m*   work, task, chore

  quehaceres de casa   household chores

quejarse   to complain

quemar   to burn

querer (ie)   to wish, want; to love

  querer decir   to mean

querido, -a   lover; loved one

quien   who

química   chemistry

quiosco   kiosk, stand; newsstand,

quitar   to take; to take away, remove

quizá(s)   maybe, perhaps

R

rabia   rage, fury

rabiar   to rage

rama   branch

rambla   avenue, boulevard

rascacielos *m sing & pl*   skyscraper

rato   while

raza   race (of human beings), breed

razón *f*   reason

  con razón   correctly

reaccionar   to react

realizar   to carry out

rebaño   flock, herd

rebeldía   rebelliousness; stubbornness

recibir   to receive

recién   recently

reciente *adj*   recent

reclamación   claim, demand; complaint

recobrar   to recover, recuperate; to regain

recoger (j)   to pick up

reconocer (zc)   to recognize; to acknowledge

recordar (ue)   to remember; to remind

recorrer   to travel around

recorrido   trip, distance traveled

recreo   recreation

recuerdo   souvenir; memory

recursos   means, funds; resources

redondo, -a   round

reemplazar   to replace

referirse (ie) (a)   to refer (to)

refinado, -a   refined

reflejar   to reflect

refrán   proverb, saying

refrito, -a   refried

regalo   present, gift

regañar   to scold, reprimand

regir (i, j)   to govern, rule; to guide, manage

regla   rule

regresar   to return, go back

regreso   regression

reinar   to reign

relacionar   to relate, associate

relajado, -a   relaxed

relatar   to relate, tell

relevar   to relieve, replace

reloj *m*   clock, watch

remedio   remedy, cure

renuncia   renunciation, resignation

reparar   to repair

reparto   distribution

repasar   to review

repaso   review

repecho   hillside

repente (de)   suddenly

reseco, -a   very dry, parched

resolver (ue)   to resolve, solve

respecto   respect

  con respecto a   regarding

resplandor *m* splendor

respuesta answer, response

restorán *m* restaurant

restos remains

resultado result

resultar to result, to prove to be, turn out to be

resumir to summarize

retirarse to withdraw, retire

retórica rhetoric

retrato portrait

reunión reunion, meeting

reunirse to gather together

reventar (ie) to burst, explode

revisar to check, revise

revolver (ue) to turn over

rey *m* king

rico, -a rich

rienda rein

    dar rienda suelta a to give free rein to

riesgo risk

rima rhyme

río river

riqueza wealth

risa laughter

ritmo rhytim

robador, -a *m* robber, thief

robar to rob

rodeado, -a de surrounded by

rodear to surround

rojo, -a red

romper to break

    romper en llanto (a llorar) to burst into tears, start crying

ron *m* rum

ropa clothing

rostro face

rubio, -a blonde, fair

rudo, -a coarse, rough

rugido sob

ruido noise

ruta route

rutina routine

S

saber to know

sabiduría wisdom

sabio, -a wise

sabor *m* flavor, taste

sacrificio sacrifice

sagrado, -a sacred

sal *f* salt

salado, -a salty, briny; witty

salida exit, departure

salir to leave, go out

    salir mal to turn out badly

salto jump

salud *f* health

salvador *adj* saving

salvaje *m & f* savage, wild

salvo (a) in safety, out of danger

sangre *f* blood

sangría wine and fruit drink

sano, -a helathy

santo, -a holy, blessed; saint

satisfacer to satisfy

seco, -a dry

sed *f* thirst

seductor, seductora seductive; seducer

seguir (i) to follow, continue

según according to

segundo, -a second

seguro, -a sure, certain

selva jungle

semana week

entre semana weekdays, during the week

sembrar (ie) to sow, seed, plant

semejante similar

semejanza similarity

semilla seed

sencillo, -a simple

sentarse (ie) to sit, be seated

sentido sense; meaning; direction

sentimiento feeling

sentir(se) (ie) to feel

señal *f* sign

señalar to indicate, point out

señor (Sr.) *m* Mister, sir; man

señora (Sra.) woman; Mrs.

señorita (Srta.) young woman; Miss

ser to be

ser *m* being

    ser humano human being

serie *f* series

serranilla popular bucolic poem written in short verses

serrano, -a highlander, mountain dweller

servilleta napkin

servir (i) to serve; to be suitable, of use

    servir de to serve as

sí himself, herself, itself

    de por sí in itself

    para sí mismo for oneself

    sí mismo, -a himself, herself, itself

siempre always

lo de siempre it's always the same, the same thing

sierra mountain range

siesta nap

siglo century

significado meaning

significar to signify, mean

siguiente *adj* following, next

similaridad similarity

sin without

sin embargo however

sin lugar a dudas without a doubt

sino but, rather

sinónimo synonym

siquiera even

ni siquiera not even

sirviente, -a servant

sitio spot, place, site

situarse to be situated; to situate

soberbia pride

sobre about; on; above.

sobre todo above all

sobresaliente *adj* outstanding, remarkable

sociólogo, -a sociologist

sofocar to suffocate, stifle

sol *m* sun

solamente only

soldado soldier

soledad solitude

soler (ue) to be in the habit of, accustomed to

solicitante *m & f* applicant; petitioner

solicitar to ask for, solicit; to apply for

sólo only

solo, -a single, alone

soltar (ue) to let out

soltar una carcajada to let out a laugh

solterona unmarried woman; "old maid"

sollozar to sob

sombra shadow

sombrero hat

sonar to sound

sonido sound

sonoro, -a sonorous, loud; clear

sonreído, -a smiling

sonreír (i) to smile

sonrisa smile

soñador, soñadora dreamer

soñar to dream

sopa soup

soportar to tolerate, endure, put up with

sorprender to surprise

sospecha suspicion

sospechar to suspect

sospechoso, -a suspicious

sostener to sustain, support (conj. like *tener*)

suave *adj* soft, gentle

subir to go up, climb; to get into (a vehicle)

subrayar to underline

suceder to happen

sucio, -a dirty

sudor *m* sweat

sueldo salary

suelo ground; floor

sueño dream

suerte *f* luck

sufrimiento suffering

sufrir to suffer

sugerencia suggestion

sugerir (ie, i) to suggest

superficie *f* surface

suponer to suppose (conj. like *poner*)

supuesto (por) of course, naturally

sur *m* south

sustantivo noun

sustituir (y) to substitute

susto scare, fright, shock

T

tabla board, plank

tal such as

tal cual such as

tal vez maybe, perhaps

también also, too

tambor *m* drum

tampoco neither, not either

tan so; such; as

¿Qué tan comunes son . . .? How common are . . .?

tan + *adj* + como as + *adj* + as

tanto, -a so much; as much

entre tanto in the meantime

tantos, -as so many; as many

tardar(se) to be long, to be slow; to be late

tarde *adj & adv* late

más tarde later

tarde *f* afternoon

por la tarde in the afternoon

tarea task, job; assignment

tarjeta card

tasca bar, tavern

taxista *m & f* taxi driver

taza cup

teatro theater

técnica technique

techo roof, ceiling

tela cloth

televisor *m* television set

tema *m* theme, subject

temblar (ie) to tremble

tembloroso, -a trembling, shaking

temer to be afraid

temor *m* fear

temporal *adj* temporal; temporary

temporalidad temporality; transitoriness

temprano, -a *adj & adv* early

tender (ie) to tend; to stretch out

tener (ie, g) to have

  tener en cuenta to consider; to take into account

  tener ganas de + *inf* to want to + *inf*., to feel like + *inf*.

  tener que to have to

  tener que ver con to have to do with

  tener sentido to make sense

teoría theory

tercio third

terminar to finish, complete

término term

ternura tenderness, love, affection

tertulia social gathering

tesoro treasure

tiempo time; weather

  a tiempo on time

  al mismo tiempo at the same time

  de tiempo en tiempo from time to time

tienda store; tent

tierra land, earth

tieso, -a rigid, stiff

tigre *m* tiger

tinto, -a red

  vino tinto red wine

tirar to pull; to throw; to throw out

título title; degree (diploma)

tocar to play (a musical instrument); to touch

todavía still, yet

todo, -a all; everything

  todos, -as everyone; all

tomar to take; to drink; to eat

tonto, -a silly, foolish, stupid

tópico topic, subject; common expression

toro bull

trabajador, trabajadora worker

trabajo work; job

traducir (zc) to translate

traductor, traductora translator

traer to bring

traje *m* suit of clothes

tramo section, span, stretch (of land, etc.)

tranquilo, -a tranquil, calm, peaceful

transcurrir to pass, elapse; to occur, take place

transporte *m* transportation

  medio de transporte means of transportation

tranvía *m* trolley car, tram, streetcar

tranzar to break, break off, cut off; to braid, plait

trapecista *m & f* trapeze artist

trasero buttocks

tratar to treat; to try

  tratar de to try to

  tratarse de to be a question or matter of; to deal with

trato treatment

  trato debido proper treatment

  a través de through

tren *m* train

trenza braid

trepadera vine

triste *adj* sad

tristeza sadness

tronco trunk

tropezar to stumble, trip; to bump into

tropezón *m* stumble, trip, collision

trozo piece

trueno thunder

turbado, -a upset, embarrassed

turbar to upset, embarrass

turno turn; shift

U

últimamente lately, recently

último, -a last; latest

umbral *m* threshold, doorstep

único, -a only; unique

unidad unity

unir(se) to unite, join

unos, -as some; approximately

urbe *f* large city, metropolis

urgir to urge; to be urgent

V

vacío, -a empty
valer to be worth
  valer la pena to be worth the trouble
validez *f* validity
valor *m* value
valle *m* valley
vano, -a vain
vaquero cowboy
variar to vary
variedad variety
varios, -as several; various
vecindario neighborhood; vicinity
vecino, -a neighbor
vejez *f* old age
vela candle
vendedor, vendedora merchant, salesperson
vender to sell
venir (ie, g) to come
  venir a ser to become
venta sale, selling; country inn
ventaja advantage
ventana window
ventura happiness, luck, good fortune
ver to see
  tener que ver con to have to do with
verano summer

veras (de) really
verdad truth
verdadero, -a true
verde *adj* green
versado, -a versed, proficient, conversant
vestido dress
vestir(se) (i) to dress
vez *f* time, occasion
  a veces sometimes
  cada vez más more and more
  de vez en cuando from time to time
  en vez de instead of
  otra vez again
vía way, road
viajar to travel
viaje *m* trip
vida life
vidriera glass window or door; shopwindow
vidrio glass
viejo, -a old
viento wind
villa village, villa
vino wine
virtud *f* virtue
visita visit
visitante *m & f* visitor
vista view
viudo, -a widower, widow
viveza passion; vehemence

vivienda housing
vivir to live
vivo, -a lively
volante *m* steering wheel
volar (ue) to fly
voluntad will
volver (ue) to return
volverse (ue) to become; to turn around
  volverse loco(a) to go crazy, be driven crazy
vorágine *f* vortex; whirlpool
voz *f* voice
  tono de voz tone of voice
vudú *m* voodoo
vuelta walk, ride
  dar una vuelta to take a walk, ride

Y

ya already; now, at once; at last
  ya está that's enough; that's it; it's done
  ya mismo right away, at once

Z

zapato shoe

CREDITS

PERMISSIONS